劳动预备制教材
职业培训教材

初级维修电工

中国劳动社会保障出版社

图书在版编目（CIP）数据

初级维修电工/张志友主编. —北京：中国劳动社会保障出版社，2010
劳动预备制教材
ISBN 978－7－5045－8198－3

Ⅰ.初…　Ⅱ.张…　Ⅲ.电工-维修-技术培训-教材　Ⅳ.TM07

中国版本图书馆 CIP 数据核字（2010）第 040007 号

中国劳动社会保障出版社出版发行
（北京市惠新东街1号　邮政编码：100029）
出版人：张梦欣

*

北京市艺辉印刷有限公司印刷装订　新华书店经销
787毫米×1092毫米　16开本　13.75印张　326千字
2009年12月第1版　　2019年8月第9次印刷

定价：23.00元
读者服务部电话：（010）64929211/84209101/64921644
营销中心电话：（010）64962347
出版社网址：http://www.class.com.cn

前言

《中华人民共和国就业促进法》规定："国家采取措施建立健全劳动预备制度，县级以上地方人民政府对有就业要求的初高中毕业生实行一定期限的职业教育和培训，使其取得相应的职业资格或者掌握一定的职业技能。"

为进一步加强劳动预备制培训教材建设，满足各地实施劳动预备制对教材的需求，我们会同中国劳动社会保障出版社，对 2000 年出版的机械、电工、电子、计算机、汽车维修、餐饮服务、商业服务、服装制作、建筑等类劳动预备制培训的专业课教材，组织有关人员进行修订改版，并新编了美容保健、数控加工、会计文秘类的专业课教材。

在组织修订、编写教材时，考虑到接受培训人员的实际水平，为了使学员在较短时间内掌握从业必备的基本知识和操作技能，我们力求做到学习的理论知识为掌握操作技能服务，操作技能实践课题与生产实际紧密结合，内容深入浅出、图文并茂，增强教材的实用性和可读性。同时，注意在教材中反映新知识、新技术、新工艺和新方法，努力提高教材的先进性。

为了在规定的期限内更好地完成劳动预备制培训，各专业按照公共基础课 + 专业课的模式进行教学。公共基础必修课教材为《法律常识》《职业道德》《就业指导》《计算机应用》，选修课教材为《应用数学》《实用写作》《英语日常用语》《劳动保护知识》《实用物理》《交际礼仪》。专业课教材分为专业基础知识教材和专业技术（理论和实训一体化）教材，每个专业一般 2 ~ 3 本。

在这批教材的修订、编写过程中，编审人员克服各种困难，较好地完成了任务。在此，谨向付出辛勤劳动的编审人员表示衷心感谢。

由于编写时间有限，教材中可能有一些不足之处，我们将在教材使用过程中听取各方面的意见，适时进行修改，使其趋于完善。

人力资源和社会保障部教材办公室

简　介

本书是劳动预备制培训电工类专业技能课教材，主要内容包括：安全用电，维修电工工具、量具及仪表，电工材料，常用变压器，电动机，低压电器，一般机械设备的电气控制，照明及动力线路，电子技术与操作，维修电工的基本钳工技能 10 个单元，每个单元分为若干模块，各模块之后备有练习与实训等内容。

本书依据维修电工岗位技能要求组织内容，理论知识精练，训练课题与理论知识紧密结合，强调对学员操作技能的培养。本书图文并茂，实用性强，通过学习，学员能够全面地掌握维修电工必备的理论知识和操作技能。

本书由张志友主编，霍德华、孙娜、刘佳庚、高静、陈长远参编，王全铁主审。

目 录

第一单元　安 全 用 电

模块一　触电及触电急救

知识技能要求

1. 了解电流对人体的危害。
2. 掌握常见的触电形式及使触电者脱离电源的方法。
3. 掌握现场救护的技巧和方法，能够正确进行现场救护。

触电事故对人体有很大的危害，加深对触电危害的认识，防止触电事故的发生，有助于安全生产。

在施工操作过程中，可能会发生触电事故，实施触电急救是降低触电者危害程度的有效手段。触电急救包括使触电者脱离电源，现场救护等。

一、电流对人体的伤害

由于人体接触或接近带电体时，电流通过人体进入大地，或通过其他导体形成导电回路，致使组织损伤和功能障碍甚至死亡的现象称为触电。按人体受伤害程度的不同，触电可分为电击和电伤两种类型。

1. 电击

电击是电流对人体内部组织的伤害，是触电事故中最危险的一种，绝大部分触电死亡事故都是电击造成的。电击伤人的程度由流过人体电流的频率、电流强度、电流流过人体的途径、作用于人体的电压、持续时间的长短以及触电者本人的健康状况等决定。

2. 电伤

电伤是由电流的热效应、化学效应、机械效应等对人体外部造成的伤害，如电弧灼伤、与带电体接触后皮肤红肿以及在大电流下熔化的金属飞溅到皮肤表面造成的烧伤。所以电伤一般有电灼伤、电烙印、皮肤金属化等。

(1) 电灼伤。电灼伤分为接触灼伤和电弧灼伤两种。接触灼伤是发生高电压触电事故时，电流通过人体皮肤处造成的灼伤。接触灼伤面积虽然比较小，但会伤及人体深层组织，伤口难以愈合。电弧灼伤发生在误操作或人体过分接近高压带电体而产生电弧放电时，这时将烧伤皮肤的表层。另外，电弧还会使眼睛受到严重损害。

(2) 电烙印。电烙印发生在人体与带电体有良好接触的情况下，此时在皮肤表面将留下带电体形状相似的肿块痕迹。电烙印的伤害一般不发炎或化脓，但往往会造成局部麻木和失去知觉。

(3) 皮肤金属化。皮肤金属化是由于电弧的温度极高（中心温度达6 000～10 000℃），使其周围的金属熔化，飞溅到皮肤表面使其金属化。

二、常见的触电形式

触电的形式多种多样，可大致归纳为单相触电、两相触电、接触电压触电及跨步电压触电。

1. 单相触电

人站立在地面上，而其他部位（如手臂或头部）接触带电体为单相触电，如图 1—1 所示。

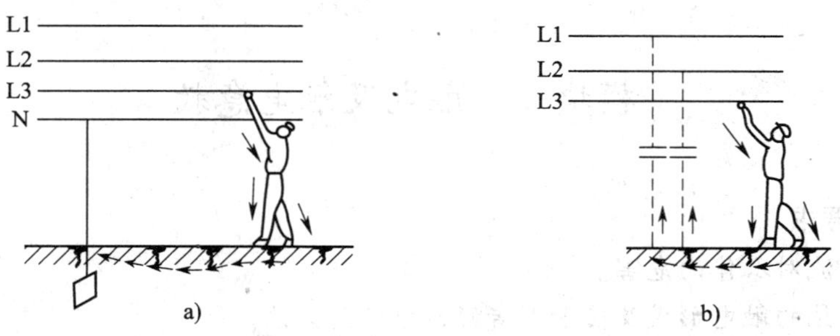

图 1—1 单相触电

a）三相四线制电网触电 b）三相三线制电网触电

三相四线制中性点接地的电网，单相触电的形式如图 1—1a 所示。此时人体受到相电压的作用，电流经人体和大地构成回路。三相三线制中性点不接地的电网，单相触电形式如图 1—1b 所示。因为输电线很长，线路对地有较大的电容，触电时电流经人体到大地，再经线路电容而成回路。这两种单相触电所造成的后果都很严重。如图 1—2 所示为单相触电的另一种形式。因为灯泡（或其他用电器）的内阻通常很小，故这种形式的触电，通过人体的电流也是致命的。

2. 两相触电

如果人的身体同时接触两根带电的导线，如图 1—3 所示。这时人体受到相电压的作用，通过人体的电流更大，这是最危险的触电形式。

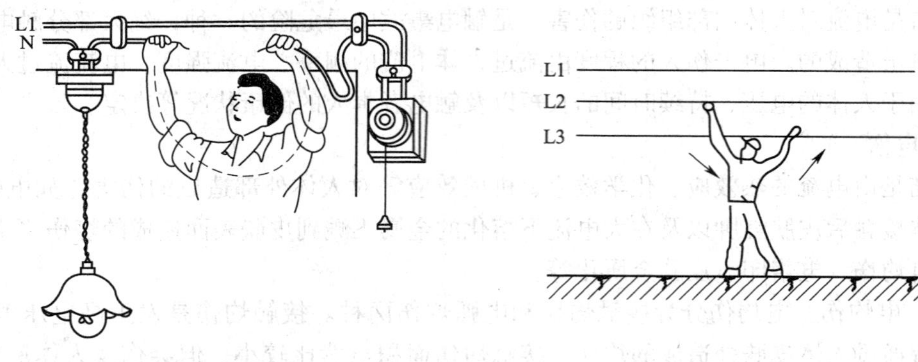

图 1—2 单相触电的另一种形式

图 1—3 两相触电

3. 接触电压触电与跨步电压触电

由于某些原因设备外壳带电，而设备外壳与接地体连接，这时电流经大地流回供电设备的中性点。随着接地体距离的增加，接地电流的密度就越来越小。当距离接地体 15 ~ 20 m 远时，可以认为电流极小，因而电位为 0。设备外壳与接地体直接连接为等电位，设这个电位为 φ_1，而到一定距离之外，$\varphi = 0$。由 φ_1 降为 0 的电位分布曲线如图 1—4 所示。实际上，每一个电位 φ 均对应以接地体为中心的同心圆。

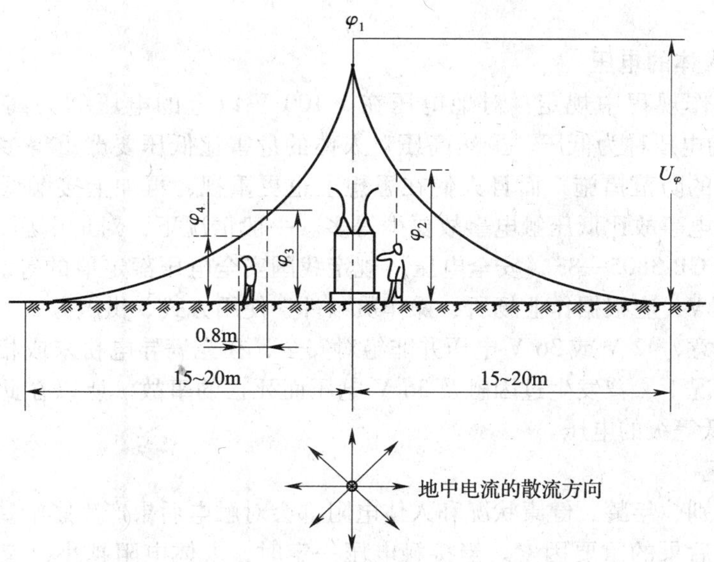

图 1—4　接触电压与跨步电压

如果有人用手触及外壳带电的高压设备，两脚却站在离接地体一定距离的地方。此时，人手接触的电位为 φ_1，两脚所站地点的电位为 φ_2。那么，人手与脚之间的电位差为 $U = \varphi_1 - \varphi_2$ 称为接触电压。

跨步电压是指电器设备发生接地故障时，在接地电流流入地点周围电位分布区行走的人，其两脚之间（径向 0.8 m，即一般人行走时两脚跨步的距离）的电压。当架空线路的一根带电导线断落在地上时，导线落地点与带电导线的电势相同，电流就会从导线的落地点向大地流散，于是地面上以导线落地点为中心，形成了一个电势分布区域，距落地点越远，电流越分散，地面电势也越低。如果人站在距离电线落地点 8 ~ 10 m 以内，就可能发生触电事故，这种触电叫做跨步电压触电。

三、触电对人体伤害程度的有关因素

1. 电流强度

感知电流是指电流流过人体时可引起感觉的最小电流，感知电流约为 1 mA；摆脱电流是指人在触电后能够自行摆脱带电体的最大电流，摆脱电流约为 10 mA；室颤电流是指引起心室颤动的最小电流，由于心室颤动几乎会导致死亡，因此可以认为室颤电流即致命电流，致命电流约为 50 mA。在有高度触电危险的场所，安全电流应取 10 mA；在空中或水中则应取 5 mA 作为安全电流。

2. 持续时间

触电致死的生理现象是心室颤动，通电时间越长，越容易引起心室颤动，电击的伤害程度也越严重。在通电电流为 50 mA 的情况下，若电流持续时间在 1 s 以内，尚不致有生命危险，若时间延长就会有生命危险；但是，触电者触电时若正好开始于心脏周期的易损伤期，电流持续时间在 1 s 以内则仍会发生心室颤动。

3. 电流频率

频率为 25 ~ 300 Hz 的电流最危险。100 Hz 以上交流电流、直流电流、特殊波形电流都对人体有伤害作用，其伤害程度一般较工频电流轻。常见的工频电流频率为50 Hz或60 Hz，危险性最大。

4. 作用于人体的电压

电气安全工作规程中规定：对地电压在1 100 V以上的电压称为高压；对地电压在1 100 V及以下的电压称为低压。虽然高压对人体的危害比低压要严重得多，但是由于高压设备具有较完善的防范措施，而且人们在思想上也更重视，再加上接触低压设备的机会较多，因此高压触电事故比低压触电事故要少得多。一般情况下，对地电压低于40 V为安全电压。国家标准GB 3805—83《安全电压》规定我国安全电压额定值的等级为42 V、36 V、24 V、12 V和6 V，应根据作业场所、操作员条件、使用方式、供电方式、线路状况等因素选用。但必须注意，42 V或36 V电压并非绝对安全，在充满导电粉末或相对湿度较高以及蒸汽浓度大等情况下，曾发生过因触及36 V电压而死亡的事故。所以在此类情况下，必须使用24 V或更低等级的电压。

5. 人体状况

触电者的性别、年龄、健康状况和人体电阻都会对触电后果产生影响。尤其人体电阻的大小是影响触电后果的重要因素。当接触电压一定时，人体电阻越小，流过人体的电流越大，触电者也就越危险。影响人体电阻的因素很多，人体电阻一般可在800 Ω到几万欧之间变化。在电气安全工程计算中，通常取人体电阻为1 700 Ω。必须指出的是，人体电阻只对低压触电有限流作用，而在高压触电时，人体电阻不起限流作用。

6. 电流通过人体的途径

电流以任何途径通过人体都可致人死亡。电流通过心脏、中枢神经（脑部和脊髓）、呼吸系统是最危险的。例如，电流通过头部会使人昏迷，严重时也会造成死亡；电流通过脊髓会使人截瘫；电流从脚到左手是最危险的途径，因为心脏、肺部、脊髓等重要器官都在此途径内，很容易引起心室颤动和中枢神经失调而死亡；相反从右手到脚的途径危险性要小些，但会因痉挛而摔伤；危险性最小的电流途径是从左脚到右脚，但触电者可能因痉挛而摔倒，导致电流通过全身或发生二次事故。

四、触电急救

触电事故发生后，若能及时采取正确的救护措施，死亡率可大大降低。有效的急救在于快而得法，即用最快的速度，施以正确的方法进行现场救护。触电急救的第一步是使触电者迅速脱离电源，第二步是实施有效的现场救护。

1. 使触电者脱离电源的方法

（1）使触电者脱离低压电源的方法

1）拉：就近拉开电源开关，拔出插销或瓷插熔断器。

2）切：用带绝缘的利器切断电源线。

3）挑：如果导线搭落在触电者身上或身下，可用干燥的木棍、竹竿、塑料杆等挑开导线或用干燥的绝缘绳套拉导线或触电者，使之脱离电源。

4）拽：救护者可戴上手套或在手上包缠干燥的衣服、围巾等绝缘物品拖拽触电者，使之脱离电源。

5）垫：如果导线缠绕在触电者身上，救护人员可先用干燥的木板塞入触电者身下，使其与地绝缘以此隔断电源通路，然后再采取其他办法切断电源。

（2）使触电者脱离高压电源的方法

1）立即用通信工具向有关部门报告，以便尽快停电。

2）如果电源开关离事故现场较近，可戴上绝缘手套并穿上绝缘鞋拉开高压断路器，或用绝缘棒拉开高压跌落式熔断器，以切断电源。

2. 现场救护

现场触电急救必须争分夺秒，不可贻误。在触电者脱离电源后，应立即对症进行现场紧急救护，或者派人通知医务人员到现场救护，并做好送触电者去医院的准备工作。

根据触电者受伤害的程度，采取以下几种抢救措施：

（1）触电者未失去知觉的救护措施。如果触电者伤势不很严重，神志尚清醒，或者一度昏迷，但未失去知觉，则应让触电者在温度适宜、通风良好的处所静卧休息，并派人严密观察，同时请医生前来或送往医院诊治。

（2）触电者有心跳无呼吸的救护措施。需进行“口对口”人工呼吸，如图 1—5 所示。人工呼吸法的口诀是：“病人仰卧平地上，鼻孔朝天颈后仰。首先清理口鼻腔，然后松扣解衣裳，捏鼻吹气要适量，排气应让口鼻畅，吹两秒停三秒，共计五秒最恰当。”

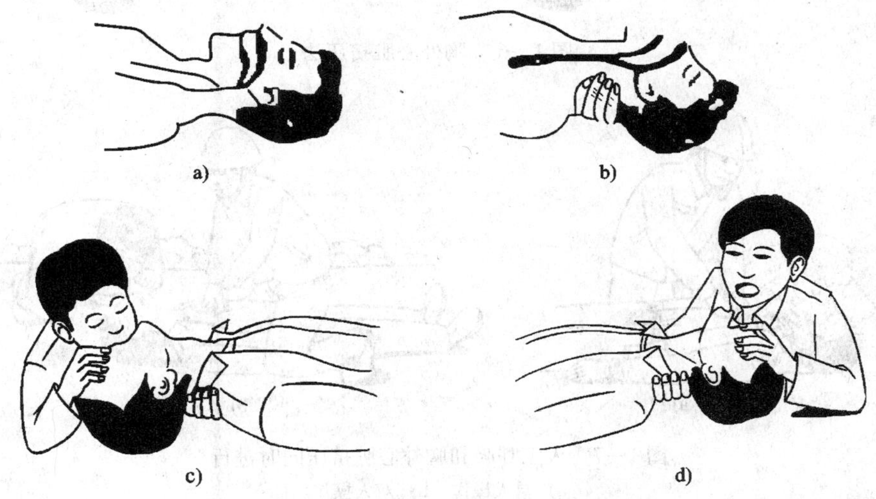

图 1—5　口对口（鼻）人工呼吸法

a）呼吸道阻塞　b）使头后仰呼吸通畅　c）贴嘴吹气胸扩张　d）放开嘴鼻排放废气

（3）触电者有呼吸无心跳的救护措施。采用胸外心脏挤压法进行救护，如图 1—6 所示。胸外心脏挤压法救护的口诀是：“病人仰卧平地上，松开领口解衣裳，当胸放掌不鲁莽，中指应该对凹膛，掌根用力向下按，下压一寸至半寸，压力轻重要适当，过分用力会压伤，慢慢压下突然放，一秒一次最恰当。”

（4）触电者呼吸、心跳均停止的救护措施。这时应采用人工呼吸和胸外心脏挤压法同时进行，如图 1—7 所示，以建立呼吸和循环，恢复全身器官的氧供应。

现场抢救最好能两人分别施行口对口人工呼吸及胸外心脏挤压，以 1∶5 的比例进行，即人工呼吸 1 次，心脏按压 5 次。

如现场抢救仅有 1 人，用 15∶2 的比例进行胸外心脏按压和人工呼吸，即先作胸外心脏按压 15 次，再口对口人工呼吸 2 次，如此交替进行，抢救一定要坚持到底。

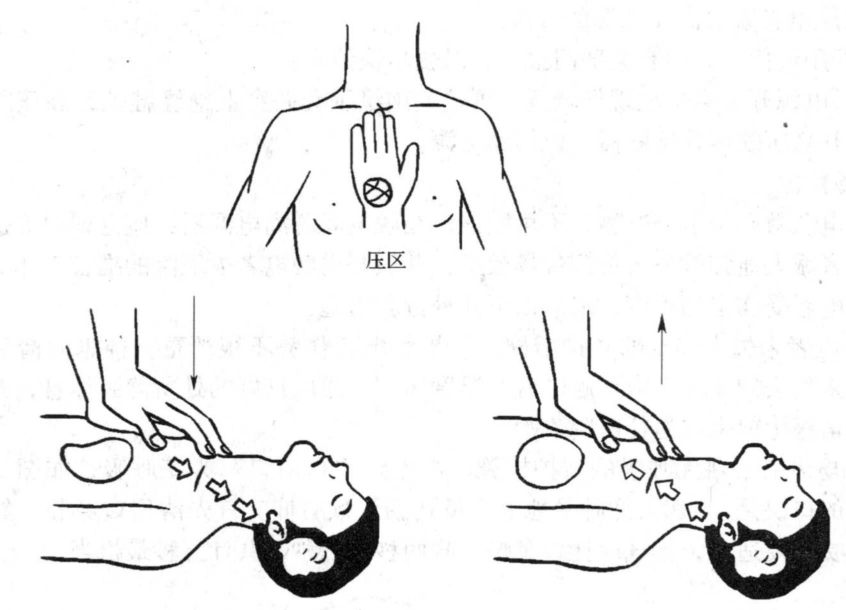

图 1—6 胸外心脏挤压法

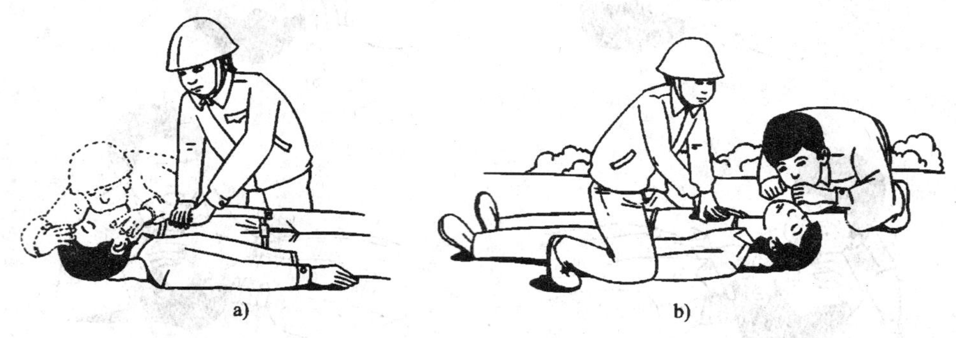

图 1—7 人工呼吸和胸外心脏挤压同时进行

a）单人操作 b）双人操作

实训与指导

实训一：某化工厂工人韩某与其他 3 名工人从事化工产品的包装作业。韩某在取塑料编织袋时，一脚踏上盘在地上的电缆线，触电摔倒，在场的其他工人急忙拉下刀开关，一边在韩某胸部乱按，一边拨打 120 急救电话。待急救车赶到开始抢救时，韩某出现昏迷、呼吸困难、脸及嘴唇发紫、血压忽高忽低等症状。现场抢救 20 min 后送往医院。住院特护 12 天、一般护理 3 天后病情稳定出院。

试分析对韩某触电救护处理的正误之处。

指导：现场发生触电事故后，其他工人及时使韩某脱离了电源，同时拨打 120 急救电话，使得韩某得到了比较及时的抢救，得以脱离危险。但其他工人没能实施正确的现场救护方法，如果现场救护措施得力，事故后果可以进一步减轻。

实训二：某厂一名青年管工在雨后有积水的管沟内进行管道作业，在穿着的塑料底布鞋和手上戴的帆布手套均已湿透的情况下，用右手接电焊机回路线在往钢管上搭接时触电，倒地后，又将回路线压在身下而触电身亡。

试分析其触电原因。

指导：该管工在雨后有积水的管沟内对接管时，塑料底布鞋和帆布手套均已湿透。当右手接触电焊机回路线往钢管上搭接时，裸露的线头触到戴手套的左手，使电流在回线—人体—手把线（已放在地上）之间形成回路，电流即将通过心脏。尤其是触电倒下后，在积水的沟内，人体成了导体。这时，人体电阻在 1 000 Ω 左右，电焊机空载二次电压在 70 V 左右，则通过人体的电流约为 70 mA。而成年人通常的致命电流为 50 mA，70 mA 电流将使心脏丧失输送血液的作用，造成血液循环停止而死亡。环境的不安全以及缺乏安全用电知识，使该青年管工死亡。

模块二　安全操作规程及防止触电的措施

知识技能要求

1. 掌握维修电工操作前的检查和准备工作。
2. 熟练掌握安全技术操作规程。
3. 掌握下班前的结束工作。
4. 能够实施防止触电的措施。

电工安全文明生产十分重要，违反安全操作规程，会造成设备损坏和人身伤亡事故，不仅给国家和企业造成经济损失，而且也危及个人的生命安全。

一、维修电工安全技术操作规程

1. 工作前的检查和准备工作

（1）上班前，必须按规定穿戴好工作服、工作帽、工作鞋。女同志必须戴工作帽，将披肩发、长辫罩入工作帽内。手和颈部不准佩戴金属饰品，防止操作时触电。

（2）在安装或维修电气设备前，要清扫工作场地和工作台面，防止灰尘等杂物侵入电气设备内部造成故障。

（3）上班前不准饮酒，工作时应集中精力，不准做与本职工作无关的事。

（4）必须检查工具、测量仪表和防护用具是否完好。

2. 文明操作和安全技术

（1）检修电气设备时，应先切断电源，并用试电笔（低压验电器）测试是否带电。在确定不带电后，才能进行检查修理工作。

（2）检修电气设备时，应断开电源开关，并在电源开关处挂上“有人工作，严禁合闸”的警示牌。

（3）电气设备拆除送修后，将可能来电的线头用绝缘胶布包好，高压线头必须短路接地。

（4）严禁非电气作业人员装修电气设备和线路。

（5）严禁在工作场地，特别是易燃、易爆物品的生产场所吸烟及明火作业，防止火灾发生。

（6）使用起重设备吊运电动机、变压器时，要仔细检查被吊重物是否牢固，并有专人指挥，不准歪拉斜吊，吊物下或旁边严禁站人。

（7）检修电气设备内部故障时，应使用36 V的安全电压灯具照明。

（8）电动机通电试验前，应先检查绝缘是否良好，机壳是否接地。试运转时，应注意观察转向、听声音、测温度。工作人员的站位要避开联轴节旋转方向，非操作人员不许靠近电动机和试验设备，防止高压触电。

（9）拆卸和装配电气设备时，操作要平稳，用力应均匀，不要强拉硬敲，防止电气设备损坏。

（10）烘干电动机和变压器的绕组时，不许在烘房或烘箱周围存放易燃、易爆物品，不准在烘箱附近使用易燃溶剂清洗零件或喷刷漆。定子、转子绕组浸漆后烘干时，按工艺规程，必须在漆滴尽后再放入烘箱内的铁网架上，严禁与电阻丝直接接触，严禁超量超载。烘烤时，要有专人值班，随时注意温度变化，并做好记录。

（11）过滤变压器油时，应先检查好滤油机并接好地线，滤油现场严禁烟火。

3. 下班前的结束工作

（1）下班前应清理好现场，清除仪器和工具上的油污和灰尘，将仪器和工具放入规定位置或归还工具室。

（2）下班前要断开电源总开关，防止电气设备起火造成事故。

（3）修理后的电器具应放在干燥、洁净的工作场地，并摆放整齐。

（4）做好检修电气设备的故障记录，积累修理经验。

二、防止触电的措施

1. 安全电压的选用

现场选用安全电压的依据是国家标准GB 3805—83《安全电压》。安全电压的选用必须考虑用电场所和用电器具对安全的影响。机床照明、移动行灯、手持电动工具以及潮湿场所的电气设备应使用36 V的安全电压；凡工作地点狭窄、工作人员活动困难，周围有大面积接地导体或金属构架（如在金属容器内），因而存在高度触电危险的环境以及特别场所，则应采用12 V安全电压。

2. 安全距离、屏护

为了防止发生触电事故以及设备短路或接地故障，规定带电体之间、带电体与地面之间、带电体与其他设施之间、工作人员与带电体之间必须保持的最小空气间隙称为安全距离或安全间距。

高压变配电装置都必须有遮栏、栅栏和围墙等屏护设施。不论高压设备带电与否，任何人员不得移开或越过屏护进行工作。若有必要越过屏护，必须有专门监护人员在场；还需注意工作人员与不停电带电设备之间的最小距离。

3. 安全标志

常用标示类型有禁止类、提示类、命令类、警告类。

禁止类：禁止合闸，有人工作；禁止攀登，高压危险。

提示类：在此工作；从此上下。

命令类：必须戴安全帽。

警告类：止步，高压危险。

如图 1—8 所示为几种安全标志牌的图形示例。

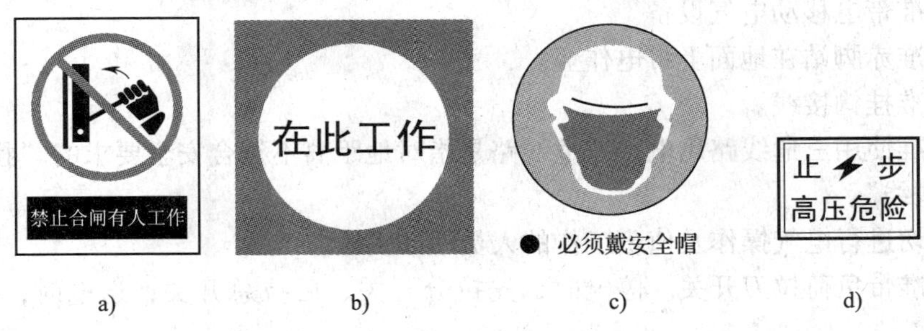

a) b) c) d)

图 1—8 几种安全标志牌的图形

a）禁止类 b）允许类 c）命令类 d）警告类

4. 谨慎接触电器具以防止误触电

任何电器设备在未接触之前，应一律识为有电，不要随便接触。

5. 保护并及时更换已损坏电器具

不要损伤、乱拉电线，以免破坏绝缘或扯断导体，从而导致断路、短路、触电和电器具不能正常工作。若发现电源插头、插座、开关及导线损坏，应及时更换。

6. 电气设备的保护

正常情况下电气设备的金属外壳是不带电的，但在绝缘损坏而漏电时，外壳就会带电。为避免人体触及漏电设备金属外壳时发生触电事故，通常采用接地或保护接零的安全措施（电气设备的保护接地与保护接零的措施详见本任务的知识链接）。

7. 合理使用照明电压

一般照明电压在 250 V 以下，在无安全保护措施的情况下，应采用额定电压为 36 V 及更低电压等级的照明灯具。经常接触的固定照明灯（如机床局部照明灯）也应采用 36 V 电压；行灯则必须采用 36 V 安全电压；在特别潮湿、金属容器内、周围有接地的大块金属物体等场合及狭窄、行动不便的场所，一律采用 12 V 安全电压，绝对不允许使用其他电压在上述环境下照明。

8. 使用带绝缘的电器要防止误触电

有些电器虽有绝缘结构防护，但绝缘性能受多方面因素的影响。所以，不要完全依赖绝缘来防范触电，因为绝缘代替不了正确操作。

9. 正确使用移动式手持电动工具

由于移动式手持电动工具在使用过程中需要经常挪动，且与人体紧密接触，触电的危险性比较大，故在管理、使用、检查、维修中应特别重视。

首先，工具应有专人保管，发放或回收工具时，保管人员应认真查验。检查工具和手柄是否有破损，保护接零（地）是否妥善、导线及插头是否完好、开关是否灵活、电气和机械保护装置是否完好等。

其次，使用者通电前必须检查电源开关或插销，严禁将导线芯直接插入插座或挂在开关上。特别要防止将火（相）线与零（中性）线对调。操作手电钻不得戴线手套，更不可用手握持工具的转动部分或电线，使用过程中要防止电线缠住转动部分。

如果住宅或使用场所不具备接零条件，宁可甩开接零保护，也不可借用工作零线。

10. 安全用电“十不准”

（1）不准带电移动电气设备。

（2）不准赤脚站在地面上带电作业。

（3）不准挂钩接线。

（4）不准使用三危线路用电，三危线路是指对地距离不符合安全要求的“拦腰线”“地爬线”“碰头线”。

（5）一切进行电气操作及值班工作的人员不准喝酒。

（6）不准带负荷拉刀开关。停电时，先拉分开关、后拉总开关；送电时，按相反顺序进行操作。

（7）对电气知识不熟悉者，不准摆弄电气设备或乱拉、乱接电线，装拆修理要请专业电工。

（8）照明线路不准用一线一地制。

（9）不准约时停、送电。

（10）不准私设电网。未经有关部门批准，任何单位和个人私设电网都是违法的。

练习题

一、选择题（将正确答案的代号写在括号内）

1. 如果线路上有人工作，停电作业时应在线路开关和刀开关操作手柄上悬挂（　　）的警示牌。

A. 止步、高压危险　　B. 禁止合闸，有人工作

C. 在此工作　　D. 禁止合闸，线路有人工作

2. 停电操作应在断路器切断后进行，其顺序为（　　）。

A. 先拉线路侧刀开关，后拉母线侧刀开关

B. 先拉母线侧刀开关，后拉线路侧刀开关

C. 先拉哪一侧刀开关不做要求

D. 视情况而定

3. 保护接地的主要作用是降低接地电压和（　　）。

A. 减少流经人身的电流　　B. 防止人身触电

C. 减少接地电流　　D. 短路保护

4. 接地体多采用（　　）制成，其截面应满足热稳定和力学强度的要求。

A. 任一金属　　B. 铜铝材料

C. 型钢　　D. 绝缘导线

5. 保护接零的有效性是当设备发生故障时，（　　）使保护装置动作。

A. 过载电压　　B. 额定电压

C. 短路电流　　D. 接地电流

6. 有保护接零要求的单相移动或用电设备，应使用三孔插座供电，正确的接线位置是（　　）。

A. 大孔接地，右下小孔接相线，左下小孔接工作零线

B．大孔接保护零线，右下小孔接工作零线，左下小孔接相线

C．大孔接保护零线，右下小孔接相线，左下孔接工作零线

D．大孔和左下孔接工作零线，右下小孔接相线

二、分析题

1．王某买来 1 台电扇，插上电源试运转。当手碰及电扇底座时，惨叫一声倒地，电扇从桌上带下来压在身上，造成触电死亡。

分析王某触电的原因。

2．某工厂因外部电源停电，启用自备柴油发电机发电，各车间与部门便相继合闸用电。不料每开一盏灯，灯泡或灯管闪烁一下便烧毁。半个小时内共烧毁日光灯 16 只，白炽灯 82 只，损坏数占全部灯具的 60% 以上。

分析灯具烧毁的原因。

第二单元　维修电工工具、量具及仪表

模块一　常用电工工具及量具的使用

知识技能要求

1. 掌握常用维修电工工具的使用方法及注意事项。
2. 掌握维修电工常用量具的使用方法。

为了保证正常生产及人身安全，维修电工要掌握各种电工工具及量具的使用方法和注意事项。

一、验电器

验电器分高压和低压两类。高压验电器由触钩、氖管窗、固紧螺钉、护环和手柄组成，如图 2—1a 所示。低压验电器又称试电笔或验电笔，是检验导线、电器和电气设备是否带电的一种常用工具，检测范围为 60 ~ 500 V，分为笔式和旋具式两种，如图 2—1b 所示，由氖管、电阻、弹簧和笔身等组成。

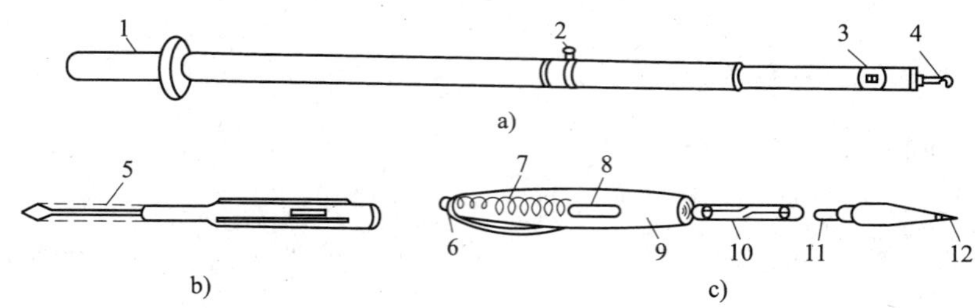

图 2—1　验电器

a）10 kV 高压验电器　b）旋具式低压验电器　c）笔式低压验电器

1—手柄　2—紧固螺钉　3—氖管窗　4—触钩　5—绝缘套管　6—验电器尾部的金属体　7—弹簧　8—小窗　9—笔身　10—氖管　11—电阻　12—验电器头部的金属体

1. 高压验电器

使用高压验电器时，要注意安全，雨天不可在户外使用；使用时，要戴满足耐压要求的绝缘手套；不可一人单独测验，要有人监护；测试时，要防止发生相间或对地短路事故；人体与带电体应保持足够的安全距离（10 kV 为 0.7 m 以上）。

2. 低压验电器

低压验电器的使用方法和注意事项如下：

（1）操作者单手触及笔尾的金属体（注意要用笔尖接触被测的导体，手指千万不要碰到笔尖），验电笔的小窗口朝着眼睛的方向，当被测物体带电时，氖管发光。正确的使用方法如图 2—2a、b 所示。

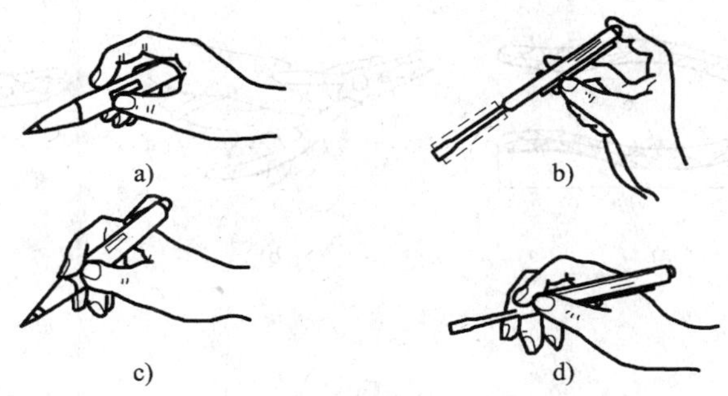

图 2—2　低压验电器的握法

a）、b）正确握法　c）、d）错误握法

（2）在明亮的光线下测试时，往往不容易看清氖管的辉光，应当避光检测。

（3）验电笔头部的金属体多制成旋具形状，只可以承受很小的转矩，使用时应注意，以防损坏。

（4）用验电笔区分相线和零线。触及相线时氖管发光，触及零线时氖管不发光。

（5）用验电笔区分交流电和直流电。交流电通过氖管时，两极附近都发亮；而直流电通过时，仅一个电极附近发亮。

（6）用验电笔判断电压的高低。若氖管发暗红色、轻微的亮光，则电压低。若氖管发黄红色、很亮的光，则电压高。

（7）用验电笔识别相线接地故障。在三相四线制电路中，发生单相接地后，用验电笔测试中性线，氖管会发亮。在三相三线制星形连接的线路中，用验电笔测试三根相线，如果测试其中两相氖管很亮，测试另一相氖管不亮，则这相可能有接地故障。

二、电工钢丝钳

1. 结构及其作用

电工钢丝钳是钳夹和剪切工具，由钳头和钳柄两部分组成，如图 2—3 所示。钳口用来弯绞或钳夹导线线头；齿口用来紧固或起松螺母；刀口用来剪切导线或剖切软导线绝缘层；铡口用来铡切电线线芯和钢丝等较硬金属。常用的规格（全长）有 150 mm、175 mm、200 mm 3 种。

2. 使用注意事项

（1）使用电工钢丝钳前，必须检查绝缘柄的绝缘是否完好。在钳柄上应套有耐压为 500 V 以上的绝缘管，如果绝缘损坏，不得带电操作。

（2）使用时的握法如图 2—3b 所示，刀口朝向自己面部。钢丝钳不可代替锤子作为敲打工具使用。

（3）用电工钢丝钳剪切带电导线时，不得用刀口同时剪切相线和零线，或同时剪切两根相线，以免发生短路故障。

三、尖嘴钳和斜口钳

1. 尖嘴钳

尖嘴钳适于在较狭小的工作空间操作，由钳头、钳柄和绝缘管组成，其实物外形如图 2—4a 所示。维修电工所用尖嘴钳的工作电压为 500 V 以下，常用规格有 130 mm、160 mm、180 mm 及 200 mm 4 种。

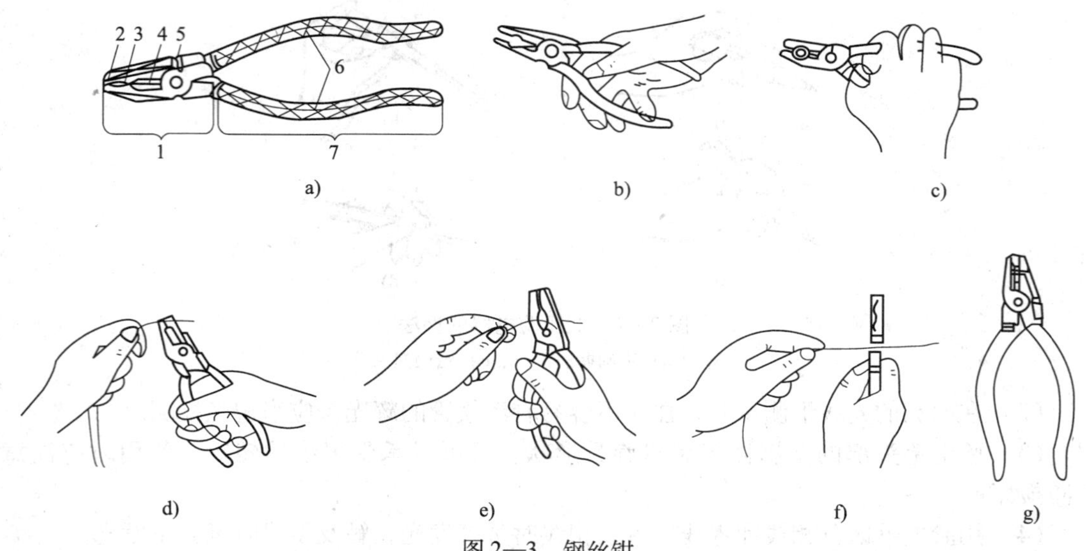

图 2—3　钢丝钳

a）钢丝钳的结构　b）握法　c）紧固螺母　d）钳夹导线头　e）剪切导线

f）铡切钢丝　g）裸柄钢丝钳（维修电工禁用）

1—钳头　2—钳口　3—齿口　4—刀口　5—铡口　6—绝缘管　7—钳柄

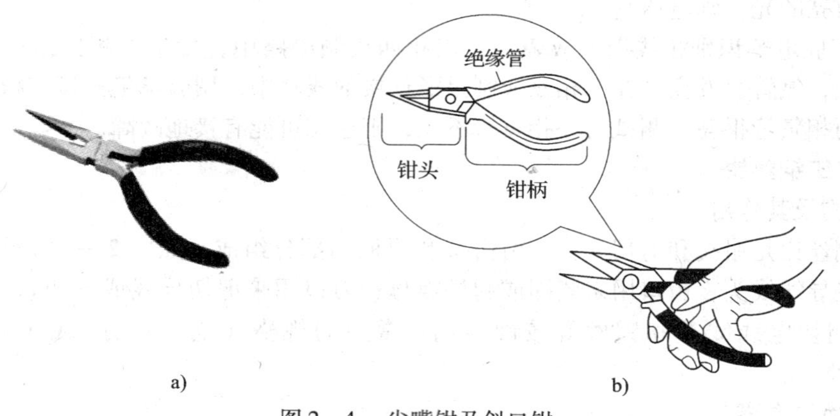

图 2—4　尖嘴钳及斜口钳

a）尖嘴钳的实物外形　b）斜口钳的结构和握法

尖嘴钳用于切断和弯曲细小导线、金属丝，还能将导线的端头弯曲成所需要的各种形状。

2. 斜口钳

斜口钳是用于剪切金属薄片及细金属丝的一种专用剪切工具其结构和握法如图 2—4b 所示，特点是剪切口与钳柄成一角度，适用于在比较狭窄和有斜度的工作场所使用。常用规格有 130 mm、160 mm、180 mm 和 200 mm 4 种。

四、旋具

1. 类型及规格

旋具分为一字形（或叫平头）和十字形（或叫十字头）两种，以配合不同槽型的螺钉使用，如图 2—5 所示。常用规格有 50 mm、100 mm、150 mm 及 200 mm 等。

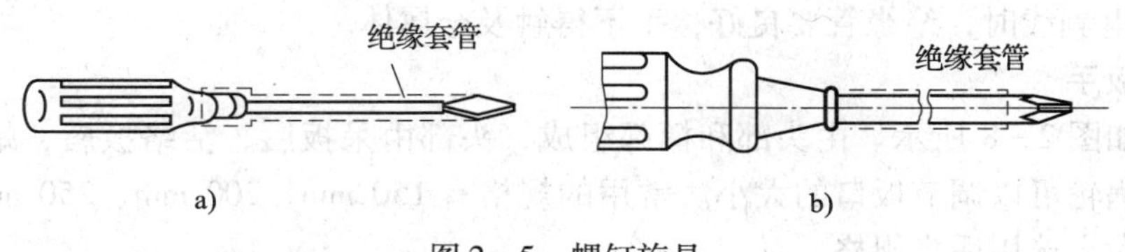

图 2—5　螺钉旋具

a）一字形　b）十字形

2. 使用注意事项

（1）不得使用金属杆直通柄顶的旋具，否则容易造成触电事故。

（2）为了避免旋具的金属杆触及皮肤或邻近带电体，应在金属杆上套绝缘套管。

（3）旋具头部厚度应与螺钉尾部槽形相配合，斜度不宜太大，头部不应有倒角，否则容易打滑。

（4）使用时，应使旋具头部顶牢螺钉槽口，防止打滑而损坏槽口。同时应注意，不用小旋具去拧旋大螺钉；否则，一是不容易旋紧，二是容易将螺钉尾槽拧豁，三是旋具头部易受损。反之，如果用大旋具拧旋小螺钉，容易造成因力矩过大而导致小螺钉滑丝的现象。旋具的使用方法如图 2—6 所示。

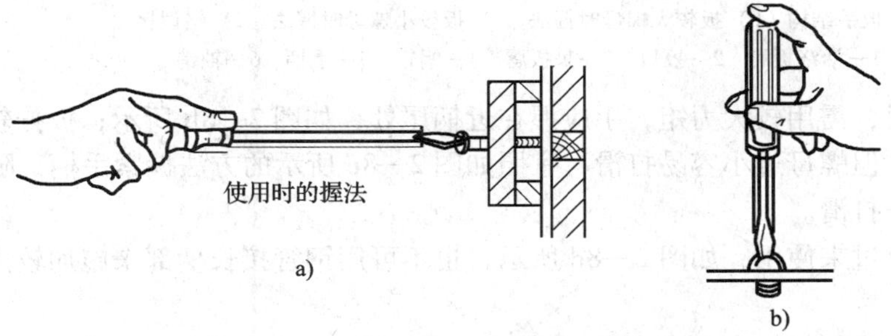

图 2—6　旋具的使用方法

a）大螺钉旋具的用法　b）小螺钉旋具的用法

五、剥线钳

1. 结构及其作用

剥线钳是用来剥削小直径导线线头绝缘层的工具，由钳头和手柄两部分组成，其外形如图 2—7 所示。

使用时，刃口大小必须与导线芯线直径相匹配，过大难以剥离绝缘层，过小易切断芯线。将要剥削的绝缘层长度确定好，轻用力握紧钳柄，导线的绝缘层即被剥离，刃口自动弹回。

2. 使用注意事项

（1）根据导线直径选择剥线钳的刃口，超过其刃口直径的导线不能用剥线钳来剥削，可用电工刀剥削。

（2）剥线钳钳头的动作机构较脆弱，不得用于敲击他物，并注意保养和维护，保持钳头动作的灵活性。

（3）剥线时，不宜一次性剥得太长，而应分成几段多次剥削绝缘层，以完成较长导线的剥离，避免剥线钳损坏。

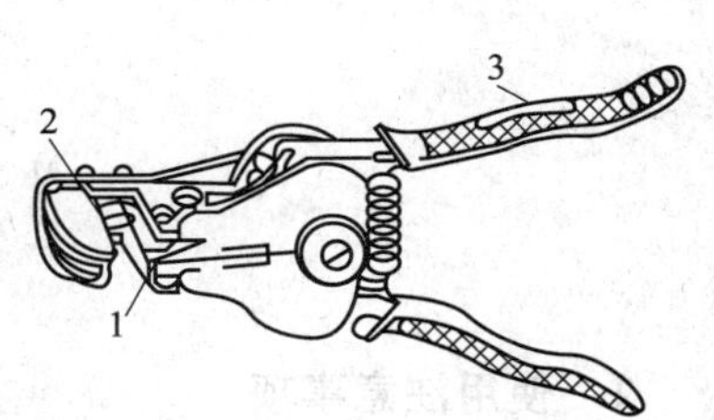

图 2—7　剥线钳

1—压线口　2—刃口　3—钳柄

（4）带电剥线时，绝缘管要良好，手不得触及金属体。

六、活扳手

活扳手如图 2—8 所示。由头部和柄部组成，头部由呆扳唇、活络扳唇、蜗轮和轴销等构成。旋动蜗轮可以调节扳口的大小。常用的规格有 150 mm、200 mm、250 mm 和 300 mm 等，按螺母大小选用适当规格。

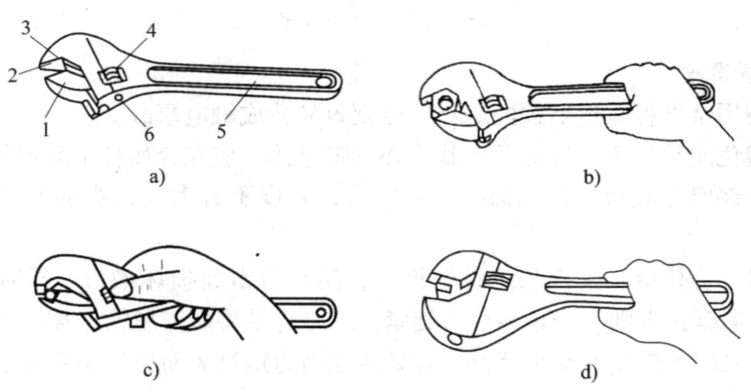

图 2—8　活扳手

a）活扳手结构　b）扳较大螺母时握法　c）扳较小螺母时握法　d）错误握法

1—活络扳唇　2—扳口　3—呆扳唇　4—蜗轮　5—手柄　6—轴销

扳拧较大螺母时，需用较大力矩，手应握在近柄尾处，如图 2—8b 所示；扳拧较小螺母时，所需力矩不大，但螺母过小容易打滑，宜照如图 2—8c 所示的方法握紧手柄，随时调节蜗轮，收紧扳唇防止打滑。

活扳手切不可反过来使用，如图 2—8d 所示，也不可用钢管接长柄部来施加较大的扳拧力矩。

七、电工刀

1．结构及其作用

电工刀是用来剖削电工材料绝缘层（如电缆、电线头等）、切削木制材料（如木台、木楔等）的工具，主要由刀身和刀柄组成，如图 2—9 所示。

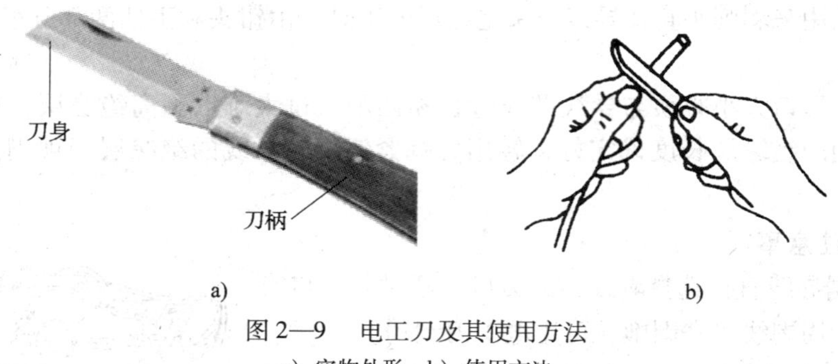

图 2—9　电工刀及其使用方法

a）实物外形　b）使用方法

2．使用注意事项

（1）使用时，刀口应朝外操作；剖削导线绝缘层时，应使刀面与导线成较小的锐角，以免割伤导线。

（2）使用后要及时把刀身折入刀柄内，以免刀刃受损或伤人。

（3）电工刀无绝缘保护，不能用于带电作业，以免触电。

八、电烙铁

电烙铁是焊接的主要工具，主要分为外热式和内热式。电烙铁的外形如图 2—10 所示，电烙铁的规格和加热方式见表 2—1。

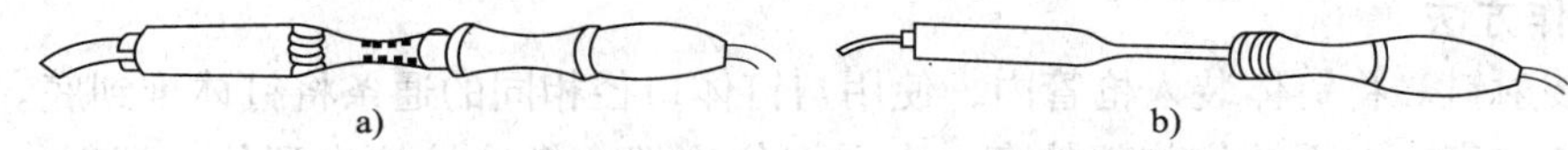

图 2—10　电烙铁

a）外热式电烙铁　b）内热式电烙铁

表 2—1　电烙铁的型式和规格

型　　式	规格/W	加 热 方 式
内热式	20，35，50，70，100，150，200，300	电热元件插入铜头空腔内加热
外热式	30，50，75，100，150，200，300，500	铜头插入电热元件内腔加热
快热式	60，100	由变压器感应出低电压、大电流进行加热

九、喷灯

1. 类型及其作用

喷灯是一种利用喷射火焰对工件进行加热的工具，火焰温度可达 900℃ 以上，常用于锡焊时加热烙铁、电缆封端及导线局部的热处理等。常用喷灯分为煤油喷灯和汽油喷灯两种，其外形如图 2—11 所示。

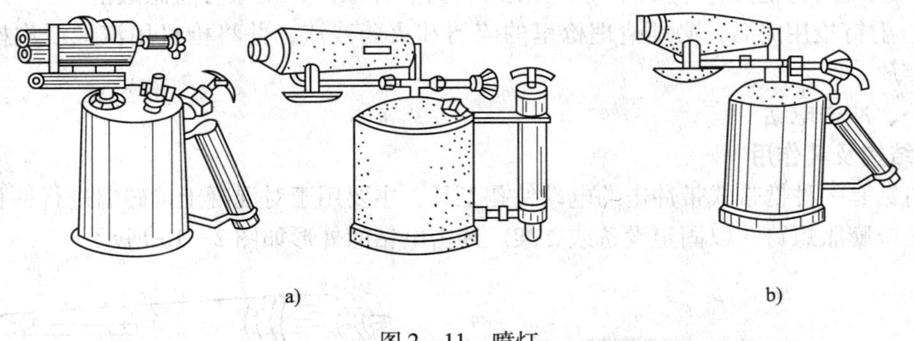

图 2—11　喷灯

a）汽油喷灯　b）煤油喷灯

2. 使用注意事项

（1）使用前应仔细检查油桶是否漏油、喷嘴是否堵塞、漏气等。

（2）根据喷灯所规定使用的燃料油的种类，加注相应的燃料油，其油量不得超过油桶容量的 3/4，加油后应及时拧紧加油处的螺塞。

（3）喷灯点火时，喷嘴前严禁站人，且工作场所不得有易燃物品。点火时，在点火碗内加入适量燃料油，用火点燃，待喷嘴烧热后再慢慢打开进油阀，打气加压时应先关闭进油阀。

（4）喷灯工作时应注意火焰与带电体之间的安全距离。

（5）喷灯应在熄火冷却后进行加油、放油、修理。

十、射钉枪

射钉枪是利用弹筒内火药爆发时的推力，将特制的螺钉射入混凝土或砖砌体内，以固定管线支架等。它具有自带能源、操作简单、工作安全可靠、施工成本低等优点，其实物外形如图 2—12 所示。操作时要注意安全，周围严禁有其他工作人员。常用射钉枪内孔有 6 mm、8 mm 和 10 mm 3 种。射钉的直径为 ϕ3. 7 mm、ϕ4. 5 mm，长度一般为 13 ~62 mm。

1. 操作方法

（1）装射钉。将钉体装入枪管内，使用与钉体口径相同的通条将钉体推到底。

（2）装弹壳。左手握住前部外套，右手握住枪把，将枪栓拉出到位，把射钉弹装入弹膛，然后把枪栓向里推到位。

（3）击发。将射钉枪防护罩垂直紧压于工作面上，扣动扳机。射击时，如遇弹不发火，重新将射钉枪紧压于工作面，再扣扳机；如仍不发火，应保持数秒钟，然后退掉。

（4）退壳。将枪栓拉出到位，用手指轻按抛壳杠杆，弹壳便顺利抛出。

2. 使用注意事项

（1）工作前，检查所有的安全装置，务必完好有效。

（2）射钉枪必须选择与之配套的弹、钉。

（3）使用射钉枪的人员必须经过培训，严格按规程操作。

（4）被钉基件必须稳定、坚实牢固。禁止在凹凸不平的工作面操作。如果第一枪未能射入，严禁在原处补第二枪，防止射透伤人。在薄墙、轻质墙上打钉时，基体另一面不得有人，以防射穿基体伤人。

（5）只有在工作时才允许装入钉、弹，装好钉、弹的枪严禁枪口对人。

（6）发现射钉枪操作不灵时，必须及时将钉、弹取出，切不可随意敲击。

（7）射钉枪用完后，必须清理枪里的碎屑和火药残渣，并将枪机用汽油浸泡擦净，然后涂油存放。

十一、冲击电钻

1. 结构及其作用

冲击钻是一种携带式带冲击的电动钻孔工具，主要用于对混凝土、砖墙进行钻孔，安装膨胀螺栓或膨胀螺钉，以固定设备或支架。冲击电钻的外形如图 2—13 所示。

图 2—12　射钉枪

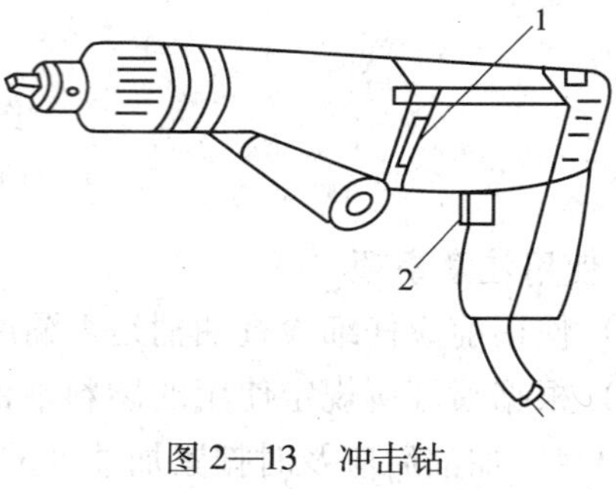

图 2—13　冲击钻

1—钻调节开关　2—电源开关

2. 使用注意事项

（1）根据孔径大小，选择合适的钻头。在更换钻头前，一定要将电源开关断开，或将电源插头从插座上拔出，以免在更换钻头过程中因误压开关，而造成人身伤害事故。

（2）通电前，应检查电源引线和插头、插座是否完好；通电后，用验电笔检查是否漏电。

（3）单相冲击电钻的电源引线应选用三芯坚韧橡胶护套线；三相冲击电钻的电源引线应选用四芯坚韧橡胶护套线，并与相应的插头和插座配合使用。特别注意，护套线中接地芯线不得接错。

（4）有些冲击电钻具有“钻孔”和“冲击”两种工作方式。钻孔时，应选用相应尺寸的普通钻头，并将工作方式置于“钻孔”位置；需“冲击”钻孔（在水泥墙上钻孔）时，应选用相应尺寸的冲击钻头，并将工作方式置于“冲击”位置。

十二、拆卸器

拆卸器又称拉具，是主要用于拆卸带轮、联轴器和轴承的工具，其外形及应用如图2—14所示。使用时，拆卸器要放正，其爪钩的位置应基本平衡，螺杆应对准电机轴心，用力要均匀。若直接拉脱有困难，可在螺杆已拉紧时用木槌敲击带轮的外圆，或在带轮与轴的接缝处渗些煤油，必要时采用热脱方法（用喷灯或气焊枪将带轮外表面加热，使之膨胀，将带轮迅速拉下）。

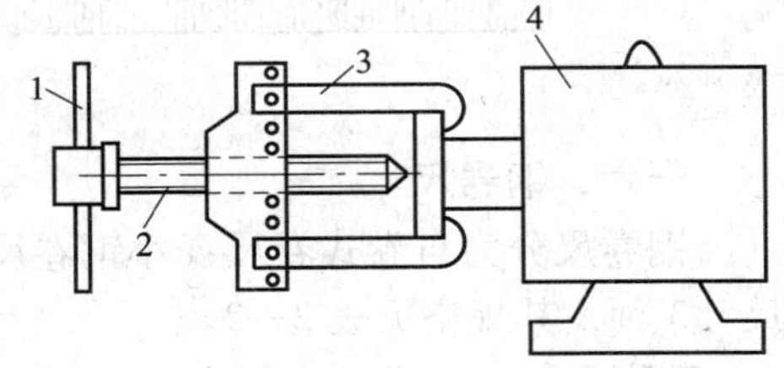

图2—14　拆卸器

1—扳手　2—螺杆　3—可调节爪钩　4—被拆物件

十三、压接钳

压接钳是连接导线的一种工具，有液压导线压接钳和手动导线压接钳两种。液压导线压接钳主要依靠液压传动机构产生压力达到压接导线的目的，适用于压接多股铝、铜芯导线，作中间连接和封端，是电气安装工程中压接导线的专用工具，用途较广。其实物外形及其压模如图2—15a所示。液压导线压接钳有多副压模。压接范围：压接铝芯导线截面积为16～240 mm^2；压接铜芯导线截面积为16～150 mm^2，压接形式为六边形截面。手动导线压接钳的实物外形如图2—15b所示，它的特点是操作简单。使用压接钳时，应根据导线截面积选择适当规格的压模。

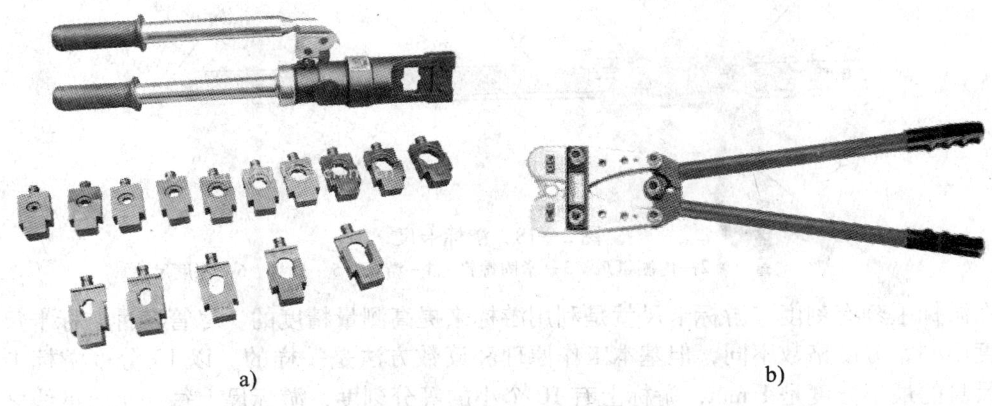

a)　　b)

图2—15　压接工具

a）液压导线压接钳　b）手动导线压接钳

十四、断线钳

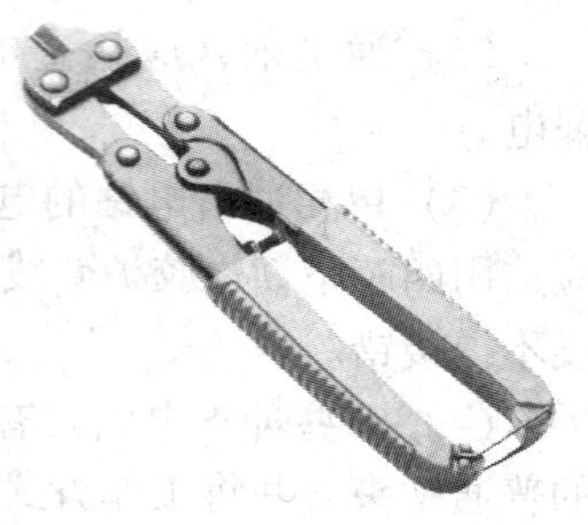

图 2—16　断线钳

断线钳实物外形图如 2—16 所示。它专用于剪断直径较粗的金属丝、线材及电线电缆等，有铁柄、管柄和绝缘柄 3 种形式，其中绝缘柄的断线钳可用于带电场合，其工作电压为 1 000 V 以下。

十五、钢直尺

钢直尺是用厚 1 mm、宽 25 mm 的不锈钢板制成。尺的一端是直边，称为工作端边。尺的长度规格有 150 mm、200 mm、300 mm、1 000 mm 和 1 500 mm 等多种，150 mm 的外形如图 2—17 所示。

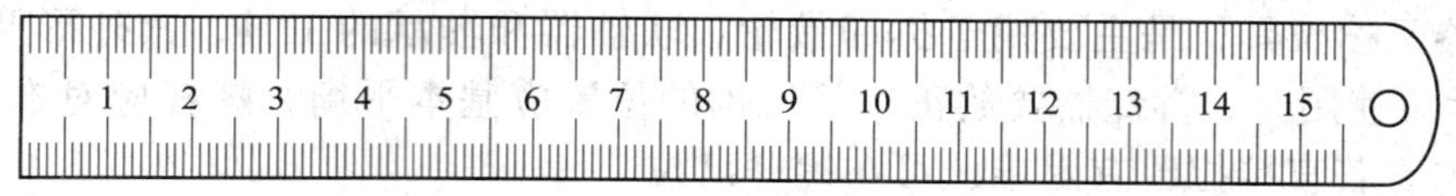

图 2—17　钢直尺

十六、钢卷尺

钢卷尺分为自卷式卷尺（小钢卷尺）、制动式卷尺（小钢卷尺）和摇卷式卷尺（大型卷尺）3 种，其规格见表 2—2。

表 2—2　　**钢卷尺的规格**

品　种	自卷式、制动式	摇　卷　式
测量上限/m	1，2，3，4，5，6	5，10，15，20，30，50，100

十七、游标卡尺

游标卡尺用于测量物体的长、宽、高、深和圆环的内、外直径，实物外形如图 2—18 所示。其主要部分是尺身和可以沿尺身滑动的游标。由尺身和游标分别构成内、外测量爪，内测量爪用于测量槽宽度和管的内径，外测量爪用于测量零件的厚度和管的外径，深度尺用于测量槽和筒的深度。

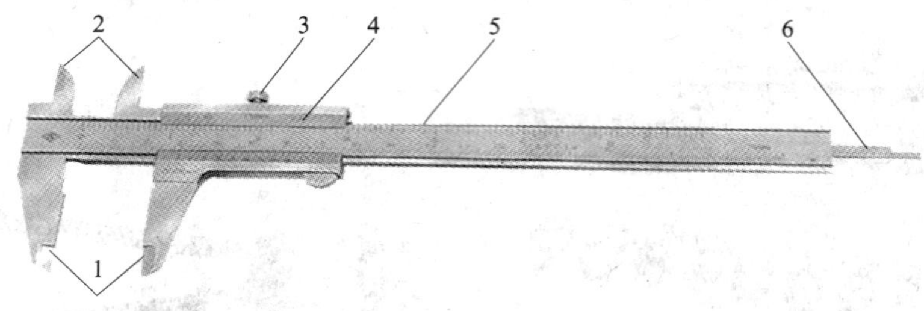

图 2—18　游标卡尺

1—外测量爪　2—内测量爪　3—紧固螺钉　4—游标　5—尺身　6—深度尺

在游标上刻有刻度，游标卡尺就是利用游标来提高测量精度的。尽管各种游标卡尺的游标长度不同，分度格数不同，但基本工作原理和读数方法是一样的。以 10 分度游标卡尺为例，尺身的最小分度是 1 mm，游标上有 10 个小的等分刻度，游标尺上每一小分度线之间距离为 0. 9 mm，从“0”线开始，每向右一格，增加 0. 1 mm

1．操作方法

测量前，要做“0”标志检查，即将测量爪合在一起（即零刻度）时，游标的零刻度线与尺身的零刻线重合。当外测量爪夹一工件时，游标对在尺身上某一位置，如图 2—19 所示。从尺身上读出 $X=21$ mm，再仔细观察游标上的哪一根分刻线与尺身上分刻度对得最齐。在图 2—19 中，第 8 根分刻线对得最齐，所以游标给出 $\Delta X=0.8$ mm，则工件总长度为 21 mm + 0.8 mm = 21.8 mm。

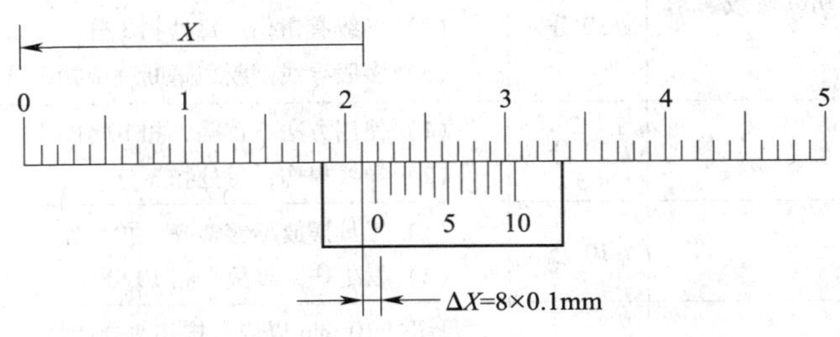

图 2—19　游标卡尺的读法

2. 使用注意事项

（1）读数时要正视，防止视觉误差。

（2）测量爪卡被测物体的松紧要适度。当需将被测物体取下读数时，要旋紧紧固螺钉。

（3）注意保护内、外测量爪。游标卡尺用后应放在专用盒内，不可与其他工具叠放在一起。

练习与实训

练习题

选择题（将正确答案的代号写在括号内）

1. 下列工具中，属于常用低压绝缘基本安全用具的是（　　）。

　A. 电工刀　　B. 低压验电器

　C. 绝缘棒　　D. 防护眼镜

2. 千分尺是一种（　　）。

　A. 精密量具　　B. 中等精密量具

　C. 专用量具　　D. 标准量具

实训与指导

实训：通过以下练习，掌握常用电工工具的正确使用方法。

1. 用螺钉旋具紧木螺钉。
2. 用钢丝钳、尖嘴钳做剪切、弯绞导线练习。
3. 用电工刀对废旧塑料单芯硬线做剖削练习。
4. 按喷灯的使用步骤，对喷灯进行加热、预热、喷火和熄火练习。

实训指导：电工工具实训考核评分标准见表 2—3。

表 2—3　　　　　　　　　　　　评分标准

项 目 内 容	配分	评 分 标 准		扣分	得分
螺钉旋具练习	30 分	（1）使用方法不正确，扣 10 分 （2）旋具滑脱，每次扣 3 分			
钢丝钳、尖嘴钳做剪切、弯绞、剖削导线练习	30 分	（1）握钳姿势不对，扣 10 分 （2）导线有钳伤，每处扣 3 分 （3）多股导线剖断，每断一根扣 3 分			
电工刀剖削导线练习	30 分	（1）使用方法不正确，扣 10 分 （2）导线损伤，每处扣 3 分			
安全与文明生产	10 分	（1）工具摆放不够整齐，扣 5 分 （2）发生伤人事故，扣 10 分			
考核时间 60 min		每超过 10 min 以内，按扣 5 分计算			
开始时间		结束时间		评分	

模块二　携带式电工检修仪表的使用

知识技能要求

1. 掌握携带式电工检修仪表的种类、特点、主要功能及使用注意事项。
2. 能熟练使用携带式电工检修仪表进行各参数的检测。

携带式电工检修仪表主要有兆欧表、万用表、钳形电流表、接地电阻测试仪、点式温度计等。

一、兆欧表

兆欧表即绝缘电阻测试仪，又称摇表。目前使用的有两类，一类是传统的手摇发电机式；另一类是半导体电子式。它的主要功能是用来测量线路或导线电缆、电器或电气设备、绝缘材料的绝缘电阻。因为绝缘电阻的单位用 MΩ，因此称之兆欧表。如图 2—20 所示为兆欧表外形图。

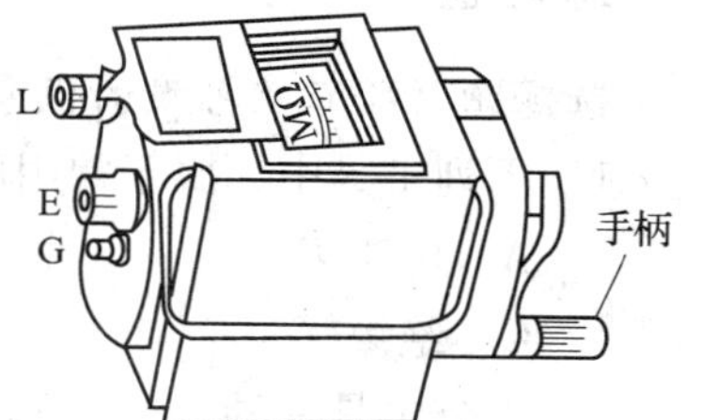

图 2—20　兆欧表外形图

1. 兆欧表的使用方法

（1）选择兆欧表。兆欧表有 500 V、1 000 V 和 2 500 V 等不同电压等级，根据被测对象的额定电压，选择不同电压等级的兆欧表，见表 2—4。

表 2—4　　　　　　　　兆欧表的选择　　　　　　　　单位：V

电气设备或回路的电压等级	兆欧表的电压等级
$U<100$	250
$100\leqslant U<500$	500
$500\leqslant U<3\ 000$	1 000
$3\ 000\leqslant U<10\ 000$	2 500
$10\ 000\leqslant U$	2 500 或 5 000

（2）开路试验。使用前，兆欧表应放置在平稳的地方，对兆欧表进行开路试验。开路试验是先将兆欧表的两接线端分开，摇动手柄使发电机达到 120 r/min 的额定转速时，兆欧表指针应指到“∞”，如图 2—21a 所示。

（3）短路试验。开路试验后，再进行短路试验。短路试验是先将兆欧表的两接线端接触，再摇动手柄。正常时，兆欧表指针应指到“O”，如图 2—21b 所示。

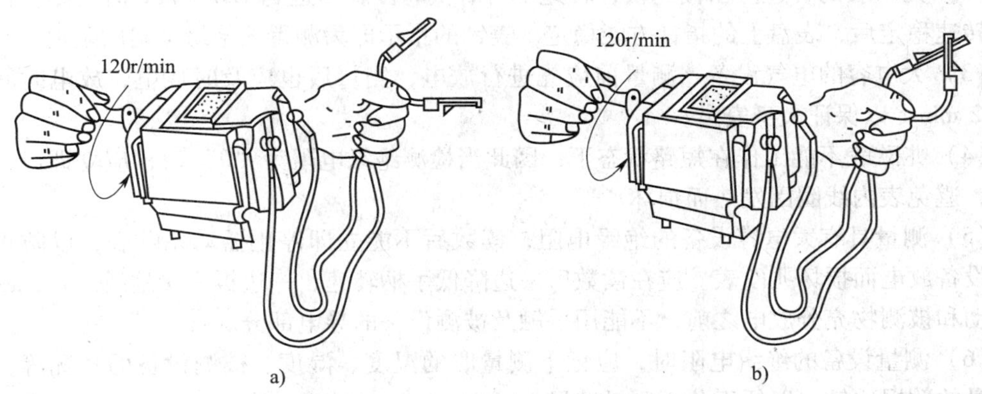

图 2—21 兆欧表使用前的检查
a）开路试验 b）短路试验

（4）测量绝缘电阻

1）测绕组相间绝缘电阻（以三相异步电动机为例）。断开电动机的电源，拆开电动机绕组间的连接线。用兆欧表的两接线柱 E 和 L 分别接电动机的两相绕组，如图 2—22a 所示。由慢渐快地摇动兆欧表手柄，转速达 120 r/min，且指针稳定后读数，所测数值就是电动机绕组的相间绝缘电阻。500 V 以下的电气设备绝缘电阻不低于 0.5 MΩ。

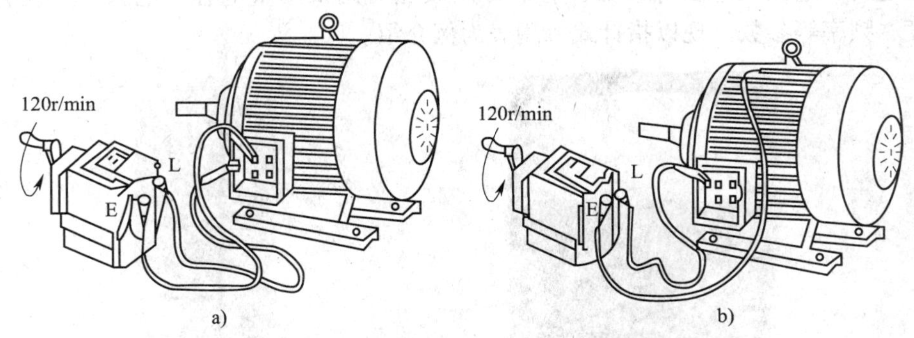

图 2—22 用兆欧表测试电动机的绝缘电阻
a）绕组间绝缘电阻的测试 b）绕组对地绝缘电阻的测试

2）测绕组对地绝缘电阻。将兆欧表接线柱 E 接电动机外壳（应清除电动机机壳上接触处的漆层或锈迹等），接线柱 L 接电动机绕组，如图 2—22b 所示。摇动兆欧表的发电机手柄，转速达 120 r/min，且指针稳定后读数，所测数值就是电动机绕组对地绝缘电阻。

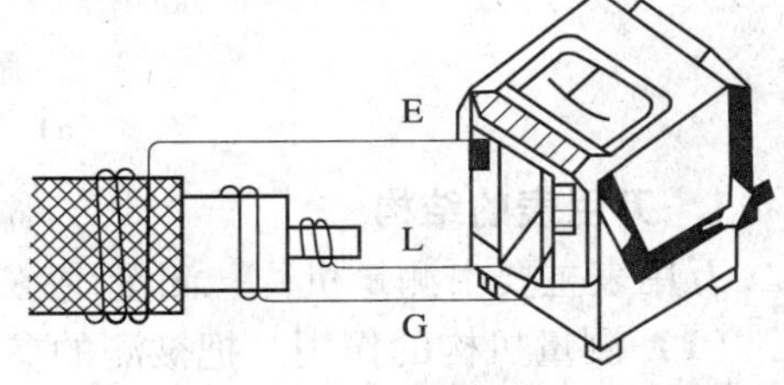

图 2—23 兆欧表测量电缆的绝缘电阻

（5）测量电缆绝缘电阻。如图2—23所示，将兆欧表接线柱E接在电缆外壳上，接线柱G接电缆线芯与外壳之间的绝缘层上，接线柱L接电缆线芯，摇动兆欧表的发电机手柄，转速达120 r/min，待兆欧表指针稳定后读数，所测数值就是电缆线芯与电缆外壳的绝缘电阻值。

2. 使用注意事项

（1）兆欧表使用时应水平放置。测量用的导线应用单根绝缘导线，不能采用双绞线。

（2）兆欧表的转速应由慢到快，转速不得时快时慢。当达到120 r/min时，则应保持稳定，转速稳定后，表盘上的指针方能稳定，表针的指示即为测得的绝缘电阻的阻值。

（3）大电容的电气设备，测量前应先进行放电，测量后也应及时放电，放电时间不得小于2 min，以保证人身安全。

（4）兆欧表不能工作在短路状态下，因此当检测绝缘电阻为“0”时，应立即停止摇动手柄，避免表内线圈因发热而损坏。

（5）测量具有大电容设备的绝缘电阻，读数后不能立即停止摇动兆欧表，以防止已充电的设备放电而损坏兆欧表。应在读数后一边降低手柄转速，一边拆去接地线。在兆欧表停止转动和被测物充分放电之前，不能用手触及被测设备的导电部分。

（6）测量设备的绝缘电阻时，应记下测量时的温度、湿度、被测设备的状况等，与前期测量的数据比较，以便于分析测量结果。

（7）正在使用的设备通常应在刚停止运转时进行测量，以便使测量结果符合运行温度时的绝缘电阻。

（8）禁止在雷电时或在邻近有带高压导体的设备时进行测量。只有在设备不带电又不可能受其他电源感应而带电时才能进行测量。

二、万用表

目前使用的万用表主要有指针式和数字式两种，其实物外形如图2—24所示。其主要功能是测量电压、电流、电阻等参数，有的万用表还可用来测量电容、电感、三极管放大倍数、温度、频率等参数。现以指针式万用表为例介绍。

a）

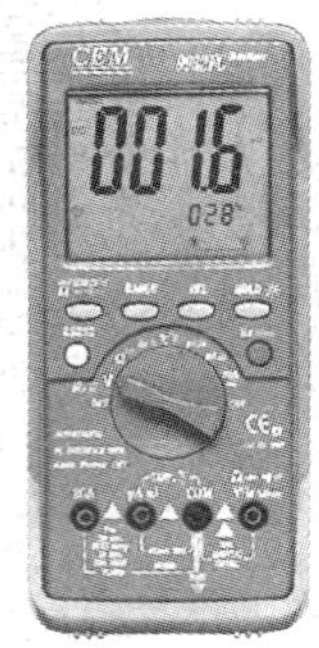

b）

图2—24　万用表

a）指针式　b）数字式

1. 万用表的结构

万用表主要由测量机构、测量线路、转换开关3部分组成。

（1）测量机构的作用。把被测的参数电量转换为仪表指针的机械偏转角，供操作者读出参数值。

（2）测量线路的作用。把各种不同的被测电量（如电流、电压、电阻等）转换为测量机构所能接受的微小直流电流电量。

（3）转换开关的作用。把测量线路转换为所需要的测量种类和量程。

2．万用表的使用方法

（1）调零。使用前先检查指针是否在零位，否则应用调零螺钉调整；先把挡位置于欧姆（Ω）挡，将两表笔相碰，观察表针是否指向零位，若指针不指向零位则说明表已坏或电池已没电。如果测量电阻，则应由欧姆调零钮调零，并且每换一个挡位均应调整一次。注意，机械零位和电阻的零位是在相反的方向上。检查表笔与插孔接触是否紧密，以免影响测量的准确性；检查表笔的导线绝缘是否良好，以免发生触电事故。

（2）选择正确的挡位。根据测量参数及其估计范围，将万用表的功能转换开关置于相应的挡位，对于有两个转换开关的万用表，其一要置于被测参数相应的挡位上，如欧姆挡Ω、电压挡 V、电流挡 A；另一个转换开关要置于相应被测参数的范围上，如交流电流 $\underset{\sim}{A}$、交流电压 $\underset{\sim}{V}$、直流电流 $\underline{A}$ 或 $\underline{mA}$、直流电压 $\underline{V}$ 上，电阻 500 kΩ、10 kΩ、1 kΩ、100 Ω、10 Ω、1 Ω 上等。有的万用表上交流用 AC 表示，直流用 DC 表示，三极管放大倍数用 h_{FE} 表示，二极管用—▶|—表示，两点的通断用蜂鸣器声响•))表示。不同型号的万用表表示方法不尽相同，因此应对照说明书，核对后正确使用。

（3）参数测量。测量电压时，应将表笔触及被测物的两端，即与被测物并联；测量电流时，应将表笔触及被测物断开点的两端，即串联在被测物的回路上；测量电压、电流时，不得断开被测物的电源。如果是直流参数，还应注意表笔的正负极。有的万用表测量高电压、大电流还得变换表笔的插孔，使用时要注意与导线的连接应用鱼嘴夹，而不用表笔，以防接触不良。测量电阻、电感、电容时，应先将被测物的电源断开，容量较大的电感、电容应先放电，然后再测量。测量导线的通断，也要先断开电源。在线路板上测量电阻、电感、电容、二极管等两端元件时，至少应将其在线路板上的焊点断开一点，否则测量不准。测量三极管时，至少应断开两个点；测量其放大倍数时，应将其取下插入万用表的 h_{EF} 插孔内测量，并且要注意管子是 NPN 型，还是 PNP 型。

对于数字式万用表黑表笔始终插入 COM 孔，测量电压和电阻时，红表笔插入 V · Ω 孔；测量小电流时红表笔插入 mA 孔，测量大电流时插入 10 A 或 20 A 孔。

3．使用注意事项

（1）读数注意事项。在指针式万用表上读取刻度盘的读数时，应先按转换开关测量范围的指示，正确选择表盘上的刻度线，然后再看指针指示的位置读出读数。

一般的万用表刻度盘上有 3 条弧形刻度线，第一条为欧姆（Ω）线；第二条为交直流电压或电流线，标有~符号；第三条为交流电压线，标有 10 V 符号。

当转换开关置于欧姆挡时，应从欧姆刻度线上读取读数，将读出的读数乘以测量范围的倍数，即为被测电阻的实际值。

当转换开关置于 $\underset{\sim}{V}$ 或 A 挡，并对应相应的量程挡时，先看一下第二条刻度线或第三条刻度线的满刻度值与测量范围所指的值是否相符，相符则从这条刻度线上直接读数即可。如果不符，则根据满刻度值与转换开关所指值的整倍数的关系读取；如满刻度值为 250，转换开关所指值为 500，则指针指数乘以 2 即为所测值；如满刻度值为 50，转换开关所指值为

10，则指针指数除以 5 即为所测值。

（2）严禁在被测电阻带电的情况下用万用表的欧姆挡测量电阻。

（3）用万用表测量电阻时，所选择的倍率挡应使指针处于表盘的中间段，减小误差；不能选错挡位或超出量程范围，以免损坏万用表。

（4）测量时，不要触及表笔的金属部分，避免触电或影响测量结果。

（5）欧姆调零不足时，要及时检查和更换表内的电池。

（6）万用表使用之后，最好将转换开关置于最高交流电压挡或空挡，以免有人误用造成仪表损坏。

（7）万用表的电池应根据使用情况及时检查，以免没电后，电液流出腐蚀电极或元件，导致万用表损坏。万用表长期不使用时，应将电池取出。

三、钳形电流表

目前使用的钳形电流表有指针式和数字式两种，其主要功能是在不断开回路的情况下测量交流回路的电流，有的还能测量交流电压。它主要由可开口的电流互感器和表头组成，如图 2—25 所示。

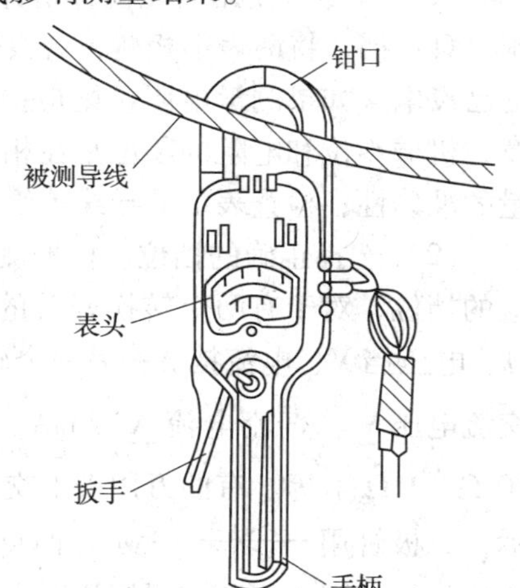

图 2—25　钳形电流表

1. 使用方法

（1）根据被测量及其大小选择测量挡位，如果测量电压，则应将转换开关置于“V”处；如果测量电流，则应先估算线路上的电流大小，然后将转换开关切换至相应的挡位上。如果不能估算电流大小，则应从最大量程挡位开始，逐步换成合适的量程。

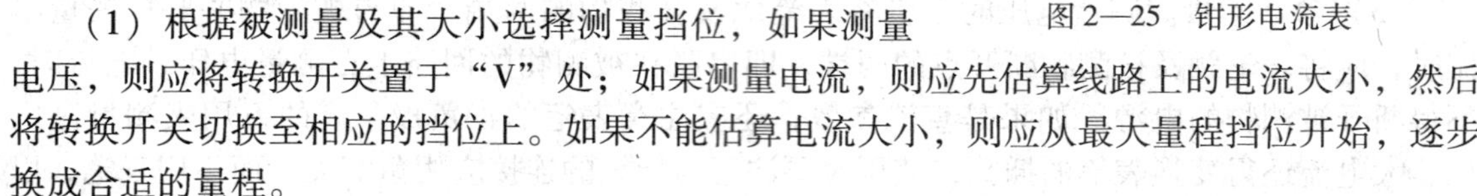

（2）按动扳手打开钳口，将被测线路的一根导线（指绝缘导线，如果是裸导线则应先在被测段包扎绝缘）置于钳口内的中心位置。放松扳手紧闭钳口，读表针上的数值，即是被测的电流值，若量程不对，应在退出钳口后转换量程开关；如果转换量程后指针仍不动，需继续切换至较小量程。

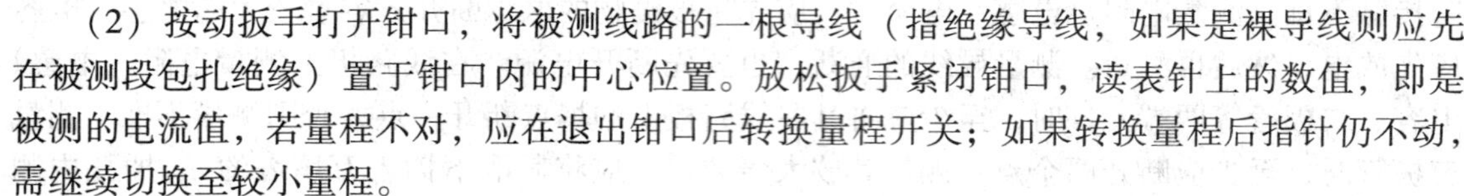

（3）读数。一般表盘上有两条刻度线：一条为红色，即电压刻度线；另一条为黑色，即电流刻度线。要结合转换开关所指的范围和指针的指示值进行读数。如电流刻度线是 0 ~ 300 A，而转换开关所指范围是 30 A，指针指 250 A，则实际值为 25 A。

（4）将钳口松开，钳形表撤出导线。

（5）如果用来测量电压，则应先将选择开关置于“V”处，然后估算被测值，这时应将表笔插在相应的插孔上。最后用两只表笔分别同时触及被测点，表盘指针读数即为所测值。

（6）测量 5 A 以下较小电流时，可将被测导线多绕几圈再放入钳口测量，被测的实际电流值就等于仪表读数除以放进钳口中导线的圈数。

（7）用钳形电流表测量三相交流电时，钳进一根相线测得的是本相线电流值，钳进两根相线读数为第三相线电流值。钳进三根相线时，如果三相平衡，则读数为零，若有读数则表示三相不平衡，读出的是中性线的电流值。

2. 使用注意事项

（1）在没有采取安全措施前，不能测量裸露的导体电流。

（2）测量完大电流后再测小电流时，要把钳口开合几次，以消除剩磁。

（3）根据被测电路的电压与电流选择钳形表的电压等级与电流量程，测高压电路选高压钳形表，测低压电路选低电压钳形表。

（4）使用钳形电流表时，应在配电室有电流的回路上进行试验，确认其处于良好状态才能使用；如果挡位选择不当，应先将导线从钳口取出再调整转换开关，不得带负荷调整，以免将表针打弯。

（5）测量中如有杂声，应将钳口重新开合一次；若杂声依然存在，应检查钳口处有无污垢，如有可用棉纱蘸酒精或汽油擦干净后再进行测量。发现全部量程不通时，应检查内部的熔管是否烧断；使用后应把量程开关置于最大位置上。

（6）在雷雨天时，在室外应禁止使用钳形电流表进行测量，否则应采取防雷雨措施，确保雨滴不落在表上。

四、接地电阻测试仪

除了以上介绍的 3 种常用的检测仪表以外，接地电阻测试仪也是在工程上常用的检测仪器之一，它主要用来测量接地装置的接地电阻或者测量土壤电阻率以及数值较小的电阻。接地电阻测量仪由表头（检流计）、接线端、摇柄、调节电阻盘、倍率调节以及连接线、测量接地棒等配件组成。其外形及配件如图 2—26 所示。

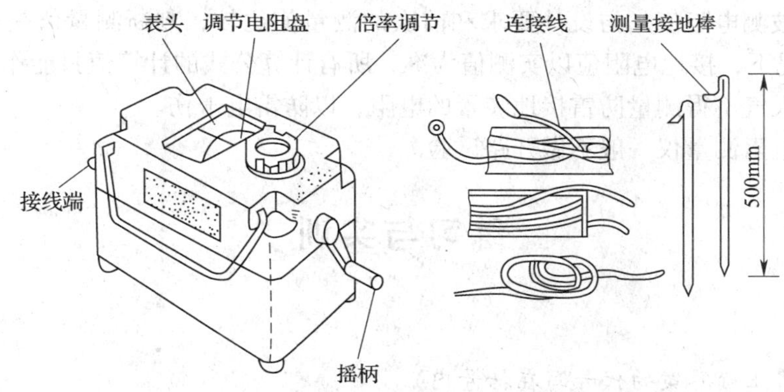

图 2—26　接地电阻测量仪及配件

1. 使用方法

（1）正确接线。将两根测量接地棒分别插入地中，记作电位极 P′和电流极 C′，距离被测接地极 E′的直线距离 20 m，然后用连接线分别将 E′、P′和 C′接到仪表的相应接线端上，如图 2—27 所示。该仪表是三端子的按图 2—27a 接线，是四端子的按图 2—27b 接线。

（2）读数。测量时，需将指针调整指于黑线，然后将仪表的倍率调节置于最大位数，慢慢转动发电机摇柄，同时旋转“调节电阻盘”，使检流计指针平衡。当指针接近黑线时，加快发电机摇柄的转速，达到 120 r/min 时，再调整“调节电阻盘”使指针指在黑线上；如果“调节电阻盘”上的读数小于 1 Ω 时，应将“倍率调节”置于较小的倍数，再重新调整“调节电阻盘”；当指针完全平衡在黑线上的位置时，即得到被测电阻值，则电阻值为：

$$接地电阻 = 倍率 \times 调节电阻器的读数$$

2. 使用注意事项

（1）当检流计的灵敏度高时，可将电位极 P′插入土中浅一些；当检流计灵敏度不够时，可沿电位极 P′和电流极 C′注水使其湿润。

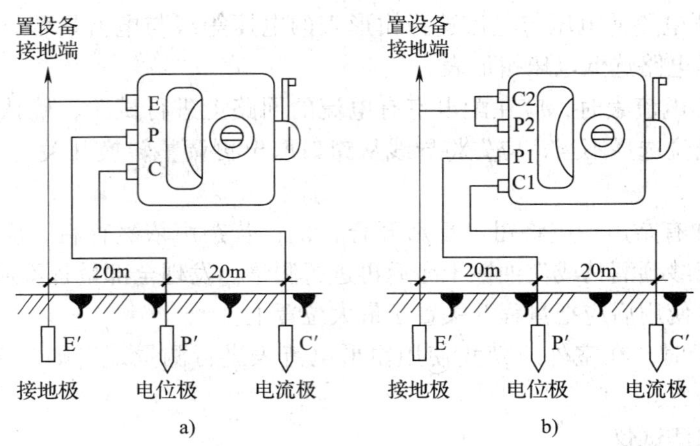

图 2—27　接地电阻测量仪的接线

a）三端子的接线　b）四端子的接线

（2）测量接地电阻时，必须将接地体与被保护设备的连接引线拆开，将测量端接在接地体端，以便得到准确的测量数据。

（3）记录被测电阻值，与设计要求和前次的测量值比较，判断测量值是否合格。任何时候、任何情况下，接地电阻值以实测值为准，所有计算公式的计算值只能作为参考。

（4）雷雨天气不得测量防雷接地装置的电阻，以防雷电击伤。

（5）接地电阻测量仪一般不做开路试验。

练习与实训

练习题

选择题（将正确答案的代号写在括号内）

1. 钳形电流表的主要优点是（　　）。

　A. 准确度高　　B. 灵敏度高

　C. 功耗小　　D. 不必切断电路就可以测量电流

2. 使用万用表时要注意（　　）。

　A. 使用前要机械调零

　B. 测量电阻时，转换挡位后不必进行欧姆调零

　C. 测量完毕，转换开关置于最大电流挡

　D. 测电流时，最好使指针处于刻度线的中间位置

3. 测量电气设备的绝缘电阻可用（　　）测量。

　A. 万用表　B. 电流表　C. 兆欧表　D. 欧姆表

实训与指导

实训一：用万用表正确测量电阻，每位学员至少测量 3 个以上电阻器。要求测量结果正确，测量误差在允许的范围内。

实训指导：

（1）准备仪表和电阻。万用表（500 型或自定）1 块；24 Ω/0.5 W、240 Ω/0.5 W、24 kΩ/0.5 W 和 240 kΩ/0.5 W 电阻各 2 只。

（2）操作工艺

1）估测被测电阻值。测量前，首先应估测被测电阻值，具体方法是将万用表置于欧姆挡任意挡位，将两表笔短路，观察指针是否指在零位。然后，将两表笔与被测电阻两端紧密接触，根据指针所指位置选择合适量程。这里合适量程是使指针处于刻度线的中心位置附近。

2）万用表调零。万用表每次转换量程后，都应首先进行欧姆调零，其具体步骤是：将两表笔短路，观察指针是否指在零位，如果指针没有指在欧姆零位，可以调整欧姆调零钮，直至指针指在欧姆零位。

3）测量电阻。将两表笔与电阻器两端接触，将指针所指读数乘以欧姆量程，就得出被测电阻的阻值。例如，若此时指针读数为 25，欧姆量程为 R×1 k，则被测电阻值为 25×1 kΩ=25 kΩ，用同样方法测量其他电阻的阻值。

4）维护保养。测量完毕，应将万用表转换开关置于交流电压最高挡。

注意：使用中如果反复调整欧姆调零器，指针仍然没有指在欧姆零位，就应该检查表内电池的电压是否低于 1.2 V。

实训二：用钳形电流表测量三相笼型异步电动机的电流。用三相刀开关控制三相异步电动机的启动，然后用钳形电流表测量三相异步电动机的启动电流及工作电流。要求测量步骤正确，测量结果在允许误差范围以内。

实训指导：

（1）测量准备工作。7.5 kW、1.1 kW 三相笼型异步电动机各 1 台；钳形电流表（互感器式钳形电流表）1 块；连接导线（BVR－2.5 mm^2）9 m；三相刀开关（HK2－15/3、380 V）1 只；三相四线交流电源（3×380/220 V、20 A）1 处；电工通用工具 1 套；透明胶布（自定）1 卷；绝缘鞋和工作服 1 套。

（2）操作工艺

1）测量前，将电动机与电源连接好。

2）先测量 7.5 kW 电动机的空载电流。测量前，先估计被测电流的大小，以选择合适的量程进行测量；若无法估计，则应先用较大量程测量，然后根据被测电流大小逐步换成合适的量程。

3）接通电源开关，将被测导线置于钳口内的中心位置，若量程不对，应在钳口退出导线后转换量程开关；如果转换量程后指针仍不动，需继续减至较小量程（50 A）。此时仪表指针指示电动机空载电流为 10 A。

注意：使用钳口的结合面要保持良好的接触，如有杂声，应将钳口重新开合一次；若杂声依然存在，应检查钳口处有无污垢存在，如有可用棉纱蘸汽油擦干净。

4）断开电源开关，切断电源。按上述方法再测量 1.1 kW 电动机的空载电流。将量程转换开关置于 10 A 挡位。用钳形电流表分别测量电动机每相的电流，发现指针偏转太小。这时可将被测导线绕成 3 圈后放入钳口进行测量，指针指示为 7.5 A。这时，实际电流值等于仪表的读数除以放进钳口中的导线圈数，即被测电流为 2.5 A

5）测量完毕，应将仪表的量程开关置于最大量程挡，拉断电源开关，操作结束。

实训三： 用兆欧表测量电动机的绝缘电阻。要求测量步骤正确，测量结果在允许误差范围以内。

实训指导：

（1）测量准备工作。兆欧表（ZC25－3 型或自定）1 台；三相笼型异步电动机（自定）1 台；绝缘电线（BVR－2.5 mm^2）10 m；电工通用工具 1 套；透明胶布（自定）1 卷；绝缘鞋和工作服 1 套。

（2）操作工艺

1）测量前，要切断被测电动机的电源，打开接线盒端盖，将电动机的导电部分与地接通，进行充分放电。去掉电动机接线盒内的连接片和电源进线。

2）检查兆欧表好坏。在兆欧表未接线之前，手摇发电机达到额定转速 120 r/min，观察指针是否指在无穷大位置。再将接线柱的“L”和“E”短接，这时要缓慢摇动发电机手柄，观察指针是否指在零位。

3）先测量各相绕组对地的绝缘电阻。将兆欧表的 E 端接电动机的外壳，L 端接在电动机 U 相绕组接线端上，摇动手柄应由慢渐快，达到 120 r/min 时手摇发电机转速要保持匀速。若发现指针指零，应立即停止摇动手柄。应注意，读数应在匀速摇动手柄 1 min 以后读取。

测量电动机 V 相绕组对地的绝缘电阻，将兆欧表的 L 端改接在 V 相绕组接线端，摇动手柄达到 120 r/min 并匀速 1 min 以后读取读数。用相同的方法测量电动机 W 相绕组对地的绝缘电阻。

4）测量电动机 U、V 两相绕组之间的绝缘电阻。将兆欧表的 L 端和 E 端分别接在 U、V 两相绕组接线端。摇动手柄达到 120 r/min 并匀速 1 min 以后读取读数；将兆欧表的 L 端和 E 端分别接在 V、W 两相绕组接线端，测量电动机 V、W 两相绕组之间的绝缘电阻；将兆欧表的 L 端和 E 端分别接在 W、U 两相绕组接线端，测量电动机 W、U 两相绕组之间的绝缘电阻。

5）记录测量结果。将各测量结果用笔记录，根据测量结果，电动机各相绕组对地的绝缘电阻和各相绕组之间的绝缘电阻均大于 500 MΩ，符合技术要求。

6）按原要求安装连接片，将接线盒端盖盖上，并将螺钉拧紧，操作结束。

实训考核：

评分标准见表 2—5。

表 2—5　　评分标准

项目内容	配分	评分标准	扣分	得分
1. 测量电阻	30 分	（1）量程判断不准确，扣 5 分 （2）测量前万用表没有校对好，每次扣 3 分 （3）测量数字不准确，扣 5 分		
2. 用钳形电流表测三相异步电动机电流	30 分	（1）量程判断不准确，扣 3 分 （2）钳口接合面接触不好，每处扣 3 分 （3）操作不规范，扣 5 分		
3. 用兆欧表测量电动机的绝缘电阻	30 分	（1）测量前不切断电源，不进行充分放电的，扣 10 分 （2）未接线之前，手摇发电机未达到额定转速 120 r/min，或观察指针不在无穷大位置，指针不指向零点，每处扣 3 分		

续表

项目内容	配分	评分标准		扣分	得分
4．安全、文明生产	10分	（1）不能进行安全、文明操作，扣5分 （2）发生伤人事故，扣10分			
考核时间60 min		每超过1 min扣5分			
开始时间		结束时间		评分	

第三单元　电 工 材 料

模块一　常用导电材料

知识技能要求

1. 了解铜、铝导线和电线电缆的性能与特点。
2. 了解电热材料的性能与特点。
3. 了解电阻合金的性能与特点。
4. 掌握熔丝的性能与特点。
5. 能够根据导电材料的不同性能与特点，在生产实践中合理地选择导电材料。

导电材料大部分是金属，其特点是导电性好，有一定的力学强度，不易氧化和腐蚀，容易加工和焊接。

一、铜、铝导线和电线电缆

1. 铜导线

铜导线的导电性能好，化学性能稳定，不易氧化和腐蚀，容易焊接，在常温时有足够的力学强度，具有良好的延展性，便于加工，因此广泛用于制造变压器、电机和各种电器的线圈。

纯铜俗称紫铜，根据材料的软硬程度分为硬铜和软铜两种。铜材经过压延、拉制等工序加工后，硬度增加，称做硬铜，通常用做力学强度要求较高的导电零部件。硬铜经过退火处理后，硬度降低，即为软铜。软铜的电阻系数比硬铜小，适宜做电机、变压器和各类电器的线圈。在产品型号中，铜线的标志是“T”，“TV”表示硬铜，“TR”表示软铜。

2. 铝导线

铝导线的电阻率比铜导线大，同样长度的铜导线和铝导线，若它们的电阻值一样，则铝导线的截面积要比铜导线大 1.68 倍。但铝资源丰富，价格便宜，在铜材紧缺时，铝材是最好的代用品。因铝易氧化，铝导线的焊接比较困难，必须采取特殊的焊接工艺。电机和变压器上使用的铝是纯铝。铝也有硬铝和软铝之分。电机、变压器线圈中大部分使用软铝。在产品型号中，铝线的标志是“L”，“LV”表示硬铝，“LR”表示软铝。

3. 电线电缆

电线电缆种类很多，按照它们的性能、结构、制造工艺及使用特点，分为裸线、电磁线、绝缘电线电缆和通信电缆 4 种，下面主要介绍与维修电工密切相关的前 3 种。

（1）裸线。这类产品只有导体部分，没有绝缘层和保护层结构。按产品的形状和结构分为圆单线、软接线、型线和裸绞线 4 种。修理电机、电器时，经常用到的是软接线和型线。

1）软接线。软接线是由多股铜线或镀锡铜线绞合编织而成的，特点是柔软、耐振动、耐弯曲。常用软接线品种及主要用途见表 3—1。

表 3—1　　常用软接线品种及主要用途

名称	型号	主要用途
裸铜电刷线 软裸铜电刷线	TS TS	供电机、电气线路电刷用
裸铜软绞线	TRJ TRJ－3 TRJ－4	移动式电气设备连接线，如开关等 要求较柔软的电气设备连接线，如接地线、引出线等 要求特别柔软的电气设备连接线，如晶闸管的引线等
软裸铜编织线	TRZ	移动式电气设备和小型电炉连接线

2）型线。型线是非圆形截面的裸电线。常用型线品种及主要用途见表 3—2。

表 3—2　　常用型线品种及主要用途

类别	名称	型号	主要用途
扁线	硬扁铜线 软扁铜线 硬扁铝线 软扁铝线	TBV TBR LBV LBR	适用于电机、电器、安装配电设备及其他电工制品
母线	硬铜母线 软铜母线 硬铝母线 软铝母线	TMV TMR LMV LMR	适用于电机、电器、安装配电设备及其他电工制品，也可用做输配电的汇流排
铜带	硬铜带 软铜带	TDV TDR	适用于电机、电器、安装配电设备及其他电工制品
铜排	梯形铜排	TPT	供制造直流电动机换向器用

（2）电磁线。电磁线应用于电机及电工仪表中，作为绕组或元件的绝缘导线。常用电磁线的导电线芯有圆线和扁线两种，目前大多采用铜线，很少采用铝线。由于导线外面有绝缘材料，因此电磁线也分不同耐热等级。常用的电磁线有漆包线和绕包线两类。

1）漆包线。漆包线的绝缘层是漆膜，广泛用于中小型电机及微电机、干式变压器及其他电工产品。常用的有缩醛漆包线、聚酰漆包线、聚酯亚胺漆包线、聚酰胺酰亚胺漆包线和聚酰亚胺漆包线 5 类。

2）绕包线。绕包线是用玻璃丝、绝缘纸或合成树脂薄膜等紧密绕包在导电线芯上，形成绝缘层，也有在漆包线上再绕绝缘层的。除薄膜绝缘层外，其他的绝缘层均须经过胶黏绝缘漆浸渍处理，以提高其绝缘性能、力学性能和防潮性能，所以它们实际上是组合绝缘。绕包线一般用于大中型电工产品。根据绕包线的绝缘结构，可分为纸包线、薄膜包线、玻璃丝包线及玻璃丝包漆包线 4 类。

（3）绝缘电线电缆。常用的绝缘电线型号、名称和主要用途见表 3—3。

表 3—3　　　　绝缘电线型号、名称和主要用途

型号	名　　称	主 要 用 途
BLXF	铝芯氯丁橡胶线	适用于交流额定电压 500 V 以下或直流 1 000 V 以下的电气设备及照明装置
BXF	铜芯氯丁橡胶线	
BLF	铝芯橡胶线	
BX	铜芯橡胶线	
BXR	铜芯橡胶软线	
BV	铜芯聚氯乙烯绝缘电线	适用于各种交流、直流电器，电工仪器、仪表，电信设备，动力及照明线路固定敷设
BLV	铝芯聚氯乙烯绝缘电线	
BVR	铜芯聚氯乙烯绝缘软电线	
BVV	铜芯聚氯乙烯绝缘聚氯乙烯护套圆形电线	
BLVV	铝芯聚氯乙烯绝缘聚氯乙烯护套电线	
BVVB	铜芯聚氯乙烯绝缘聚氯乙烯护套扁形电线	
BLVVB	铝芯聚氯乙烯绝缘聚氯乙烯护套圆形电线	
VB－105	铜芯耐热 105℃聚氯乙烯绝缘电线	
BV	铜芯聚氯乙烯绝缘软线	适用于各种交流、直流电器，电工仪器，家用电器，小型电动工具，动力及照明装置的连接
RVB	钢芯聚氯乙烯绝缘扁形软线	
RVS	铜芯聚氯乙烯绝缘绞型软线	
RVV	钢芯聚氯乙烯绝缘聚氯乙烯护套圆形连接软电线	
RVVB	铜芯聚氯乙烯绝缘聚氯乙烯护套扁形连接软电线	
RV－105	铜芯耐热 105℃聚氯乙烯绝缘连接软电线	
RFB	复合物绝缘平形软线	适用于交流额定电压 250 V 以下或直流 500 V 以下的各种移动电器、无线电设备和照明灯座接线
RFS	复合物绝缘绞形软线	
RXS RX	橡胶绝缘棉纱编织软电线	适用于交流额定电压 300 V 以下的电器、仪表、家用电器及照明装置

二、电热材料

电热材料用来制造各种电阻加热设备中的发热元件，作为电阻接到电路中，把电能转变为热能，使加热设备的温度升高。对电热材料的基本要求是电阻系数高、加工性能好，特别是能长期处于高温状态下工作，因此要求在高温时具有足够的力学强度和良好的抗氧化性能。常用的电热材料是镍铬合金和铁铬铝合金。

镍铬合金的特点是电阻系数高、加工性能好，高温时力学强度较好，用后不变脆。适用于移动式设备上。

铁铬铝合金的特点是抗氧化性能比镍铬合金好，电阻系数比镍铬合金高，价格便宜；但高温时力学强度较差，用后会变脆。适用于固定式设备上。

三、电阻合金

电阻合金是制造电阻元件的主要材料之一，广泛用于电机、电器、仪器及电子等设备。

电阻合金除了必须具备电热材料的基本要求以外，还要求电阻的温度系数低，阻值稳定。电阻合金按其主要用途可分为调节元件用、电位器用、精密元件用及传感元件用4种。下面仅介绍前面两种。

1. 调节元件用电阻合金

该合金主要用于电流（电压）调节与控制元件的绕组，常用的有康铜、新康铜、镍铬、镍铬铝等。它们都具有力学强度高、抗氧化及工作温度高等特点。

2. 电位器用电阻合金

该合金主要用于各种电位器及滑线电阻，一般采用康铜、镍铬基合金和锰铜。锰铜具有抗氧化性好、焊接性能好、电阻温度系数低等特点。

四、熔丝

熔丝俗称保险丝，常用的熔丝是铅锡合金线，它的特点是熔点低。在一些电流较大的线路中，也可用铜圆单线做熔丝，但选择截面积时应特别慎重。熔丝是低压熔断器最主要的零件，将熔丝串联在线路中，当电流超过允许值时，熔丝首先被熔断而切断电源，起保护其他电气设备的作用。正确、合理地选择熔丝，对保证线路和电气设备的安全可靠运行十分重要。

选择熔丝的方法因线路的不同而有所差异，具体方法如下。

1. 照明及电热设备线路

（1）装在线路上的总熔丝额定电流等于电能表额定电流的0.9~1倍。

（2）装在支路上的熔丝额定电流等于支线上所有电气设备额定电流总和的1~1.1倍。

2. 交流电动机线路

（1）单台交流电动机线路上的熔丝额定电流等于该电动机额定电流的1.5~2.5倍。

（2）多台交流电动机的总熔丝额定电流等于线路上功率最大一台电动机额定电流的1.5~2.5倍，再加上其他电动机额定电流的总和。

系数1.5~2.5倍选取原则是：若电动机是空载或轻载启动的，则系数取小一些，反之则取大一些。

3. 交流电焊机的线路

单台交流电焊机线路上的熔丝额定电流可用下列简便方法估算：

（1）电源电压为220 V时，熔丝的额定电流等于电焊机功率（kW）数值的6倍。

（2）电源电压为380 V时，熔丝的额定电流等于电焊机功率（kW）数值的4倍。

五、电机用电刷

电刷是用石墨粉末或石墨粉末与金属粉末混合压制而成，因而又称炭刷。按材质的不同可分为石墨电刷、电化石墨电刷、金属石墨电刷3类。

1. 电刷的选择

选择电刷时，要考虑电刷的技术特性及运行条件，主要应注意以下几个问题：

（1）接触压降。选用时应使接触压降不超过极限值。

（2）摩擦因数。摩擦是电刷发热的原因之一。对高速电机宜选用摩擦因数较小的电刷。

（3）电流密度。在选用电刷时，应使电流密度不要超过额定值，但也不宜选得过低，否则将会使电刷快速磨损。

（4）圆周速度。当圆周速度超过允许的最大值时，会使接触电压急剧增加，摩擦因数急剧降低，电刷运行不稳定，容易产生火花。

2. 常用电刷的主要技术特性及运行条件

常用电刷的主要技术特性及运行条件见表3—4。

表3—4　　常用电刷的主要技术特性及运行条件

型号	一对电刷接触电压降/V	摩擦因数（不大于）	额定电流密度/（$A\cdot cm^{-2}$）	最大圆周速度/（$m\cdot s^{-1}$）	使用时允许的单位压力/Pa
S—3	1.9	0.25	11	25	$2\times10^4\sim2.5\times10^4$
S—6	2.6	0.28	12	70	$2.2\times10^4\sim2.4\times10^4$
D104	2.5	0.20	12	40	$1.5\times10^4\sim2.0\times10^4$
D172	2.9	0.25	12	70	$1.5\times10^4\sim2.0\times10^4$
D207	2.0	0.25	10	40	$2.0\times10^4\sim4.0\times10^4$
D213	3.0	0.25	10	40	$2.0\times10^4\sim4.0\times10^4$
D214	2.5	0.25	10	40	$2.0\times10^4\sim4.0\times10^4$
D215	2.9	0.25	10	40	$2.0\times10^4\sim4.0\times10^4$
D252	2.6	0.23	15	45	$2.0\times10^4\sim4.0\times10^4$
D308	2.4	0.25	10	40	$2.0\times10^4\sim4.0\times10^4$
D309	2.9	0.25	10	40	$2.0\times10^4\sim4.0\times10^4$
D374	3.8	0.25	12	50	$2.0\times10^4\sim4.0\times10^4$
J102	0.5	0.20	20	20	$1.8\times10^4\sim2.3\times10^4$
J164	0.2	0.20	20	20	$1.8\times10^4\sim2.3\times10^4$
J201	1.5	0.25	15	25	$1.5\times10^4\sim2.0\times10^4$
J204	1.1	0.20	15	20	$2.0\times10^4\sim2.5\times10^4$
J205	2.0	0.25	15	35	$1.5\times10^4\sim2.0\times10^4$
J203	1.9	0.25	12	20	$1.5\times10^4\sim2.0\times10^4$

3. 电刷的使用及注意事项

（1）同一台电机应采用一种型号的电刷，否则各个电刷的电流分布不均匀，会引起个别电刷过热和火花过大等现象。

（2）更换电刷时，整台电机的电刷宜一次全部更新，否则也会引起电流分布不均匀。

（3）电刷在刷盒内能活动自如，松紧适度。太紧，电刷会卡死；太松，电刷会晃动，容易引起火花。

（4）更换电刷时，应采用0号玻璃砂纸沿电机转动的方向研磨电刷，使电刷与换向器或集电环的接触面积达到80%左右。研磨时，不要用金刚砂纸，以防金刚砂颗粒嵌入换向器槽内，电机转动时将擦伤电刷表面。

（5）更换电刷后，要及时调整弹簧的压力，使每只电刷的压力基本均匀，以免引起电流分布不均匀。

练习题

一、选择题（将正确答案的代号写在括号内）

1. 制造电机、电器的线圈应该选用的导线类型是（　　）。

A. 电气设备用电线电缆　　B. 裸铜软编织线

C. 电磁线　　D. 橡套电缆

2. 移动式电动工具用的电源线，应选用的导线类型是（　　）。

A. 绝缘软线　　B. 裸铜软纺织线　　C. 绝缘电线　　D. 地埋线

3. 长距离架空输电线路可选导线的型号是（　　）。

A. TJ　　B. TRJ　　C. LJ　　D. LGJ

二、问答题

常用的导电材料有哪些？

模块二　常用绝缘材料

知识技能要求

1. 熟悉绝缘材料的主要性能、种类和型号，掌握绝缘材料的等级及用途。
2. 掌握绝缘漆的作用。
3. 掌握绝缘子的种类。

绝缘材料的作用是在电气设备中把电势不同的带电部分隔离开。绝缘材料应具有较高的绝缘电阻和耐压强度，并能避免发生漏电、击穿等事故。

一、绝缘漆

1. 绝缘漆种类

绝缘漆主要有浸渍漆、覆盖漆和硅钢片漆。

（1）浸渍漆。浸渍漆主要用来浸渍电机、电器的线圈和绝缘零部件，以填充其间隙和微孔，浸渍漆固化后能在浸漆物表面形成连续平整的漆膜，并使线圈黏结成一个结实的整体，提高绝缘结构的电气性能及力学性能。

（2）覆盖漆。覆盖漆有清漆和瓷漆两种，用来涂覆经浸渍处理后的线圈和绝缘零部件，在其表面形成连续而均匀的漆膜，作为绝缘保护层，以防止机械损伤和受大气、润滑油及化学药品的侵蚀。

覆盖清漆干燥快，漆膜硬度高并有弹性，电气性能较好。覆盖瓷漆的漆膜坚硬、光滑、强度高。

（3）硅钢片漆。硅钢片漆是用来覆盖硅钢片表面的，以降低铁心的涡流损耗，增强防锈及耐腐蚀的能力。常用的是油性硅钢片漆，它附着力强，漆膜薄、坚硬、光滑、厚度均匀、耐油、防潮。

2. 绝缘漆性能

绝缘漆的主要性能指标如下：

（1）介电强度（击穿强度）。即绝缘被击穿时的电场强度。

（2）绝缘电阻。表明绝缘漆的绝缘性能，通常用表面电阻率和体积电阻率两项指标衡量。

（3）耐热性。表明绝缘漆在工作过程中的耐热能力。

（4）热弹性。表明绝缘漆在高温作用下，能长期保持其柔韧状态的性能。

（5）理化性能。有黏度、固体含量、酸值、干燥时间和胶化时间等。

（6）干燥后的力学强度。表明绝缘漆干燥后所具有的抗压、抗弯、抗拉、抗扭、抗冲击等能力。

二、其他绝缘制品

其他绝缘制品指在电机电器中作为结构、补强、衬垫、包扎及保护作用的辅助绝缘材料。

1. 浸渍纤维制品

（1）玻璃纤维漆布（或带）。玻璃纤维漆布（或带）主要用做电机、电器的衬垫和线圈的绝缘。常用的是醇酸玻璃漆管。

（2）漆管。漆管主要用做电机、电器的引出线和连接线的绝缘套管。常用的是醇酸玻璃漆管。

玻璃纤维漆布（或带）和漆管具有良好的电气性能及力学性能，耐油性、耐潮性较好，但弹性较差。适用于油浸变压器及热带型电工产品。

（3）绑扎带。绑扎带主要用来绑扎变压器铁心和代替合金钢丝绑扎电机转子绕组端部。常用的是玻璃纤维无纬绑扎带（即无纬玻璃丝带）。它绝缘性能好，在电机工业中已得到广泛的应用。

2. 层压制品

常用的层压制品有：层压玻璃布板、层压玻璃布管、层压玻璃布棒 3 种。这 3 种层压玻璃制品适宜作电机、电器的绝缘结构零件，具有很好的力学性能和电气性能，耐油性、耐湿性较好，加工方便，可在潮湿环境下及变压器油中使用。

3. 压塑料

常用的压塑料有：酚醛木粉压塑料和酚醛玻璃纤维压塑料两种。它们都具有良好的电气性能和防潮、防霉性能，尺寸稳定，力学强度高，适宜作电机、电器的绝缘零件，可用于热带型电工产品。

4. 云母制品

（1）柔软云母板。柔软云母板在室温时较柔软，可以弯曲。主要用于电机的槽绝缘、匝间绝缘和相间绝缘。

（2）塑型云母板。塑型云母板在室温时较硬，加热变软后可压塑成各种形状的绝缘零件。主要用来作直流电机换向器的 V 形环和其他绝缘零件。

（3）云母带。云母带在室温时较柔软，适用于线圈及连接线的绝缘。

（4）换向器云母板。换向器云母板含胶量少，室温时很硬，厚度均匀。主要用来作直流电机换向器的片间绝缘。

（5）衬垫云母板。衬垫云母板适宜作电机、电器的绝缘衬垫。

5．薄膜和薄膜复合制品

（1）薄膜。电工用薄膜要求厚度薄、柔软、电气性能及力学强度高。常用的是聚酯薄膜。

（2）薄膜复合制品。薄膜复合制品要求电气性能好、力学强度高。常用的有聚酯薄膜绝缘纸复合箔及聚酯薄膜玻璃漆布复合箔。

以上两种绝缘制品适用于电机的槽绝缘、匝间绝缘、相间绝缘以及其他电工产品线圈的绝缘。

6．绝缘纸和绝缘纸板

（1）绝缘纸。绝缘纸主要用于电信电缆的绝缘，也可以在电机、电器中做辅助绝缘材料。

（2）绝缘纸板。绝缘纸板可在变压器油中使用。薄型的、不掺棉纤维的绝缘纸板通常称为青壳纸，主要用做绝缘保护和补强材料。

（3）硬钢纸板。硬钢纸板俗称反白板，力学强度高，适宜作电机、电器的绝缘零件。

7．绝缘包扎带

绝缘包扎带主要用做包缠电线和电缆的接头。它的种类很多，常用的有黑胶布带和聚氯乙烯带两种。

（1）黑胶布带。黑胶布带又称黑包布，用于低压电线电缆接头的绝缘包扎。

（2）聚氯乙烯带。聚氯乙烯带的特点是绝缘性能较好，耐潮性及耐蚀性好。其中电缆用的特种软聚氯乙烯带，是专门用来包扎电缆接头的。由于聚氯乙烯带制成黄、绿、红、黑4种颜色，所以通常称它为相色带。

三、低压绝缘子

绝缘子主要是用来支持和固定导线的。低压绝缘子主要分为低压架空线路绝缘子和低压用户布线绝缘子两种。

1．低压架空线路绝缘子

低压架空线路用绝缘子有针式绝缘子和蝶式绝缘子，用于电压为500 V以下的交直流架空线路中作固定导线之用，如图3—1a所示为低压针式绝缘子实物外形，如图3—1b所示为低压蝶式绝缘子实物外形。

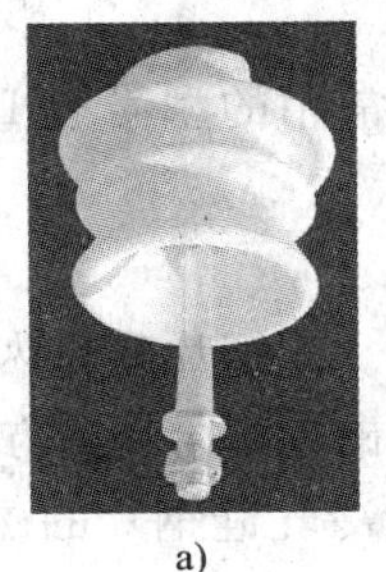

a）

b）

图3—1　低压绝缘子

a）低压针式绝缘子　b）低压蝶式绝缘子

2．低压用户布线绝缘子

电压为500 V以下的交直流低压户内线路用的绝缘子有鼓形绝缘子、瓷夹板和瓷管。

练习题

选择题（将正确答案的代号写在括号内）

1. 制造 Y 系列小型笼型异步电动机，工作最高环境温度为 40℃，温升 80℃，选用（　　）型号漆包线较合适。

A. QF　　B. QQ　　C. QZ　　D. QY

2. 型号为 1811 的绝缘材料是（　　）。

A. 有溶剂浸渍漆　　B. 电缆胶　　C. 硅钢片漆　　D. 漆包线漆

3. 绝缘油中用量最大、用途最广泛的是（　　）。

A. 桐油　　B. 硅油　　C. 变压器油　　D. 亚麻油

4. 制作电机、电器的绝缘结构零部件，需有较高的力学性能和电气性能，且耐热等级为 F 级的层压布板，应选用（　　）。

A. 型号为 3022 的酚醛层压纸板

B. 型号为 3025 的酚醛层压布板

C. 型号为 3240 的环氧酚醛层压玻璃布板

D. 型号为 3551 的有机硅层压玻璃破布板

模块三　常用磁性材料

知识技能要求

掌握软磁、硬磁材料的特性及分类。

一、软磁材料

软磁材料的主要特点是导磁率高、剩磁弱。这类材料在较弱的外界磁场作用下，就能产生较强的磁感应强度，而且随着外界磁场的增强，很快就达到磁饱和状态；当去掉外界磁场后，它的磁性就基本消失。常用的有电工用纯铁和硅钢片两种。

1. 电工用纯铁

电工用纯铁的电阻率很低，一般只用于直流磁场，常用的型号有 DT3、DT4、DT5 和 DT6 几种。

2. 硅钢片

硅钢片的主要特性是电阻率高，适用于各种交变磁场。硅钢片分为热轧和冷轧两种。冷轧硅钢片又有单取向和无取向之分，单取向冷轧硅钢片的磁导率与轧制方向有关，沿轧制方向的磁导率最高，与轧制方向垂直的磁导率最低；无取向冷轧硅钢片的磁导率没有方向性。电机、电器工业上常用的硅钢片厚度有 0.35 mm 和 0.5 mm 两种，多用于各种变压器、电器和交直流电机。

3. 软磁材料的分类及应用

软磁材料易于磁化，也易于退磁，广泛用于电工设备和电子设备中。应用最多的软磁材料是铁硅合金（硅钢片）以及各种软磁铁氧体等。软磁材料种类繁多，通常按成分分为：

(1) 纯铁和低碳钢

含碳量低于0.04%，包括电磁纯铁、电解铁和羰基铁。其特点是饱和磁化强度高、价格低廉、加工性能好；但其电阻率低、在交变磁场下涡流损耗大，只适于静态下使用，如制造电磁铁心、极靴、继电器和扬声器磁导体、磁屏蔽罩等。

(2) 铁硅系合金

含硅量0.5%～4.8%，一般制成薄板使用，俗称硅钢片。在纯铁中加入硅后，可消除磁性材料的磁性随使用时间而变化的现象。随着硅含量增加，热导率降低，脆性增加，饱和磁化强度下降；但其电阻率和磁导率高，矫顽力和涡流损耗减小，从而可应用到交流领域，制造电机、变压器、继电器、互感器等的铁心。

(3) 铁铝系合金

含铝量6%～16%，具有较好的软磁性能，磁导率和电阻率高，硬度高、耐磨性好；但性脆，主要用于制造小型变压器、磁放大器、继电器等的铁心和磁头、超声换能器等。

(4) 铁硅铝系合金

在二元铁铝合金中加入硅获得，其硬度、饱和磁感应强度、磁导率和电阻率都较高。缺点是磁性能对成分起伏敏感，脆性大，加工性能差。主要用于音频和视频磁头。

(5) 镍铁系合金

含镍量30%～90%，又称坡莫合金。通过合金化元素配比和适当工艺，可控制磁性能，获得高导磁、恒导磁、矩磁等软磁材料。其塑性高，对应力较敏感，可用做脉冲变压器材料、电感铁心和功能磁性材料。

(6) 铁钴系合金

含钴量27%～50%，具有较高的饱和磁化强度，电阻率低。适于制造极靴、电机转子和定子、小型变压器铁心等。

(7) 软磁铁氧体

非金属亚铁磁性软磁材料，电阻率高，饱和磁化强度比金属低，价格低廉，广泛用做电感元件和变压器元件。

(8) 非晶态软磁合金

一种无长程有序、无晶粒合金，又称金属玻璃，或称非晶金属。其磁导率和电阻率高，矫顽力小，对应力不敏感，不存在由晶体结构引起的磁晶各向异性，具有耐蚀和高强度等特点。此外，其居里点比晶态软磁材料低得多，电能损耗大为降低，是一种正在开发利用的新型软磁材料。

(9) 超微晶软磁合金

20世纪80年代发现的一种软磁材料。由小于50 nm左右的结晶相和非晶态的晶界相组成，具有比晶态和非晶态合金更好的综合性能，不仅磁导率高、矫顽力低、铁损耗小，且饱和磁感应强度高、稳定性好。现主要研究的是铁基超微晶合金。

二、硬磁材料

硬磁材料的主要特点是剩磁强。这类材料在外界磁场的作用下，不容易产生较强的磁感应强度，但当其达到磁饱和状态以后，即使把外界磁场去掉，它还能在较长时间内保持较强的磁性。对硬磁材料的基本要求是剩磁强、磁性稳定。目前，电机工业上用得最普遍的硬磁材料是铝镍钴合金，主要用来制造永磁电机和微电机的磁极铁心。

练习题

一、填空题（将正确答案写在横线上）

根据磁材料的特性分为__________材料和__________材料。软磁材料主要特点是磁导率__________、剩磁__________，常用的有__________和__________两种。

二、选择题（将正确答案的代号写入括号内）

工频交流强磁场下应选用（　　）作电磁器件的铁心。

A. 铁镍合金　　B. 铁铝合金　　C. 硅钢片　　D. 铁氧化磁性材料

第四单元　常用变压器

模块一　变压器的结构及工作原理

知识技能要求

1. 掌握变压器的工作原理。
2. 掌握变压器的结构。
3. 能进行变压器极性的测定。
4. 掌握三相变压器绕组的连接。

变压器是在交流电路中用来升高或降低电压的一种电器，是输配电系统中不可缺少的重要设备。

变压器除了可以改变电压外，还可以改变电流、相位和变换阻抗等。

一、变压器的工作原理

最简单的变压器是由一个闭合的铁心和绕在铁心上的两个匝数不等的绕组组成，如图4—1 所示。为了减少涡流及磁滞损耗，铁心用涂有绝缘漆、厚度为0. 35 ~0. 5 mm 的硅钢片叠成。与电源相连的绕组称为一次绕组；与负载相连的绕组称为二次绕组，一、二次绕组都用绝缘导线绕成。虽然一、二次绕组在电路上是相互分开的，但两者却处在同一磁路上。

1. 空载运行

所谓空载，就是一次绕组接上额定的交变电压，而二次绕组开路（不接负载）。在外加正弦电压 u_1作用下，一次绕组中便有交变电流 i_1，一般为额定电流的3% ~8%。i_1通过匝数 N_1的一次绕组，产生磁通势 i_1N_1，在其作用下，铁心中产生了正弦交变磁通，这个交变的磁通在 N_1和 N_2上产生了感应电动势 e_1和 e_2。其电磁关系图如图 4—2 所示。

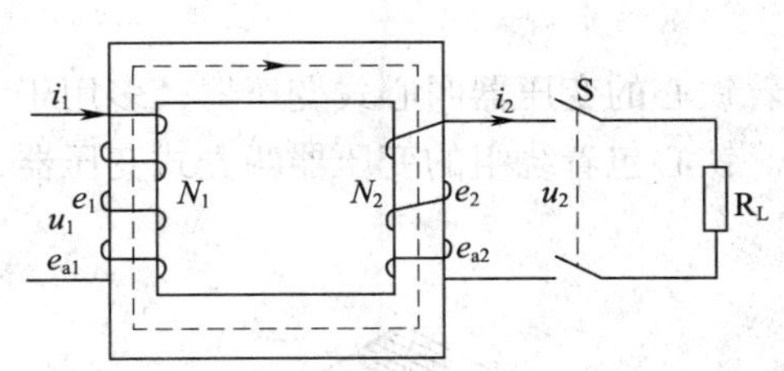

图 4—1　变压器的工作原理图

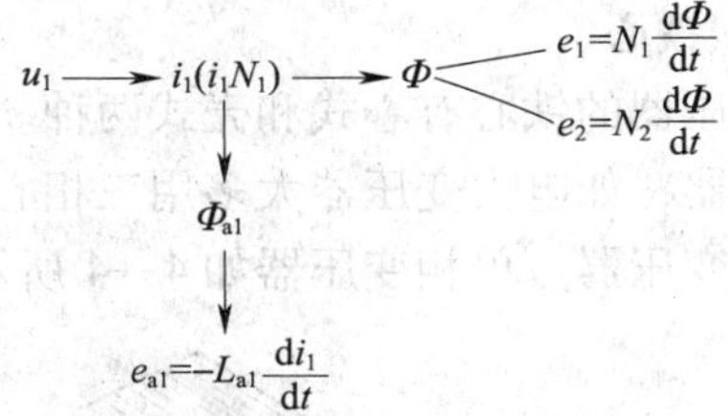

图 4—2　变压器空载时电磁关系图

e_1和 e_2的大小为：

$$e_1 = 4.44f\Phi_m N_1 \tag{4—1}$$

$$e_2 = 4.44f\Phi_m N_2 \tag{4—2}$$

如果忽略一次绕组的电阻电压降 U_{R1}和漏感抗电压降 U_L，则有 $U_1 \approx e_1$，空载时变压器的二次绕组是开路的，所以 $U_2 = e_2$，则有：

$$U_1/U_2 = N_1/N_2 = K_u \tag{4—3}$$

式中 K_u 为变压器的电压比。$K_u > 1$，变压器降压；$K_u < 1$，变压器升压。

2. 有载运行

把变压器的二次绕组与负载接通后，在二次绕组中就有电流 i_2 流过。其电磁关系图如图4—3所示。

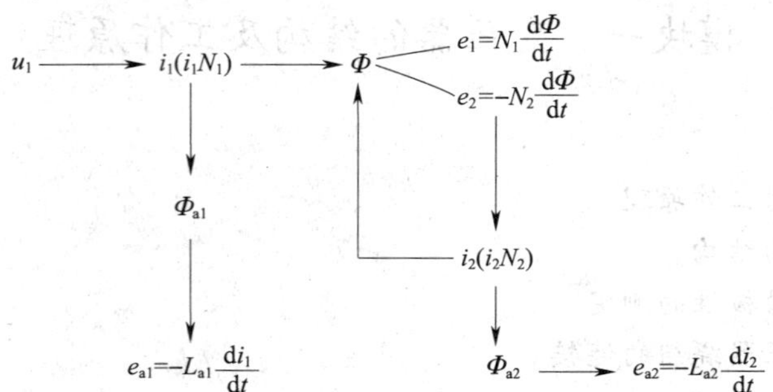

图 4—3　变压器有载运行时电磁关系图

磁通势 i_2N_2 和 i_1N_1 共同产生一个合成磁通，即：

$$\dot{I}_1N_1 + \dot{I}_2N_2 = \dot{I}_0N_0$$

因为 I_0 很小，在满载情况下，I_0N_0 相对 I_1N_1 或 I_2N_2 而言基本上可以忽略不计，于是有：

$$I_1N_1 \approx I_2N_2$$

$$I_1/I_2 = N_2/N_1 = 1/K_u = K_i \tag{4—4}$$

式中 K_i 为变压器的电流比。

由此可见，变压器的电流比与它们的匝数成反比，而电压比与匝数成正比。必须注意，变压器一次电流 I_1 的大小是由二次电流 I_2 的大小来决定的。在空载时，$I_2=0$，此时一次绕组中只有很小的空载电流 I_0。

二、变压器的结构

变压器的主要部件是铁心和绕组，统称为器身，油箱及其附件是为变压器的安全可靠运行而设置的。

1. 铁心

变压器的铁心有心式和壳式两种。绕组包着铁心的变压器叫心式变压器，多用于大、中型变压器，如电力变压器大多用三相心式铁心。铁心包着绕组的变压器叫壳式变压器，多用于小型变压器。单相变压器如4—4所示。

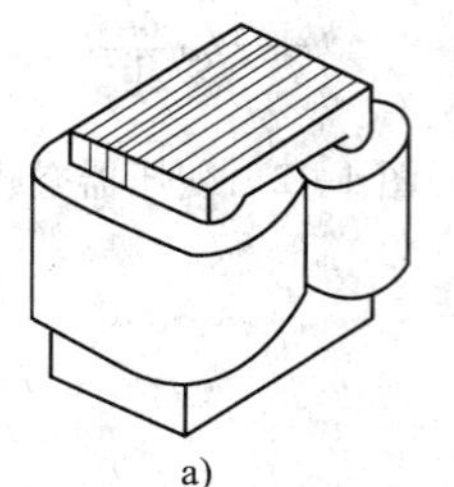

a)

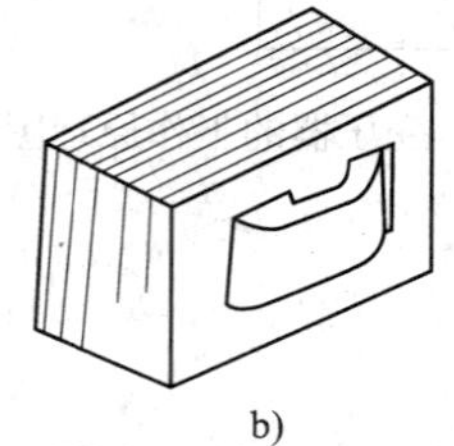

b)

图 4—4　单相变压器

a）心式变压器　b）壳式变压器

铁心的制造过程主要有硅钢片剪裁、冲孔、去毛刺、退火、涂漆、叠装及铁心性能试验等工序。

2. 绕组

变压器的绕组有同心式和交叠式两种，由绝缘铜线或铝线绕制而成。同心绕组是将一、二次绕组绕在同一铁心柱上。为了便于绝缘，一般将低压绕组放在里面。交叠式绕组的高、低压绕组是互相交错放置的。大多数电力变压器都采用同心绕组。

线圈的绕制是在专用绕线机上进行的。根据绕线的工作特点，对绕线机的要求是：启动平稳，以保证逐渐地拉紧导线和等速地绕制；具有可靠的、不倒转的制动装置，以防止绕好的部分因倒转而松开。

线圈绕制完后，将其从绕线机上取下，在线圈的四周曲回处沿轴向用斜纹布带扎好，进行匝数检查，然后进行干燥、浸漆。

三、变压器绕组极性的测定

在使用变压器或者其他有磁耦合的互感线圈时，要注意线圈的正确连接。例如一台变压器的一次绕组有两个同样的绕组，如图 4—5 所示，其接线就要注意。

当两个绕组串联，②、③端连接在一起，可接 220 V 电源；当两个绕组并联，①、③端连接在一起，②、④端连接在一起，只能接 110 V 的电源。如果连接错误，若②和④两端连接在一起，将①和③两端接电源，这样两个绕组的磁动势就互相抵消，铁心中不产生磁通，绕组中也就没有感应电动势，绕组中将流过很大的电流而将变压器烧毁。

若两个绕组的磁通势在磁路中的方向一致，则这两个绕组的电流流进端或流出端就称为同极性端。绕组的同极性端用标有圆点的记号“·”表示。同极性端和绕组绕向有关。只要知道绕组绕向，同极性端就不难定出。但是，已经制成的变压器由于经过浸漆或其他工艺处理，从外观无法看出，就要用实验的方法来测定同极性端。通常采用下面两种实验方法来进行测定。

1. 交流法

用交流法测定绕组极性的电路如图 4—6 所示。将两个绕组的① - ②、③ - ④的任意两端（如②和④）连接在一起，在其中一个绕组（如绕组① - ②）端加一个比较低的测量电压。用电压表分别测量①、③两端的电压和两绕组电压 U_{12} 及 U_{34}。如果 U_{13} 的数值是两绕组电压之差，则①和③端是同极性端；如果 U_{13} 是两绕组电压之和，则①和④端是同极性端。

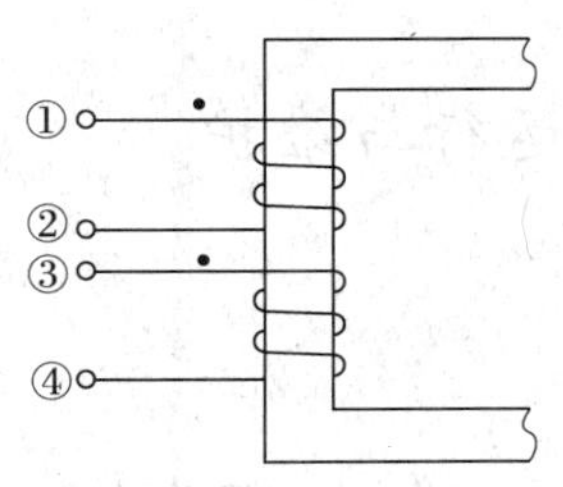

图 4—5　两绕组的同极性端

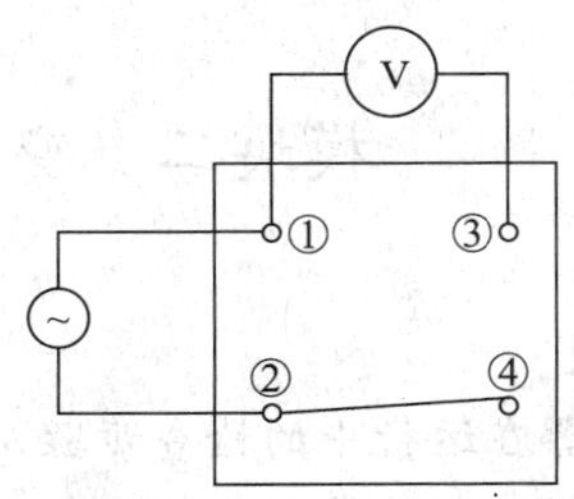

图 4—6　用交流法测定变压器绕组的同极性端

2. 直流法

用直流法测定绕组的极性端如图 4—7 所示，当开关 S 闭合瞬间，如果电流表的指针正偏，则①和③端是同极性端；反向偏转时，则①和④端是同极性端。

四、三相变压器绕组的连接

三相变压器的绕组如图 4—8 所示。

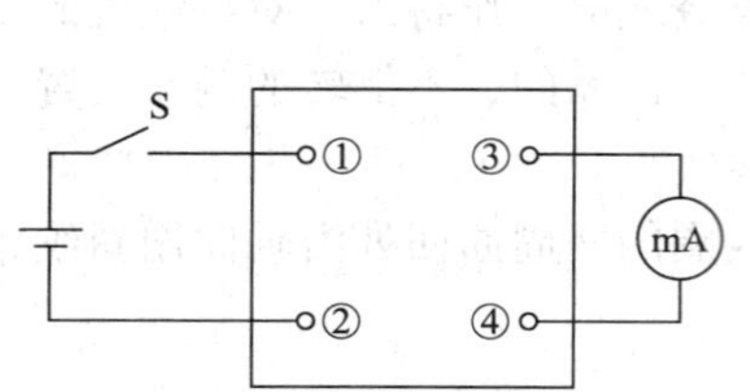

图 4—7 用直流法测定变压器绕组的同极性端

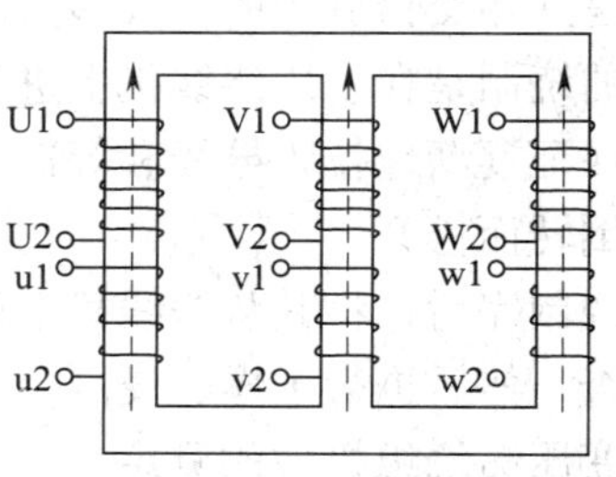

图 4—8 三相变压器的绕组

三相变压器有三相绕组，接电源侧为一次绕组，如图中的 U1U2、V1V2、W1W2，接负载侧为二次绕组如 u1 u2、v1 v2、w1 w2。其中 U1、V1、W1 为一次绕组首端；U2、V2、W2 为一次绕组末端。u1、v1、w1 为二次绕组首端；u2、v2、w2 为二次绕组末端。将绕组末端首尾相接成一点，称为星形接法，用符号“Y”表示；将绕组首、末端依次相接形成三角形接法，用“D”或“△”表示。

练习题

一、判断题（正确的画“✓”，错误的画“✕”）

温升是指变压器在额定运行状态下，允许升高的最高温度（　　）。

二、选择题（将正确答案的代号写在括号内）

1.（　　）的说法是错误的。

A. 变压器是一种静止的电气设备　　B. 变压器可用来变换电压

C. 变压器可以变换阻抗　　D. 变压器可以变换频率

2. 变压器的分接开关是用来（　　）的。

A. 调节阻抗　　B. 调节相位

C. 调节输出电压　　D. 调节输出电流

模块二　变压器的运行与维护

知识技能要求

1. 掌握变压器在运行中的检查步骤。
2. 掌握变压器运行的特点和维护时的注意事项，能够进行简单的故障分析与排除。

为保证变压器能安全可靠地运行，当变压器发生异常情况时，应能及时发现和处理，将故障消除在萌芽状态，以防事故的发生与扩大。

一、变压器运行中的检查

1. 监视仪表

变压器控制盘上的仪表（如电压表、电流表、功率表等）指示着变压器的运行情况，因此必须经常监察这些仪表，并应1 h抄表一次；在过负载情况下运行时，则应0.5 h抄表一次。

另外，还应测量变压器的三相负载是否平衡；检查电压是否经常超过允许范围；应对变压器的温度和油温进行观察、记录。

2. 现场检查

变压器应定时进行现场检查，每天应至少检查一次。如无固定值班人员的至少每个月检查两次，特殊情况下可增加检查的次数。

3. 定期检查的项目

（1）变压器的高、低压套管是否清洁，有无裂纹、放电痕迹及其他异常现象。

（2）油箱各部是否有渗油、漏油现象。

（3）油位是否正常（一般不应低于油面线），油色是否正常。

（4）油温是否正常，上层油温是否超过85℃。

（5）外壳接地是否良好，接地线有无断股和接触不良现象。

（6）变压器有无异常响声或响声比以前增大。

（7）防爆管的玻璃是否完好，有无渗油、冒油等现象。

（8）气体继电器的油面高度是否符合规定。

（9）干燥剂是否失效。

（10）室内设备是否完整良好

二、变压器运行故障的分析及排除方法

分析故障之前，应了解变压器的运行记录（如负载性质及过载状况）、故障发生前后的气候与环境（如有无雷电、雨雪等）、继电器动作的性质（如在哪一相动作）及其他外界因素等情况。

1. 异常响声

变压器接通电源后，由于励磁电流及磁通的变化，铁心、绕组会振动而发出均匀的“嗡嗡”声（俗称交流声），此声为正常。

（1）有较大而均一响声时，可能是电压过高；如果大而嘈杂，则说明内部振动或结构松动。

（2）有“吱吱”声时，一般说明表面有闪络，要检查套管是否太脏或有裂纹。若套管无闪络，则可能是变压器的问题。

（3）当发现响声特大，而且很不均匀或有爆裂声时，说明变压器有击穿现象，如绕组的绝缘损坏，导致短路，应立即停电修理。

2. 油面不正常

（1）油面上升。主要是由于变压器内部温度过高而引起的。

（2）油面下降。主要是由于油箱渗油或气温降低而引起的。

3. 油温过高

油温过高时，应首先检查校对温度表指示是否正确，并检查变压器冷却系统是否有故障，变压器室通风是否良好。若因负载过大造成油温过高，应降低负载；若因三相负载不平衡，则应调整三相负载的分配。若负载及冷却系统均正常，而温度继续上升，则要考虑在变压器内部是否发生故障，如绕组有匝间短路、油路堵塞等，如有故障应及时排除。

4. 防爆膜破裂

变压器内部故障引起油及绝缘分解而产生大量气体，压力增加，致使防爆管的薄膜破裂，这时应停电修理。但要注意，应查明薄膜破裂是否系外力所致，若是则不需停电修理。

5. 气体继电器动作

变压器内部有严重故障时，油温剧烈上升，分解出大量气体，使油快速流向油枕，使气体继电器动作。这时变压器退出运行，应进行检查与修理。

如故障较轻时，气体继电器只有信号触头动作，应将继电器中的气体放出检查。气体如是无色、不可燃的空气，变压器可继续运行；若是有色、可燃气体，则立即停电检查。

练习题

问答题

1. 变压器运行中的检查包括哪些内容？
2. 变压器运行故障与排除的方法有哪些？

模块三　特殊用途的变压器

知识技能要求

1. 掌握自耦变压器的结构和工作原理。
2. 掌握互感器的结构和工作原理。
3. 掌握电焊机的结构和工作原理。

一、自耦变压器

如图 4—9 所示是一种自耦变压器原理电路图，其结构特点是二次绕组是一次绕组的一部分。其电压比和电流比分别为式（4—3）和式（4—4）。

实验室中常用的电压调节器就是一种可改变二次绕组匝数的自耦变压器，一般绕组做成圆形。电压调节器有三相和单相两种。自耦变压器不允许作为安全变压器使用，因为高、低压绕组有电的直接连通。

二、互感器

1. 电流互感器

电流互感器是根据变压器原理制成的，主要用来将大电流转换为一定数值的小电流，一般为 5 A 或 1 A，以供测量和继电器保护之用。电流互感器的接线如图 4—10a 所示，一次绕

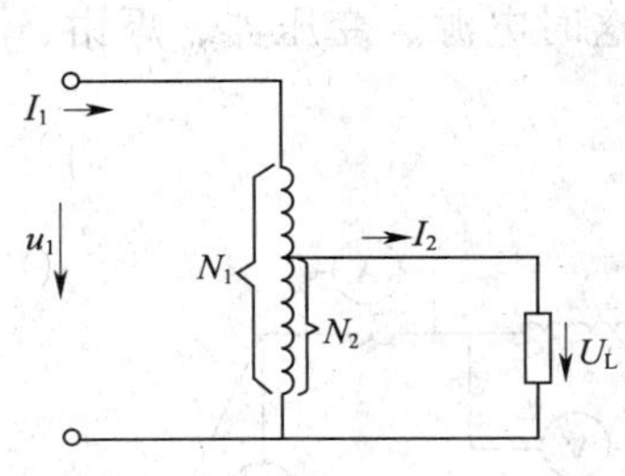

图 4—9　自耦变压原理电路图

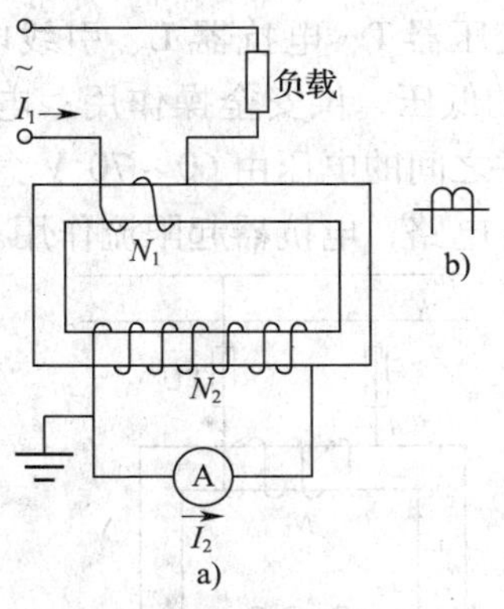

图 4—10　电流互感器的接线
a）接线　b）图形符号

组的匝数很少（只有一匝或几匝），串联在被测电路中。二次绕组的匝数较多，它与电流表、其他仪表或继电器线圈相连接。根据式（4—4）有 $I_1=(N_2/N_1)\ I_2=K_iI_2$，其中 K_i 为电流互感器的变换系数。

利用电流互感器可将大电流变换成小电流，电流表的读数 I_2 乘上变换系数 K_i 即为被测的大电流 I_1。钳形电流表是电流互感器的一种变形，它的铁心如同一把钳子，用弹簧压着，测量时将铁心钳口压开而引入被测导线。这时该导线就是一次绕组，二次绕组绕在铁心上并与电流表接通，这样不断开被测电路，就可将一次绕组串接进去。

在使用电流互感器时，二次绕组电路不允许断开，如果断开，一方面会使铁心发热超过允许程度；二是产生高电压。此外，为使用安全起见，电流互感器的外壳及二次绕组的一端应该接地。

2. 电压互感器

电压互感器主要用于扩大交流电压表的量程，它的工作原理与普通变压器空载情况相似。使用时，应把匝数较多的高压绕组并接在需要测量的电压供电线上，而匝数较少的低压绕组与电压表相连接，如图 4—11 所示。

高压线路的电压等于二次绕组所测得的电压与变压器电压比的乘积。电压表的刻度就可按电压互感器高压侧的电压标出，这样就不必经过中间运算，而直接从表中读出高压线路的电压值。

电压互感器二次绕组的额定电压通常均设计同一标称值为 100 V，电压比可为 6 000:100、10 000:100 等。

为了工作安全，电压互感器外壳及二次绕组的一端都必须接地。如不接地，一旦高低压绕组间的绝缘损坏，则低压绕组和测量仪表对地将出现一个高电压，这对值班人员和工作人员来说是非常危险的。

三、电焊机

1. 交流弧焊机

单相交流弧焊机具有结构简单、使用寿命长、维护方便、效率高、节省电能和材料、焊接时不产生磁偏等优点，因此得到广泛应用。如图 4—12 所示是交流弧焊机的工作原理电路图。

它由变压器 T、电抗器 L、引线电缆及焊钳等组成。变压器的作用是将电网电压降到 60～70 V 的低压，供安全操作用；电抗器 L 用来调节焊接电流。当焊条接触工件的瞬间，焊钳与工件之间的电压由 60～70 V 急速下降到 0，这时电源、变压器、焊钳、工件和电抗器组成闭合电路，电抗器起限流作用。

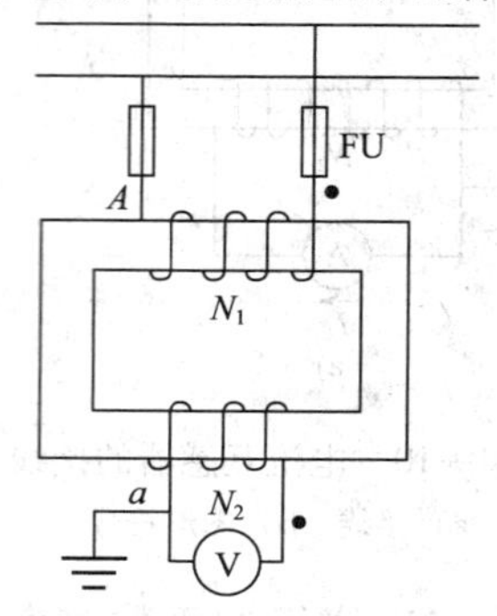

图 4—11　电压互感器的接线

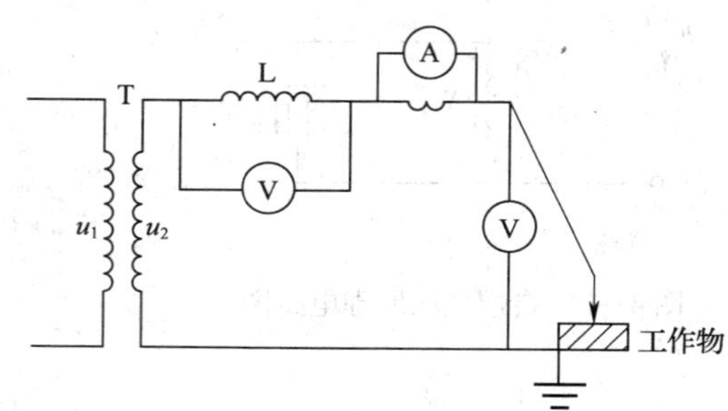

图 4—12　交流弧焊机的工作原理电路图

电压与电流间的关系如图 4—13 所示，称为交流弧焊机的下降外特性。当焊条以均匀缓慢的速度离开工件 5 mm 左右时，应能起弧进行焊接。这时焊钳与工件间的电压只有 20～30 V。当停止焊接时，电压即回升到 60～70 V。

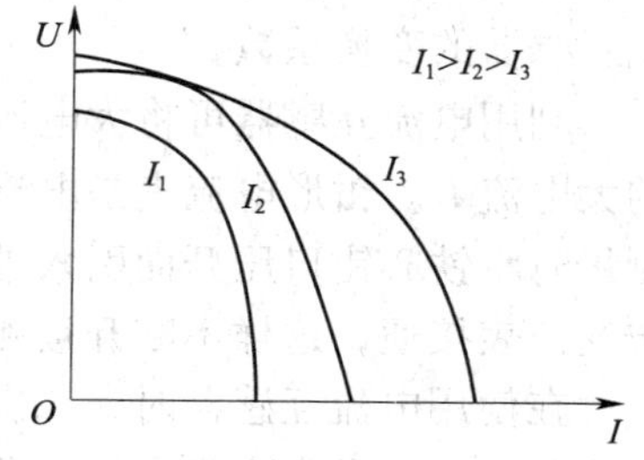

图 4—13　交流弧焊机的下降外特性

要改变焊接电流大小，应该改变电抗的感抗，通过调节电抗器的空气隙长度或其线圈匝数来实现，线圈匝数做粗调，电抗器的空气隙做细调，电流随着电抗器空气隙的增长而增大。

2. 直流弧焊机

与交流弧焊机相比较，直流弧焊机具有容易引燃（起弧）、电弧稳定、焊接质量可靠、能用多种焊条焊接等优点。直流弧焊机有两种类型，一种是旋转式；另一种是硅整流式（即弧焊整流器）。

旋转式直流弧焊机由一台直流弧焊发电机和一台三相异步电动机组成，两者装于同一轴上，构成同轴变流机组。它具有调节装置及指示装置，调节装置用以获得所需的输出范围。

应用较广的 ZG－300 型弧焊整流器（即直流弧焊机），其空载电压为 70 V，工作电压为 20～70 V，焊接电流调节范围为 15～300 A。它由三相变压器、三相磁放大器（饱和电抗器和硅整流器组）、输出电抗器通风机及控制系统组成。

练习题

一、选择题（将正确答案的代号写在括号内）

1．交流电焊机焊接电流的粗调主要依靠改变（　　）。

A．电焊变压器二次绕组的匝数　　B．输入电压

C．一次绕组的匝数　　D．串接的电抗器

2. 变压器的同心式绕组线圈为了便于线圈与铁心绝缘，要把（　　）。

A. 高压线圈放置在里面　　B. 低压线圈放置在里面

C. 高压低压线圈交替放置　　D. 上层放置高压线圈，下层放置低压线圈

二、问答题

1. 特殊用途变压器有哪些种类？

2. 为什么电焊变压器必须具有较大的漏抗？

模块四　小型变压器常见故障的检修

知识技能要求

1. 掌握小型变压器故障的分析和检查方法。

2. 能进行小型变压器的修复及修复后的测试。

一、小型变压器的故障修复

1. 接通电源无电压输出

（1）一次绕组开路或引出线脱焊。如果一次侧回路有电压而无电流，一般是一次绕组出线端头断裂。通常是由于线头折弯次数过多、线头遭到大力拉拽、焊接处霉断（焊剂残留过多）或引出线过细等原因造成的。如果断裂处在绕组的最外层，可剥开绝缘层，找出绕组上的断头，焊上新的引出线，包好绝缘层即可；若断裂处在绕组的内层，一般无法修复，需要拆修重绕。

（2）二次绕组开路或引出线脱焊。若一次侧回路有较小的电流，而二次侧回路既无电流也无电压，一般是二次绕组的出线端头断裂。处理方法同本条中（1）项。

（3）电源插头或接线开路。如果接上电源后，一次侧回路既无电压也无电流，一般是因为插头或电源接线开路所致，应检查并换修插头或接线。

2. 温升过高甚至冒烟

（1）匝间短路或一、二次绕组间短路。如存在匝间短路，短路处的温度会急剧上升。如果短路发生在同层排列左右两匝或多匝之间，过热现象较轻；若发生在上下层之间的两匝或多匝之间，过热现象就比较严重。这通常是由于绕组遭受外力撞击或漆包线绝缘老化等原因造成的。

如果短路发生在绕组的最外层，可剥开绝缘层，在短路处局部加热（指对浸过漆的绕组，可用电吹风加热），待漆膜软化后，用竹片轻轻挑起绝缘已破坏的导线，若芯线没损伤，可插入绝缘纸包好；若芯线已损伤，应剪断，去除已短路的一匝或多匝导线，两端焊接后垫好绝缘纸，然后涂上绝缘漆，吹干，再包上外层绝缘。如果故障发生在无骨架绕组两边沿口的上下层之间，一般也可按上述方法修理。若故障发生在绕组内部，一般无法修理，需拆修重绕。

（2）层间或匝间绝缘严重老化。剥开外层绝缘，发现绝缘老化严重，则应重新浸漆，严重的应重新绕制。

（3）铁心片间绝缘太差，产生较大涡流。如果发热最严重的地方是在铁心内部，多是

由于铁心片间绝缘太差，产生涡流而使铁心发热。处理方法只能是拆下铁心，对硅钢片作绝缘处理后重新装配。

（4）负载过重或输出电路局部短路。如果变压器空载运行时无发热现象，空载电流也不大，则是负载过重或输出电路局部短路，致使二次侧电流过大而造成变压器发热。解决方法是减轻负载或排除输出回路短路故障。

3. 空载电流偏大

（1）一次绕组匝数不足。如果是由于设计原因而导致一次绕组匝数不足，则需重绕绕组，增加一次绕组匝数。

（2）铁心叠厚不足。铁心截面不够会引起磁饱和。解决方法是增加铁心厚度，无法增加时要重新设计、制作。

（3）一次和二次绕组局部匝间短路。对此可用兆欧表检测，如发现一次和二次绕组局部匝间短路，则拆开绕组，排除短路故障点；对于严重的，应拆修重绕。

（4）铁心质量太差。通常表现为铁心温度偏高。解决方法是更换质量高的硅钢片或对铁心做加厚处理。

4. 运行中有响声

（1）硅钢片未插紧。先判断出现的噪声是机械噪声还是电磁噪声。如果是机械噪声，则是由于铁心没有压紧，在运行时硅钢片发生机械振动造成的，应压紧铁心。

（2）负载过重或短路引起振动。如果出现的是电磁噪声，则通常是由于设计时铁心磁通密度选得过高、变压器过载、存在漏电或发生二次侧短路等原因造成的。如果是设计原因，可更换质量较好的同等规格的硅钢片；如为其他原因的，应减轻负载或排除漏电及短路故障。

（3）电源电压过高。如果出现电磁噪声，同时应测量变压器的一次输入电压。如输入电压过高，应做相应处理。

5. 铁心或底板带电

（1）一次或二次绕组对地短路。这种故障在有骨架的绕组上较少出现，但在绕组的最外层会出现此故障。对于无骨架的绕组，这种故障多发生在绕组两边的沿口处，但在绕组最内层的四角处和最外层也会发生。通常是由于绕组外形尺寸过大而铁心窗口容纳不下、内绝缘包裹得不佳或遭到机械碰撞等原因造成的。修理方法可参照匝间或层间短路的有关内容。

（2）长期运行的绕组对地绝缘老化。如检查绕组对地出现漏电故障，是由于绝缘严重老化引起的，则应将绕组重新浸漆或更换绕组。

（3）引出线头碰触铁心或底板。仔细检查各引出线头对地绝缘情况，排除引出线头与铁心或底板的短路点。

（4）绕组受潮或环境湿度过高，底板感应带电。如检查漏电是由于绕组受潮引起的，则应烘烤绕组加强绝缘，或将变压器置于通风干燥环境中使用。

二、修复后的测试

修复后的变压器在投入运行前，必须进行测试。

1. 绝缘电阻测试

用兆欧表测量各绕组之间及其对铁心（地）的绝缘电阻，小型变压器的绝缘电阻不应低于 1 MΩ。

2. 空载电压测试

当一次侧电压加到额定电压值时，二次侧空载电压的允许误差应小于 ±10%。

3. 空载电流测试

当一次侧输入额定电压时，其空载电流应为 5% ~8% 的额定电流值。如空载电流大于额定电流 10% 时，损耗过大；当空载电流超过额定电流 20% 时，它的温升将超过允许值，不能使用。

在空载测试时，应无异常噪声。

三、变压器的检查步骤

1. 外观检查。检查引线有无断线、脱焊，绝缘材料有无烧焦，有无机械损伤，然后通电检查有无焦臭味或冒烟现象。如有，应排除故障后再进行其他检查。

2. 用万用表检查各绕组的通断及直流电阻。检查绕组开路时，可用万用表；检查线圈短路时，可在绕组中串一只灯泡，其电压和功率可根据电源电压和变压器容量确定。通过灯泡的亮暗程度，判断绕组内部有无短路。

3. 用兆欧表测试各绕组之间、各绕组与铁心之间的绝缘电阻，未通电时应在 50 MΩ 以上。

4. 测额定工作电压。在待测变压器一次绕组上接上额定电压时（多为 220 V），测定二次侧输出的空载电压。一般误差范围为额定电压的 ±（3% ~5%）。

5. 测量变压器温度。变压器接入额定负载，通电 1 h，温度不得超过允许温度。允许温度是指变压器的绝缘材料允许的温度。变压器正常运行时，不准超过绝缘材料所允许的温度。

练习题

问答题

1. 简述变压器故障检查步骤。
2. 变压器修复后的测试要点是什么？
3. 接通电源变压器，无电压输出有哪些原因？
4. 哪些因素可导致变压器温升过高，甚至冒烟？
5. 变压器空载电流偏大的原因是什么？
6. 变压器运行中有响声的原因有哪些？

第五单元　电　动　机

模块一　三相异步电动机的结构及工作原理

知识技能要求

1. 了解三相异步电动机的结构与类型。
2. 掌握三相异步电动机的工作原理。

一、三相异步电动机的结构与类型

三相异步电动机是由定子和转子两部分组成的，如图 5—1 所示。定子与转子之间留有相对运动所必需的空气隙。

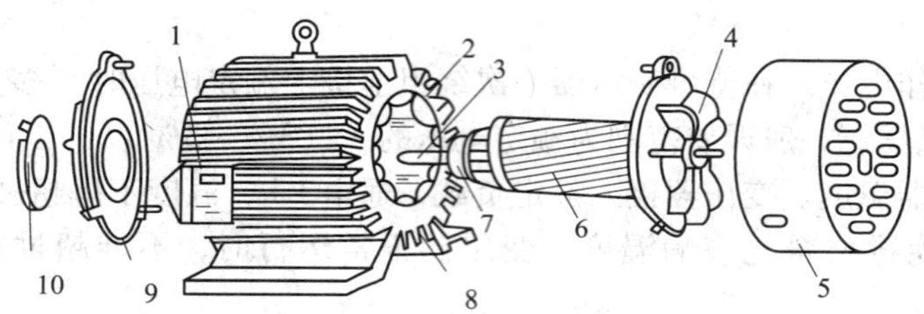

图 5—1　异步电动机的结构

1—接线盒　2—定子　3—转轴　4—风扇　5—罩壳
6—转子　7—轴承　8—机座　9—端盖　10—轴承盖

固定部分又叫定子，如图 5—2 所示，定子主要由机座、铁心和三相绕组组成。机座是电动机的支撑部分，通常由铸铁或铸钢制成。定子铁心由硅钢片叠压成圆筒状压入机座内构成。硅钢片形成的齿槽均匀分布在铁心内圆表面，并与轴平行。齿槽内放置三相定子绕组，6 个端头分别引到机座接线盒内的接线柱上。通过改变接线柱间连接片的连接关系，根据供电电压不同，三相定子绕组可以接成星形，也可接成三角形，绕组接法将在本模块任务 2 中介绍。

转动部分又叫转子，如图 5—3 所示。转子由转轴和装在转轴上的圆柱形转子铁心以及转子绕组组成。转轴由碳钢制成，两端支撑在轴承上。转子铁心用已冲槽的硅钢片叠成，槽内放置转子绕组。转子绕组分为笼型和绕线型两类。

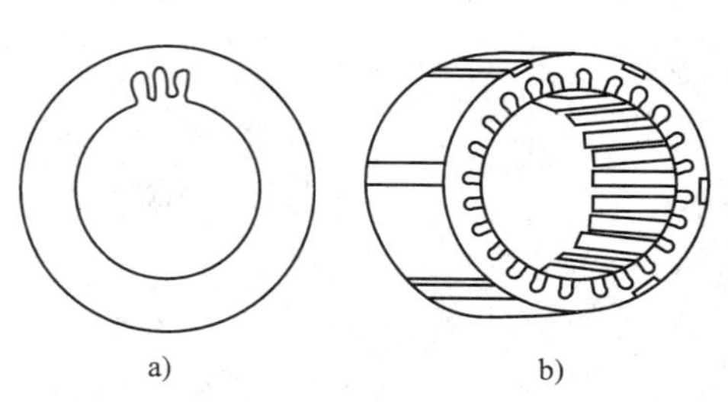

图 5—2　异步电动机的定子

a）定子冲片　b）未装绕组的定子铁心

笼型异步电动机转子绕组是由安放在转子槽内的裸线导体和短路环连接而成。如果把转子铁心去掉，可以看出裸线导体的形状好像一

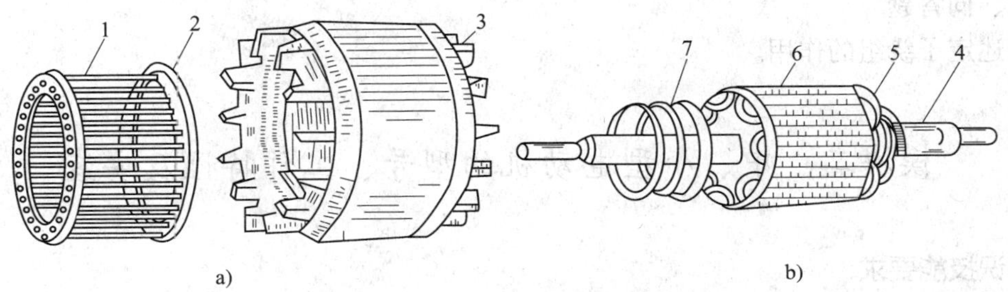

图 5—3　异步电动机的转子

a）笼型转子　b）绕线转子

1—导条　2—端环　3—风扇叶片　4—轴　5—绕组　6—铁心　7—集电环

个鼠笼，故称笼型转子。小型笼型转子的导体一般采用铸铝与冷却用的风扇叶片一次浇铸成形。绕线转子的铁心和笼型转子的铁心相同，但它的绕组与笼型转子不同，而与定子绕组一样，也是三相绕组，一般接成星形。它的 3 个出线端从转子轴中引出，固定在轴上的 3 个互相绝缘的集电环上，然后经过电刷的滑动接触与外加变阻器相接。改变变阻器手柄的位置，可使绕线型三相绕组串联接入变阻器或使之短路。绕线转子异步电动机的转子结构较复杂，价格较高，一般用于对启动和调速性能有较高要求的场合。

上述两类异步电动机尽管转子结构不同，但它们的基本工作原理是相同的。

二、三相异步电动机的工作原理

当三相定子绕组中通入对称的三相交流电时，就产生了一个以同步转速 n_1 沿定子和转子内圆空间做顺时针方向旋转的旋转磁场。由于旋转磁场以 n_1 转速旋转，转子导体开始时是静止的，故转子导体将切割定子旋转磁场而产生感应电动势（感应电动势的方向用右手定则判定）。由于转子导体两端被短路环短接，在感应电动势的作用下，转子导体中将产生与感应电动势方向基本一致的感生电流。转子的载流导体在定子磁场中受到电磁力的作用（力的方向用左手定则判定），电磁力对转子轴产生电磁转矩，驱动转子沿着旋转磁场方向旋转。

通过上述分析可以总结出：当电动机的三相定子绕组（各相差 120°电角度），通入三相交流电后，将产生一个旋转磁场，该旋转磁场切割转子绕组，从而在转子绕组中产生感应电流（转子绕组是闭合通路）。载流的转子导体在定子旋转磁场作用下将产生电磁力，从而在电动机转轴上形成电磁转矩，驱动电动机旋转，且旋转方向与旋转磁场方向相同。

练习题

一、填空题（将正确答案写在横线上）

1. 三相异步电动机主要有________和________两部分组成。
2. 定子是电动机静止部分，主要有________、________和________等部件。
3. 转子是电动机的________部分，由________、________、转轴和风叶等组成。

二、选择题（将正确答案的代号写在括号中）

三相异步电动机的额定转速（　　）。

A. 大于同步转速　B. 等于同步转速　C. 小于同步转速　D. 小于转差率

三、问答题

简述定子绕组的作用。

模块二　中、小型电动机的型号、工作特性及安装

知识技能要求

1. 了解常用电动机的型号和铭牌数据。
2. 能够进行常用中、小型电动机的安装。
3. 掌握三相异步电动机定子绕组接线及首末端的判别方法。

一、常用电动机的型号和铭牌

每台异步电动机的机座外侧都有一块铭牌，上面简要标出了这台电动机的型号、额定运行数据及使用条件等。要正确选择和使用异步电动机，首先必须了解其铭牌上的数据。例如，一台 Y－112M－4 型异步电动机，它的铭牌见表 5—1。

表 5—1　　**三相异步电动机的铭牌**

<table>
<tr><td colspan="5">三相异步电动机</td></tr>
<tr><td colspan="4">型号 Y－112M－4</td><td>编号</td></tr>
<tr><td colspan="3">4.0 kW</td><td colspan="2">8.8 A</td></tr>
<tr><td>380 V</td><td colspan="2">1 440 r/min</td><td colspan="2">LW 82 dB</td></tr>
<tr><td>接法△</td><td colspan="2">防护等级 IP44</td><td>50 Hz</td><td>45 kg</td></tr>
<tr><td>（标准编号）</td><td>定额</td><td>连续</td><td>B 级绝缘</td><td>×年×月</td></tr>
<tr><td colspan="5">×××电机厂</td></tr>
</table>

1. 型号（Y－112M－4）

型号说明如下：

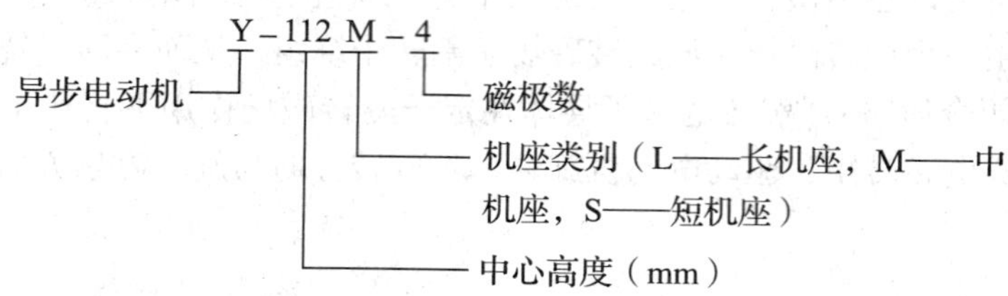

2. 额定功率（4.0 kW）

表示电动机在额定运行情况下，允许从转轴输出的机械功率，单位为 W 或 kW。

3. 额定电压（380 V）

表示电动机在额定运行情况下，输入定子三相绕组的线电压，单位为 V。如果铭牌上有两个电压数据，则表示定子绕组在两种不同接法时的线电压。

4. 额定频率（50 Hz）

规定电动机所接交流电源的频率，单位为 Hz。我国电源的标标频率为 50 Hz。

5. 额定转速（1 440 r/min）

表示电动机在额定运行情况下的转速，单位为 r/min。

6. 接法（△）

这是电动机在额定电压下，定子三相绕组采用的联结方法，一般有三角形（△）联结和星形（Y）联结两种。

7. 额定电流（8.8 A）

表示电动机在额定运行情况下，定子三相绕组的线电流，单位为 A。如果铭牌上标有两个电流数据，则表示定子绕组在两种不同接法时的线电流。

8. 绝缘等级（B 级绝缘）

表示电动机所用的绝缘材料的耐热等级。E 级绝缘的允许极限温度为 120℃，B 级绝缘的允许极限温度为 130℃；F 级绝缘的允许极限温度为 155℃。

9. 定额（连续）

定额是一组额定值及工作条件。电动机的定额分为连续、短时和周期工作 3 种。连续工作的电动机可以不受时间的限制连续运行；短时工作的电动机只能在规定的持续时间限值内运行；周期工作的电动机可以长期运行于一系列完全相同的周期条件下，周期的时间为 10 min，标称负载持续率有 15%、25%、40% 和 60% 四种。

10. 防护等级（IP44）

笼型电动机按其外壳的防护形式不同可分为开启式（IP11）、防护式（IP22 及 IP23）、封闭式（IP44）等几种。

二、常用电动机的安装

一般中小型电动机可以根据工作的需要，安装在墙体的角钢架上、地坪的钢架上或混凝土基础上。如果配套机械有专供安装电动机用的固定底座，则电动机应安装在该底座上；如果无固定底座，一般中小型电动机可用螺栓安装在金属底板或导轨上，或者紧固在地脚螺栓或导轨上。下面介绍电动机底座基础浇筑和地脚螺栓埋设的方法。

1. 底座基础浇筑

电动机底座的基础一般用混凝土浇筑或用砖砌成，基础形状如图 5—4 所示。基础高出地面的尺寸 H 一般为100 ~ 150 mm，具体高度随电动机规格、传动方式和安装条件等而定。底座长度 L 和宽度 B 的尺寸应根据底板或电动机机座尺寸确定，每边应比电动机机座宽出 100 ~ 150 mm。基础的深度一般按地脚螺栓长度的 1.5 ~ 2.0 倍选取，以保证埋设的地脚螺栓有足够的强度。基础的质量应为机组质量的 2.5 ~ 3.0 倍。

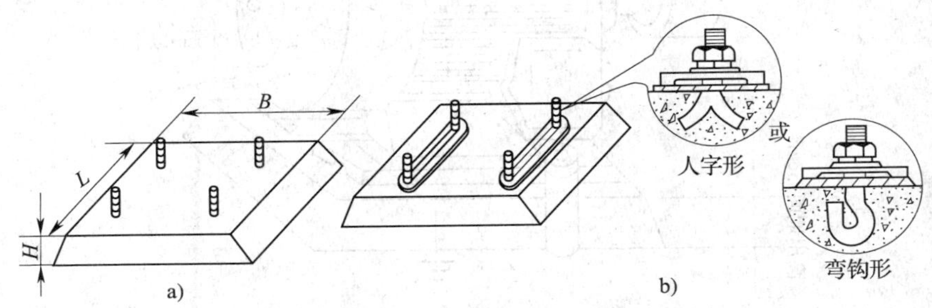

图 5—4　电动机的基础及其地脚螺栓的埋设

a）直接安装墩　b）槽轨安装墩

2. 地脚螺栓埋设

为了保证地脚螺栓埋设得牢固，通常将其埋入基础的一端做成人字形或弯钩形，如图5—5所示。埋设地脚螺栓时，埋入混凝土的深度一般为螺栓直径的10倍左右，人字的开口部分或弯钩的长度约为螺栓埋入混凝土深度的一半。

3. 安装前的检查

电动机安装前，应进行全面检查，检查的主要内容如下：

(1) 详细核对电动机铭牌上标出的各项数据（如型号规格、额定容量、额定电压、防护等级等）与图样规定或现场实际要求是否相符。

(2) 电动机外壳上的油漆是否剥落，有无锈蚀现象。外壳、风罩、风叶有无损伤。外壳上是否有旋转方向的标志和编号。

(3) 检查电动机装配是否良好，端盖螺钉是否紧固，轴转动是否灵活，轴向窜动是否超过允许范围。电风扇安装是否牢固，旋转方向是否正确。

(4) 拆开接线盒，用万用表检查三相绕组是否断路，连接是否牢固。必要时可用电桥测量三相绕组的直流电阻，检查阻值偏差是否在允许范围以内（各相绕组的直流电阻与三相电阻平均值之差一般不应超过±2%）。

(5) 使用兆欧表测量电动机各相绕组之间以及各相绕组与机壳之间的绝缘电阻。如果电动机的额定电压在500 V以下，则使用500 V兆欧表测量，测得的绝缘电阻值应不小于0.5 MΩ。

检查完毕，确认电动机完好，只需使用0.2～0.3 MPa的干燥压缩空气或皮老虎吹扫电动机表面，清除机壳上的灰尘和其他脏物。若经外观检查、电气试验认为质量可疑或者功率为40 kW以上的电动机，则应抽出转子进行检查。

4. 安装就位

电动机在混凝土基础上的安装方式一般有两种：一种是将基座直接安装在基础上，如图5—5所示；另一种是在基础上先安装槽轨，再将电动机装在槽轨上，这种安装方式便于更换电动机和进行安装调整。为了防止振动，安装时应在电动机与基础之间垫一层硬橡胶板，四角的地脚螺栓都要套上弹簧垫圈。

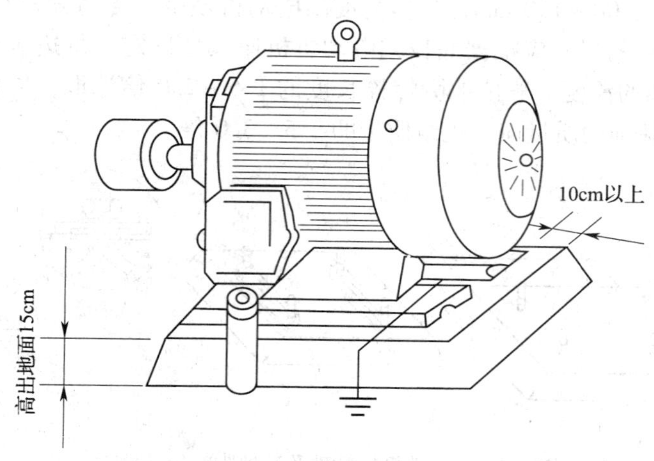

图5—5 电动机在混凝土基础上安装示意图

电动机安装就位后，应使用水平仪对电动机进行纵向和横向校正。如果不平，可在机座下面垫上 0.5～5.0 mm 厚的钢片进行校正，禁止用木片、竹片或铝片（如剪开的易拉罐铝片）垫在机座下；否则在拧紧地脚螺栓时或者在电动机运行过程中，木片、竹片、铝片就会变形或碎裂，而影响电动机安装的精度。

5. 附属电气设备的安装（见图 5—6）

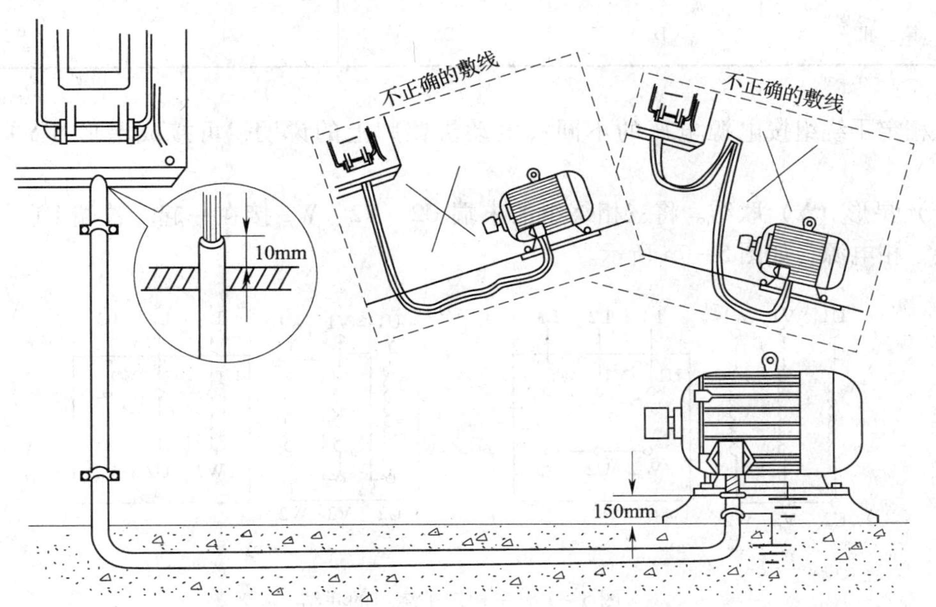

图 5—6　开关控制设备及其接线的安装

电动机的操作开关或启动补偿装置应装在便于操作、运行、维护和检修的地点。开关应装在离地面 1.5 m 左右的墙上，开关和启动补偿装置的接线应正确。引线应采用符合要求的绝缘导线，且有钢管保护，钢管应伸入木台 10 mm 左右，管口应套橡胶圈、木圈或套一段软塑料管。墙上部分可采用明管配线，地下部分应采用暗管配线。连接电动机一端钢管的管口距地面不得低于 100 mm，并尽量靠近电动机接线盒。这部分导线不可在地上拖动，也不可用钉子挂在墙上，以免发生事故。其他部分的导线按管线敷设方法配线。

6. 接地

为了防止电动机外壳带电或严重漏电，应将电动机的金属外壳和敷设导线的钢管接地。

三、三相异步电动机定子绕组接线及首末端的判别

1. 接线盒内的接线

定子绕组由三相对称绕组组成，三相绕组按一定的空间角度依次嵌放在定子槽内。三相绕组的首端分别用 U1（D1），V1（D2），W1（D3）表示，末端对应用 U2（D4），V2（D5），W2（D6）表示。为了便于变换接法，三相绕组的 6 个线头都应引到电动机的接线盒内。三相异步电动机定子绕组出线端标志见表 5—2。

表 5—2　　三相异步电动机绕组出线端标志

定子绕组相数	1965 年国家标准		1985 年国家标准	
	首端	末端	首端	末端
第一相	D1	D4	U1	U2
第二相	D2	D5	V1	V2
第三相	D3	D6	W1	W2

三相定子绕组按电源电压的不同和电动机铭牌上的说明，可接成星形（Y）或三角形（△）。

（1）星形（Y）联结。将三相绕组的末端 U2、V2、W2 接在一起．首端 U1、V1、W1 分别接三相电源，如图 5—7a 所示。

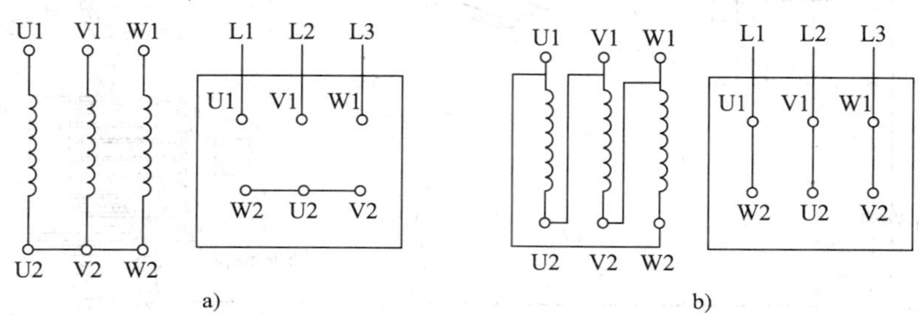

图 5—7　三相定子绕组的联结
a）Y 形联结　b）△形联结

（2）三角形（△）联结。将第一相的尾端 U2 接第二相的首端 Vl，第二相的末端 V2 接第三相的首端 W1，第三相的末端 W2 接第一相的首端 U1，然后将三个首端分别接三相电源，如图 5—7b 所示。

2．定子绕组首末端的判别

异步电动机三相绕组的首末端是不可任意指定的。如果某台异步电动机的定子绕组首末端未标明记号或记号模糊不清，可用下述方法判别：

（1）用低压交流电源和电压表检查。首先用万用表查明每相绕组的两个出线端，然后把其中任意两相绕组串联，如图5—8所示。串联后再与电压表（或万用表的交流电压挡）连接，并将第三相绕组与低压交流电源接通。如果电压表无读数，则表明连接在一起的两个线端同为首端或同为尾端；如果电压表有读数，则表明连接在一起的两个线端中有一个是首端，另一个是末端。然后把任一端定为已知的首端，用同样方法可把第三相的首末端检查出来。

（2）用 220 V 交流电源和灯泡检查。将图 5—8 中的电源改为 220 V 交流电源，电压表改用 60 W 或 100 W 的灯泡。接通电源后，如果灯泡不亮，说明接在一起的两端同为首端或同为末端；如果灯泡亮，则说明接在一起的两端中有一个是首端，另一个是末端。按照同样方法，可把另一相的首末端检查出来。注意：应用此方法时，通电时间应尽量短，以免绕组过热而烧坏。

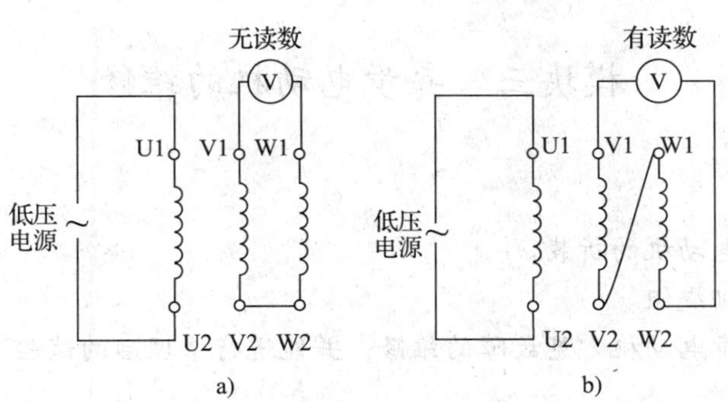

图 5—8　用低压交流电源和电压表判断三相绕组首末端

a）电压表无读数　b）电压表有读数

（3）剩磁感应法

1）用万用表欧姆挡先将三相绕组分开。

2）把分开后的三相绕组做假设编号，分别为 U1、U2；V1、V2；W1、W2。

3）按如图 5—9 所示接线，用手转动电动机转子。由于电动机定子铁心及转子铁心中通常均有少量的剩磁，当磁场变化时，在三相定子绕组中将有微弱的感应电动势产生，此时若并接在绕组两端的微安表（或万用表微安挡）指针不动，则说明假设的编号是正确的；若指针有偏转，说明其中有一相绕组的首末端假设编号不对。此时应逐相对调重测，直至正确。

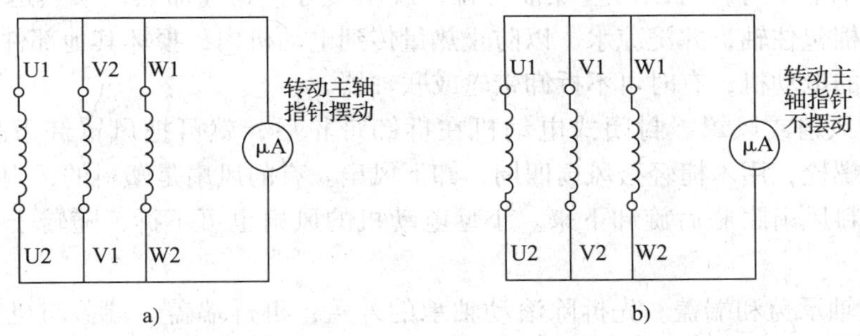

图 5—9　用剩磁感应法检查绕组首末端

a）编号正确　b）编号错误

练习题

一、选择题（将正确答案的代号写在括号内）

三相异步电动机铭牌上的额定功率是指（　　）。

A. 输入的有功功率　　B. 轴上输出的机械功率　　C. 视在功率　　D. 电磁功率

二、问答题

三相异步电动机铭牌技术数据的含义有哪些？

模块三　异步电动机的维修

知识技能要求

1. 能进行异步电动机的拆装。

2. 能修理电动机绕组。

3. 能够进行异步电动机常见故障的维修，并能进行修理后的试验。

一、电动机的拆装

修理或维护保养电动机时，需要把电动机拆开，如果拆卸方法不当，会拆坏电动机或使修理质量得不到保证，因此必须掌握正确的拆卸和装配电动机的技能。

1. 拆卸前的准备工作

拆卸前应准备各种工具，以及做好拆卸前的记录和检查工作，然后进行正确的拆卸。

2. 拆卸方法和步骤

（1）拆除电动机的所有引线。对于绕线转子异步电动机来说，还应抬起或提出电刷。

（2）拆卸带轮或联轴器。先将带轮或联轴器上的固定螺钉或销钉松脱或取下，再用专用工具抓手（也叫拔子）把带轮或联轴器慢慢拉出。使用抓手时要顶正，抓手螺杆中心线要对准电动机轴的中心线，并注意抓手和带轮或联轴器的受力情况，不要将轮缘拉裂或抓手扳裂。如遇拆不下来时，可以渗些煤油再拉，或用喷灯、煤气加热，乘热迅速拉下。加热时，应当用石棉包住轴，并浇凉水，以防止热量传到电动机内，损坏其他部件。不需清洗轴承或有轴承套的电动机，有时可不拆卸带轮或联轴器。

（3）拆卸风扇或风罩。封闭式电动机在拆卸带轮后，就可把风罩卸下来。然后取下风扇上的定位螺栓，用木槌轻敲风扇四周，卸下风扇。有的风扇是塑料的，内孔有螺纹，可以用热水使塑料风扇膨胀后旋卸下来。小型电动机的风扇也可不拆，随转子一起从定子中抽出。

（4）拆卸轴承盖和端盖。先拆除滚动轴承的外盖，再拆端盖。端盖与机座的接缝处要做记号，便于装配。一般小型电动机都只拆风扇一侧的端盖，同时将另一侧的轴承盖、螺钉拆下，然后将转子、端盖、轴承盖和风扇一起抽出。中、大型电动机，因转子较重，可把两侧的端盖都拆下来。卸下后，应标清上、下及负荷端和非负荷端。为防止定、转子机械碰伤，拆下端盖后应在气隙中垫以钢纸板。

（5）抽出转子。小型电动机的转子可用手将转子、端盖等一起抽出。大型电动机转子较重，可用起重设备将转子吊出。抽转子时，应小心缓慢，特别要注意不可歪斜，以免碰伤定子绕组，必要时可在线圈端部垫纸板进行保护。

（6）拆卸前、后轴承和轴承内盖。如果仅是清洗轴承，不一定要将轴承从轴上拆下。若要修理、更换轴承，则要卸下旧轴承，使用专用工具抓子进行拆卸。

3. 装配

（1）装配前的准备。电动机装配前，应做好各部件的清洁工作。附着在定子铁心内径上的油污、脏物以及高出定子铁心的槽契、绝缘纸等应刮平剔净，机座、端盖、轴承盖的止口以及转子表面要擦拭干净。端盖轴承室要用煤油清洗擦净。另外，为了装配方便，可在止口和轴承室上涂抹少许润滑油。轴承要在煤油中清洗干净，并加入适量（约为油腔的2/3）的润滑油。最后用皮老虎或气筒，把定子绕组和机壳内部吹干净。

（2）装配。电动机装配基本上是拆卸的逆过程。电动机装配是从转子装配开始的，小型电动机一般把轴承内盖、滚动轴承、集电环（绕线转子式）、风扇先装配到转子上，经平衡实验后装入定子，再将端盖装上。装配时应注意拆卸时的记号，使机壳上所有螺孔都相吻合。装端盖时，可用木槌（若用铁锤，则应加垫木板）均匀敲击端盖周围，按对角线均匀对称地轮番拧紧螺钉，不要一次拧紧。

端盖固定后，用手转动电动机转子，转子转动应均匀、灵活，无停滞或偏重现象。确定装配正确后，再装轴承外盖及带轮或联轴器。安装带轮前，先用砂纸将机轴和带轮轴孔打光滑，然后将带轮套在轴上并对准键槽位置，用铁锤垫着硬木块把键轻轻打入槽内。对较大的电动机，可以利用长铜管或起重设备装上转子。

二、绕组的检修

受潮、受热、腐蚀性气体侵入会使绕组绝缘老化，电动机过载或三相电动机单相运行等原因，均可能导致绕组发生故障。常见的故障有绕组接地、绕组短路、断路等。

1. 定子绕组故障的检修

（1）绕组接地。它是指绕组绝缘损坏后线圈同铁心或机壳相碰。绕组接地会造成绕组有效匝数减少，使电流增大、绕组发热、进而烧坏尚未损坏的绝缘。如果不同相的绕组中有两处同时接地，会引起相间短路，使电动机完全不能工作。绕组接地后除了有过热现象外，还常伴有异常响声、振动，甚至不能工作。另外，绕组接地后，机壳带电，若机壳接地不良，则可能造成人身触电事故。

1）绕组接地的检查方法

①绝缘电阻表检查。

②试灯检查：将一只灯泡和两根测试棒用导线连接起来，测试时，如果绝缘绕组良好，则灯泡不亮；若灯泡发亮，说明该相绕组有接地故障。有时灯泡不亮，但测试棒接触电动机时，出现火花，则是绕组严重受潮。

用试灯检查，电源一般用电池或低压电源。若用220 V交流电源，则要注意安全，应拆去机壳的接地线，并将电动机放在木板或工作台上，以防触电。

如用上述方法还不能找到接地点，就要拆开绕组，用分组淘汰法查找接地点。在查出接地点的一相绕组后，把该相的各极组之间的连线剪开，用绝缘电阻表或试灯逐组检查，找到接地点所在的极相组后，再用同样方法查找接地线。

2）接地故障的修理

①如果接地点在绕组端部槽口附近，而且没有严重烧损，则只要在接地处的导线和铁心之间插入绝缘材料后，涂刷绝缘漆就行了，不必拆出线圈。

②如果接地点在槽的里面，可以在故障线圈线槽的槽楔上用毛刷刷上适当的溶剂（其配方为丙酮40%、甲苯35%和酒精25%，均为体积分数），约0.5 h后绕组绝缘可软化。这时轻轻地抽出槽楔，仔细地用划线板将线圈的线匝一根一根地取出，直至取出有故障的导线，并用绝缘带把绝缘损坏处包好，再仔细将线圈导线嵌回线槽。处理后的线圈再嵌回槽中有困难，可用同规格的电磁线更换已损坏的导线，匝数不变。重要设备所使用的电动机，为

了确保质量，可以重换绕组，但修理费用较高。

③如果发现整个绕组受潮，就要把整个绕组预烘，然后涂上绝缘漆并烘干，直到绕组对地绝缘电阻超过0.5 MΩ为止。如果绕组受潮严重，绕组绝缘大部分因老化焦脆而脱落，接地点较多，可以根据具体情况，把整个绕组拆下，换成新的。

④有时铁心槽内有一片或几片硅钢片凸出来，把绕组绝缘割破造成接地。遇到这种情况，只要把硅钢片凸处敲进去，再把导线绝缘被割破的地方重新包好绝缘即可。

（2）绕组短路。绕组短路就是绕组的线圈导线绝缘损坏，而使不应该相通的线匝直接相碰，构成一个低阻抗的环路。接通电源后，在这个环路中，会产生高于正常电流很多倍的大电流，使线圈迅速发热，加快了绕组绝缘的老化变质。如果短路匝数过多，会引起电流激增，甚至烧坏电动机。

常见的短路情况有：同一相绕组内线圈匝间短路，两个相邻线圈间短路，两相绕组间短路。

1）绕组短路检查方法

①直接观察法。仔细观察绕组，颜色变深或烧焦的线圈就是短路线圈，可从中查找短路点的位置。若直观看不出，可让电动机空载运行10 min（若有冒烟或发生焦味应立即停机），然后迅速拆开电动机端盖，用手摸绕组，找出温度较高的线圈，从中可以查找出短路点。

②直流电阻法。电动机绕组发生短路时，其电阻将减小，根据这一点就可以用测定电动机绕组的直流电阻大小的方法，确定短路的绕组。若被测电动机有6个出线头，然后用直流电桥分别测量各相绕组的直流电阻值，并将它们加以比较，其中电阻值最小的一相就是可能发生短路的那一相。

如果有条件可用短路侦察器法检测短路绕组。

2）绕组短路的修理

①局部垫绝缘法。如果短路线圈的绝缘还未焦脆，可在线圈短路处重垫绝缘层，再涂上绝缘漆，烘干。这种方法适用于绕组端部或绕组外层短路的修理。

②局部拆修重嵌法。若故障发生在线槽里面，可参照前面绕组接地故障的修理方法进行局部拆修重嵌。若短路故障发生在底层，则必须把上层的线圈取出槽外，待有故障的线圈修好后，再按原顺序放回槽内。

③跳接法。跳接法是把短路线圈从绕组中切除出去的一种应急措施。其方法是把短路线圈导线全部切断，包好绝缘，把这个线圈原来的两个线头连接起来，跳过这个有故障的线圈，跳接法会破坏相电流的平衡。

（3）定子绕组断路。电动机定子绕组的导线、连接线、引出线等断开或接线头脱落等故障称为绕组断路故障，通常由焊接不良造成。因此当发生绕组断路时，应先检查绕组引出线和各过桥线的焊接处是否有焊锡熔化或焊接点松脱现象。

绕组断路故障的检查比较容易，用万用表欧姆挡在电动机接线板上便可查出断路的绕组相（三角形联结要拆开各接头），然后测量各极绕组的电阻值。若不通即为断路的极相组，最后同理可找出断路的线圈。

如果查明断路点是引出线或线圈过桥线的焊接部分开焊，可将脱焊处清理干净，然后在待焊处附近的线圈上铺垫一层绝缘纸，防止焊锡流入而损伤其他线圈绝缘，最后进行补焊。

如果是端部线圈烧断一根或几根导线时，需将线圈加热至130℃左右，使绝缘软化，然后将烧断的线匝撬起，分清每根导线的端头，用相同规格的导线连接在烧断的导线端头上，连接好后进行焊接。焊好后，包扎绝缘，涂漆处理。

（4）绕组接线错误。其检查方法为：将一铜棍穿入中间有孔的圆形铁片（或铁皮罐头筒）内，然后当做转子插入定子镗内。这时定子绕组可通入30%～50%的额定电压，如果圆形铁片旋转正常，则说明绕组接线正确；如圆形铁片不转，则说明绕组接线有严重错误；如果圆形铁片旋转不正常，则说明极相组或某一线圈接错。

2. 转子绕组故障的检修

（1）笼型转子的故障检修。笼型转子比较坚固而不易损坏，对铸铝转子来说，最常见的故障是笼型转子断条。如果是个别铸铝笼条断条时，也可将断条錾掉。把槽清理干净，做一根与槽形相同的铝条打入槽内，再用铝焊药把铝条与端环用气焊焊牢即可；若转子笼条断裂较多，则应全部更换。

（2）绕线转子的故障检修。绕线转子绕组的结构和绕制方法与定子绕组相同，其故障检查可参照定子绕组故障检查。绕线转子有一套集电环和电刷装置，是较易发生故障的地方，通常的故障有：

1）绝缘电阻下降。

2）转子单相运转。

3）转子端部与接头铜套开焊。

3. 浸漆与烘干

电动机绕组浸漆的目的是提高绕组的绝缘强度、耐热性、耐潮性以及导热能力。此外，也增加了绕组的力学强度和耐腐蚀能力。

在浸漆前，要进行预烘。预烘的目的是除去绕组内的潮气和挥发物，温度一般为110℃左右，时间4～8 h。预烘时，约每隔1 h测绝缘电阻一次，待绝缘电阻稳定后，才可浸漆。

常见的浸漆方法有以下几种：

（1）浇漆。此法适于单台电动机浸渍处理。先把电动机直放在滴漆盘上，用漆壶浇绕组一端，经20～30 min滴漆后，将电动机翻过来，再浇另一端绕组，一直浇透为止。该方法适用于单台生产。

（2）沉浸。将电动机吊入漆罐中，保证漆面没过电动机200 mm以上，使绝缘漆渗透到所有绝缘孔隙内，填满线圈各匝之间以及槽内所有空间。

（3）滴浸。这适用于中小型电动机绝缘浸渍用。下面介绍一种小型电动机常用的手工滴漆工艺。

1）预热。在绕组内通电加热4 min左右，温度控制在100～115℃；也可放在干燥炉内加热，温度同上，约0.5 h。

2）滴浸。将电动机直接放置在漆盘上，当电动机温度降为60～70℃时，开始向绕组手工滴漆。待10 min后，将电动机翻转，滴浸另一端绕组，一直滴透为止。

3）固化。滴浸后，绕组通电加热固化，绕组温度为100～150℃，测量绝缘电阻值（大于20 MΩ）直至合格为止。也可放入干燥炉中固化，温度同上，时间约2 h，视电动机大小而定，绝缘电阻大于1.5 MΩ出炉。

三、电动机修理后的试验

电动机的修理试验可分为3种，修理前的试验、修理中的试验和修理后的试验。修理前的试验主要目的是为了检查故障所在，给修理提供必要的数据；修理中的试验目的是检查半成品的质量；修理后的试验目的是保证电动机的可靠性，提高电动机的修理质量。

1. 试验前的检查

修复后的电动机在试验开始之前，首先应进行一般性检查。一般性检查包括：电动机的装配质量，各部分的紧固螺栓是否拧紧，引出线的标记是否正确，转子转动是否灵活。此外，还要检查各绕组接线是否正确。确认电动机的一般性检查合格后，在绝缘良好的情况下，方可进行通电试验。

2. 绝缘试验

电动机绝缘是比较容易损坏的部分，电动机的绝缘不良将会造成严重后果，如烧毁绕组、电动机机壳带电等。所以，经过修理的电动机和尚未使用过的新电动机，在使用之前都要经过严格的绝缘试验，以保证电动机的安全运行。

绝缘试验包括绝缘电阻测量和绝缘耐压试验：

（1）绝缘电阻的测量。测量绝缘电阻的最简便办法是采用绝缘电阻表（亦称兆欧表）。常用兆欧表的电压级别有500 V级、1 000 V和2 500 V级，前者用于500 V以下电动机的测试；后者用于高压电动机的测试。测试前，应先短接接线放掉绝缘电阻表中的电荷。测试时，可将兆欧表的“接地”端接至机座（应刮去上面的油漆和尘埃），另一“相线”端接至绕组的出线端，然后摇动手柄，使旋转速度应符合表上所规定的数值。若表上未规定转速，可按达到转速120 r/min再摇测1 min，待其数值不再摆动时，读取数值。

交流电动机测量绝缘电阻时，如果各相绕组的始末端引出机壳外，应断开各相绕组之间的连接线，分别测量每相绕组对机壳的绝缘电阻，即绕组对地的绝缘电阻；然后再测量各相绕组之间的绝缘电阻，即相间绝缘电阻。

绝缘电阻一般规定为：低压电动机不小于5 MΩ；3 ~6 kV高压电动机不小于20 MΩ。

三相异步电动机的绝缘电阻值不得低于0.5 MΩ。如果低于0.5 MΩ，必须经过干燥处理之后，方可进行通电试运转和高压试验。

（2）绝缘耐压试验。绝缘电阻符合要求也并不一定表示此电动机的绝缘情况良好，有时绝缘可能已有机械性损坏，但只是线圈与外壳之间无金属性接触，它的电阻仍可能很高。所以，检查绝缘品质最可靠的方法是进行绝缘耐压试验，每一台修复后的电动机都应当做绝缘耐压试验。

1）绕组对地和绕组间的耐压试验。每一个独立的绕组都应轮流做对机壳的绝缘试验，而其他绕组在电气上都应与接地机壳连接。该试验采用升压变压器，电压表接在低压侧。试验时，调节升压变压器的二次侧得到所需要的高压（试验开始时的电压应不超过试验电压的1/3）。增大电压时，要逐渐地（不超过全值的5%）进行。试验电压由半值升高到全值时间应不小于10 s。

如果线圈是局部修理，试验电压可低一些。一般总装后低压电动机的耐压值为500 V，高压电动机的耐压值为额定电压的1.3倍。

对于电压为380 V以下的电动机，如果没有试验设备，可用电压为1 000 V的兆欧表作耐压试验，在转速 120 r/min 时摇测 1 min。

进行耐压试验时，必须注意安全，防止发生触电事故。

2）匝间耐压试验。试验时，在被测试的绕组上加上 1.3 倍的额定电压，历时 3 min。对使用过的电动机或者绕组绝缘局部更换过的电动机，试验时间可缩短为 1 min。

3. 空载运转试验

空载运转试验也称为空转试验，是电动机修复后的一项基本试验。该方法是将电动机通以电压，电动机转轴上不带负载运转，运转时间一般为 1 h 左右。启动和运行中要测量三相线电流的数值。

4. 温升试验

电动机在运行过程中，有铁耗也有铜耗，这些损耗最后都转化为热能，使电动机各部分的温度升高，而过高的温度会使绝缘材料的使用寿命降低。电动机的使用寿命主要取决于电动机的绝缘老化情况，因此各种绝缘材料都规定有一定的工作温度。如果电动机温度超过了规定值，即使不会立即烧坏电动机，电动机的使用寿命也会因绝缘的快速老化而缩短。电动机工作时，若绝缘材料达到规定的温度极限，这时电动机的负载能量为最大负载（即额定负载）。电动机温升试验是为了检查电动机在额定负载下运行时各部分的温升是否正常。

温度计法就是用温度计直接测量电动机的温升，一般主要测量铁心温度与绕组温度。为了保证测量的准确性，应排除影响温度的因素。电动机运转中温度不断上升，运行数小时后温度达到某一稳定值而不再上升，这个温度与环境温度之差就是电动机的温升。对于封闭式电动机来说，不能用温度计直接贴在绕组上测量，可将温度计用锡箔裹住温度计的玻璃球塞在吊环孔中测量，四周用棉絮裹住。

5. 超速试验

超速试验一般是将电动机转速提高到额定转速的 120%。超速试验的目的在于检查电动机的安装质量，考验转子各部分承受离心力的力学强度和轴承在超速时的力学强度。

要使异步电动机超速运转，可以提高被试电动机电源电压的频率，或用辅助电动机拖动被试电动机，使之转速提高。目前，提高电动机电源电压频率的方法都是采用可控硅变频装置。

做超速试验时，转速的测量最好采用远距离测速计。

四、电动机在运行中的监测与维护

在机床电气控制系统中，异步电动机是一个主要部件。在运行过程中，往往会出现一些故障，如短路、过载甚至烧坏电动机绕组。为保证电动机正常运行，必须做好运行中的监测和维护工作。

1. 电动机在使用中，应经常保持清洁；进风口必须通畅，保证进风量；接线端应保持清洁及接触良好。

2. 电动机接通电源后，如果发现不能启动或转速很慢，声音不正常，应迅速切断电源，并报告电工检修。

3. 电动机在运行过程中，手摸机壳是否非常烫手，耳听电动机运转声音是否正常，鼻嗅电动机是否有焦臭味，观看电动机有无剧烈振动等，如果发现异常情况应迅速停车，并报告电工检修。

练习题

一、填空题（将正确答案写在横线上）

电动机修复后，绝缘试验分为________测量和________试验。

二、问答题

1. 电动机修复后，空载试验中应注意哪些问题？
2. 判定电动机绕组短路的检查方法有哪些（举两个示例）？

第六单元　低 压 电 器

模块一　低 压 开 关

知识技能要求

1. 了解刀开关的结构并能正确选用和安装。
2. 了解封闭式负荷开关的结构并能正确选用和安装。
3. 了解组合开关的结构并能正确选用和安装。
4. 了解低压断路器的结构并能正确选用和安装。

低压开关主要作用是隔离、转换及接通和分断电路，多用做机床电路的电源开关和局部照明电路的控制开关，有时也可用来直接控制小容量电动机的启动，停止和正、反转等。

低压开关主要类型有刀开关、组合开关和低压断路器等。

一、刀开关

开启式负荷开关适用于照明、电热负载及小功率电动机控制电路中，供手动不频繁地接通和断开电路，并起短路保护作用。其实物外形如图 6—1 所示。

1. 结构

HK 系列开启式负荷开关是由刀开关和熔断器组合而成。它的瓷底座上装有进线座、静触头、熔体、出线座和带瓷质手柄的动触头，并有上、下胶盖用来灭弧。HK 系列开启式负荷开关的结构如图 6—2 所示。

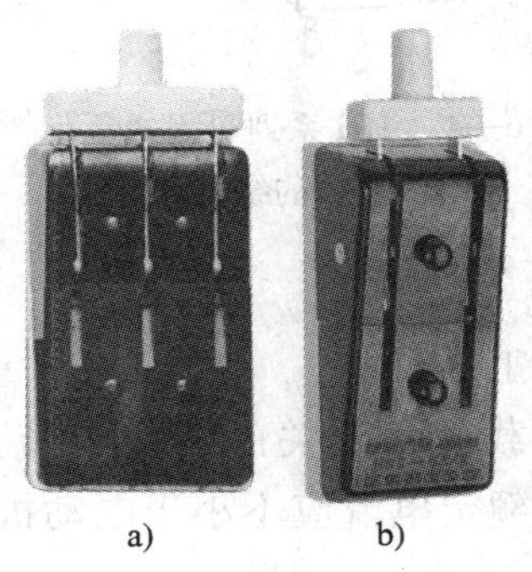

a)　　b)

图 6—1　HK 系列开启式负荷开关
a）三极开关　b）二极开关

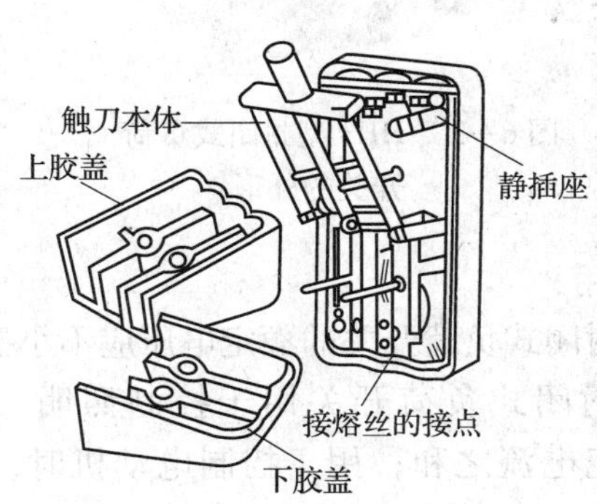

图 6—2　HK 系列开启式负荷开关的结构

2. 选用

（1）照明和电热负载。选用的开关为额定电流应不小于所有负载的额定电流之和，额定电压为 220 V 或 250 V 的两极开关。

（2）电力负载。电动功率不超过 3 kW 时可以选用，并且为额定电流不小于电动机额定电流 3 倍，额定电压为 380 V 或 500 V 的三极开关。

3. 安装与使用

（1）开启式负荷开关必须垂直安装，且合闸状态时手柄应朝上，不允许倒装或平装。

（2）接线时，电源进线应接在开关上面的进线座上，用电设备应接在开关下面熔体的出线座上，在开关断开后，使触刀和熔体上不带电。

（3）更换熔体时，必须在触刀断开的情况下按原规格更换。

（4）在分、合闸操作时，应动作迅速，使电弧尽快熄灭。

二、封闭式负荷开关

封闭式负荷开关的灭弧性能、操作性能、通断能力和安全防护性能都优于开启式负荷开关。它适用于不频繁的接通和分断负载电路，并能作为线路末端的短路保护装置，也可用来控制 15 kW 以下交流电动机的不频繁直接启动及停止。HH3 型封闭式负荷开关的实物外形如图 6—3 所示。

1. 结构

它主要由刀开关、熔断器、操作机构和外壳构成。封闭式负荷开关具有以下特点：一是采用了储能分合闸方式，提高了开关的通断能力，延长了使用寿命；二是设置了连锁装置，确保操作安全。HH 系列封闭式负荷开关的结构如图 6—4 所示。

图 6—3　HH3 型封闭式负荷开关的外形

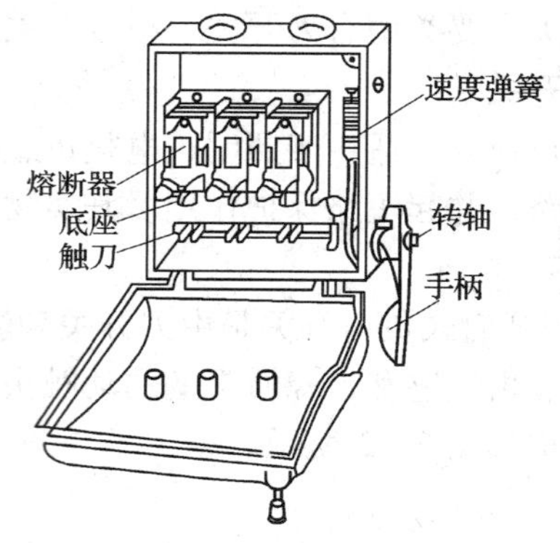

图 6—4　HH 系列封闭式负荷开关的结构

2. 选用

（1）封闭式负荷开关的额定电压应不小于线路的工作电压。

（2）封闭式负荷开关用于控制照明、电热负载时，开关的额定电流应不小于所有负载额定电流之和；用于控制电动机时，开关的额定电流应不小于电动机额定电流的 3 倍。

3. 安装与使用

（1）开关必须垂直安装，离地面高度不低于 1.3 ~ 1.5 m，并以操作方便和安全为原则。

（2）接线时，应将电源进线接在刀开关静底座一边的接线端子上，负载引线应接在熔断器一边的接线端子上。

4. 负荷开关的常见故障

负荷开关的常见故障与维修方法见表 6—1。

表 6—1　　负荷开关的常见故障与维修方法

故障现象	产生原因	维修方法
合闸后一相或两相没电	(1) 底座弹性消失或开口过大 (2) 熔丝熔断或接触不良 (3) 底座、动触头氧化或有污垢 (4) 电源进线或出线头氧化	(1) 更换底座 (2) 更换熔丝 (3) 清洁底座或动触头 (4) 检查进出线头并处理线头
动触头、底座过热或烧坏	(1) 开关容量太小 (2) 分、合闸时动作太慢造成电弧过大，烧坏触头 (3) 底座表面烧毛 (4) 动触头与底座压力不足 (5) 负载过大	(1) 更换较大容量的开关 (2) 改进操作方法并处理触头 (3) 用细锉刀修整 (4) 调整底座压力 (5) 减轻负载或调换较大容量的开关
操作手柄带电	(1) 外壳接地线接触不良 (2) 电源线绝缘损坏碰壳	(1) 检查接地线 (2) 更换导线

三、组合开关（又称转换开关）

组合开关适用于工频交流电压 380 V 以下及直流 220 V 以下的电器线路中，供手动不频繁的接通和断开电路、换接电源和负载，以及作为控制 5 kW 以下三相异步电动机的直接启动、停止和换向。HZ 系列组合开关的实物外形如图 6—5 所示。

1. 结构

组合开关由分别安装在数层绝缘体内的动、静触头组合而成。开关的顶盖部分是由滑板、凸轮、扭簧和手柄等构成的操作机构。由于采用了扭簧储能，可使触头快速闭合或分断，从而提高了开关的通断能力。HZ10 - 10/3 型组合开关的结构如图 6—6 所示。

图 6—5　HZ 系列组合开关的外形

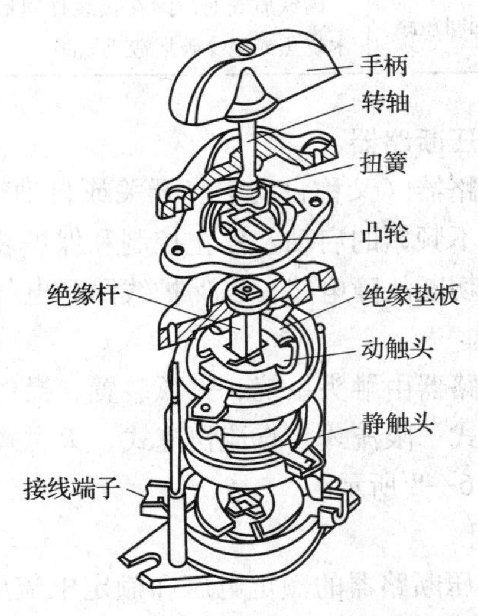

图 6—6　HZ10 - 10/3 型组合开关的结构

2. 选用

应根据极数、电源种类、电压等级及负载的容量选用。用于直接控制异步电动机的开关额定电流，一般取电动机额定电流的 1.5 ~2.5 倍。

3. 安装与使用

（1）组合开关应安装在控制箱内，操作手柄最好在控制箱的前面或侧面，其水平旋转位置为断开状态。

（2）若需在箱内操作，开关最好装在箱内右上方，其上方最好不要安装其他电器，否则要采取隔离或绝缘措施。

（3）组合开关的通断能力较低，当用于控制电动机做可逆运转时，必须在电动机完全停止转动后，才能反向接通。

（4）当操作频率过高或负载的功率因数较低时，转换开关要降低容量使用，否则会影响开关使用寿命。

4. 组合开关的常见故障

组合开关的常见故障与维修方法见表 6—2。

表 6—2　　组合开关的常见故障与维修方法

故障现象	产 生 原 因	维 修 方 法
手柄转动后，内部触头未动作	（1）手柄的转动连接部件磨损 （2）操作机构损坏 （3）绝缘杆变形 （4）轴与绝缘杆装配不紧	（1）更换手柄 （2）修理操作机构 （3）更换绝缘杆 （4）紧固轴与绝缘杆
手柄转动后，三对触头不能同时接通或断开	（1）开关型号不对 （2）修理开关时触头装配不正确 （3）触头失去弹性或有尘污	（1）更换开关 （2）重新装配 （3）更换触头或清除污垢
开关接线柱相间短路	因铁屑或油污附在接线柱间形成导电，将胶木烧焦或绝缘破坏造成短路	清洁开关或调换开关

四、低压断路器

低压断路器（又称自动空气开关或自动空气断路器）通常用做电源开关，有时也可用来做电动机不频繁的启动、停止控制和保护装置。当电路中发生短路、过载和欠电压等故障时，能自动切断故障电路，以保护线路和电气设备。其实物外形如图 6—7 所示。

1. 结构

低压断路器由触头系统、灭弧装置、操作机构和保护装置等组成。按结构形式可分为塑壳式、框架式、限流式、直流快速式、灭磁式和漏电保护式 6 类。常用 DZ 系列低压断路器的结构如图 6—8 所示。

2. 选用

（1）低压断路器的额定电压和额定电流应不小于线路的正常工作电压和电路的实际工作电流。

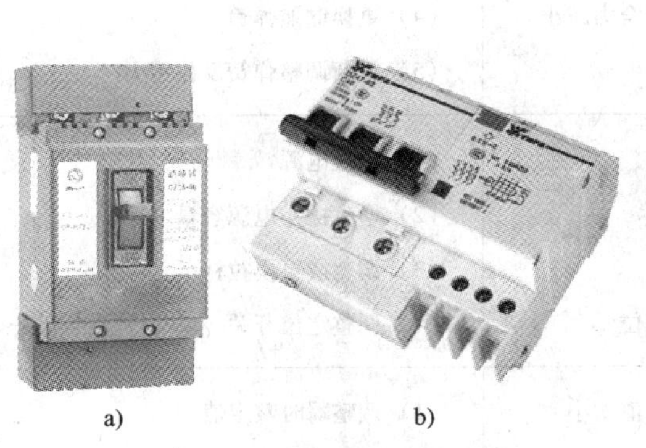

图 6—7　DZ 系列低压断路器
a）DZ15 型低压断路器　b）DZ47L 型漏电断路器

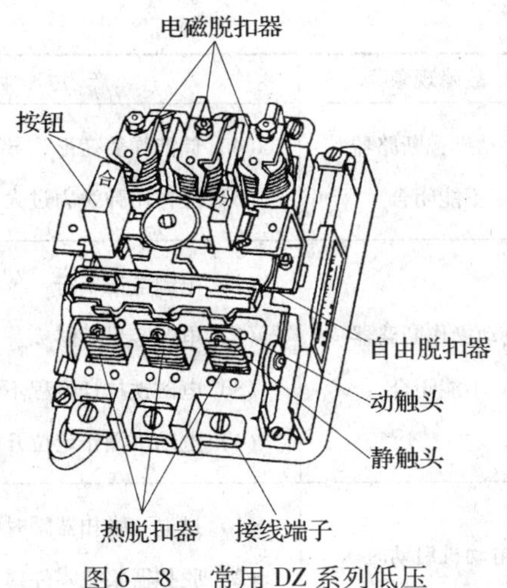

图 6—8　常用 DZ 系列低压断路器的结构

（2）热脱扣器的额定电流应与所控制负载的额定电流一致。

（3）断路器的极限通断能力应不小于电路最大的短路电流。

（4）欠电压脱扣器的额定电压应等于线路的额定电压。

（5）电磁脱扣器的瞬时脱扣整定电流应大于负载的正常工作时可能出现的峰值电流。用于控制电动机断路器的瞬时脱扣整定电流的选取为：

$$I_Z \geqslant KI_{ST} \tag{6—1}$$

式中　K——安全系数，可取 1.5 ~ 1.7；

I_{ST}——电动机的启动电流。

3. 安装与使用

（1）低压断路器一般要垂直于配电板安装，电源引线应接到上端，负载引线接到下端。

（2）当断路器与熔断器配合使用时，熔断器应装于断路器之前，以保证使用安全。

（3）电磁脱扣器的整定值不允许随意更改，使用一段时间后应检查其动作的准确性。

（4）断路器在分断短路电流后，应在切除前级电源的情况下及时检查触头。如有电灼烧痕，应及时修理或更换。

（5）当低压断路器用做电源总开关或电动机的控制开关时，在电源进线侧必须加装刀开关或熔断器等，以形成明显的断开点。

4. 低压断路器的常见故障

低压断路器的常见故障与维修方法见表 6—3。

表 6—3　低压断路器的常见故障与维修方法

故障现象	产生原因	维修方法
手动操作断路器不能闭合	（1）电源电压太低 （2）热脱扣的双金属片尚未冷却复原 （3）欠电压脱扣器无电压或线圈损坏	（1）检查线路并调高电源电压 （2）待双金属片冷却后再合闸 （3）检查线路，施加电压或更换线圈

续表

故障现象	产生原因	维修方法
手动操作断路器不能闭合	（4）储能弹簧变形，导致闭合力减小 （5）反作用弹簧力过大	（4）更换储能弹簧 （5）重新调整弹簧反作用力
电动操作断路器不能闭合	（1）电源电压不符 （2）电源容量不够 （3）电磁铁拉杆行程不够 （4）电动机操作定位开关变位	（1）更换电源 （2）增大操作电源容量 （3）调整或更换拉杆 （4）调整定位开关
电动机启动时断路器立即分断	（1）过电流脱扣器瞬时整定值太小 （2）脱扣器某些零件损坏 （3）脱扣器反力弹簧断裂或落下	（1）调整瞬时整定值 （2）更换脱扣器或损坏的零部件 （3）更换弹簧或重新装好弹簧
分励脱扣器不能使断路器分断	（1）线圈短路 （2）电源电压太低	（1）更换线圈 （2）检修线路调整电源电压
欠电压脱扣器噪声大	（1）反作用弹簧力太大 （2）铁心工作面有油污 （3）短路环断裂	（1）调整反作用弹簧 （2）清除铁心油污 （3）更换铁心
欠电压脱扣器不能使断路器分断	（1）反力弹簧弹力变小 （2）储能弹簧断裂或弹簧力变小 （3）机构生锈卡死	（1）调整弹簧 （2）更换或调整储能弹簧 （3）清除锈污

练习题

一、选择题（将正确答案的代号写在括号内）

1．下列开关有灭弧装置的是（　　）。

A．HK1－20/2 型　B．HH4－30/3 型　C．HK1－30/3 型　D．HZ10－25/3 型

2．DZ10－100/330 型塑壳式空气断路器的脱扣器额定电流 I_N＝40 A，这是塑壳式空气断路器的铭牌数据，则该断路器瞬时脱扣动作整定电流是（　　）。

A．40 A　　B．200 A　　C．400 A　　D．50 A

二、问答题

1．如何选用断路器？

2．如何选用按钮开关？

3．低压开关的作用及种类有哪些？

模块二　熔　断　器

知识技能要求

1. 了解熔断器的结构。
2. 掌握熔体额定电流的选择。
3. 熟练掌握熔断器的选用安装和使用。

熔断器是在低压配电网络和电力拖动系统中用做短路保护的电器。当电路发生短路故障时，短路大电流使熔体发热而瞬间熔断，从而自动分断电路，起到保护作用。其实物外形如图 6—9 所示。

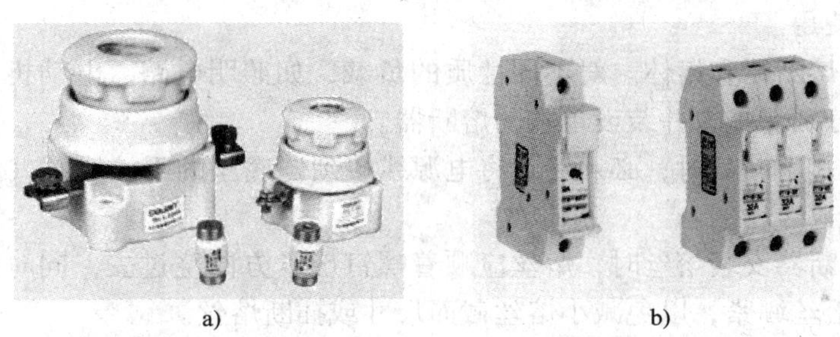

a)　　b)

图 6—9　熔断器的外形

a）RL1 型熔断器　b）RT18 型熔断器

一、熔断器的结构

熔断器主要由熔体、安装熔体的熔管和熔座 3 部分组成。熔体的材料通常有两种，一种是由铅、铅锡合金或锌等低熔点材料制成，用于小电流电路；另一种是由银、铜等较高熔点的金属制成，多用于大电流电路。其结构如图 6—10 所示。

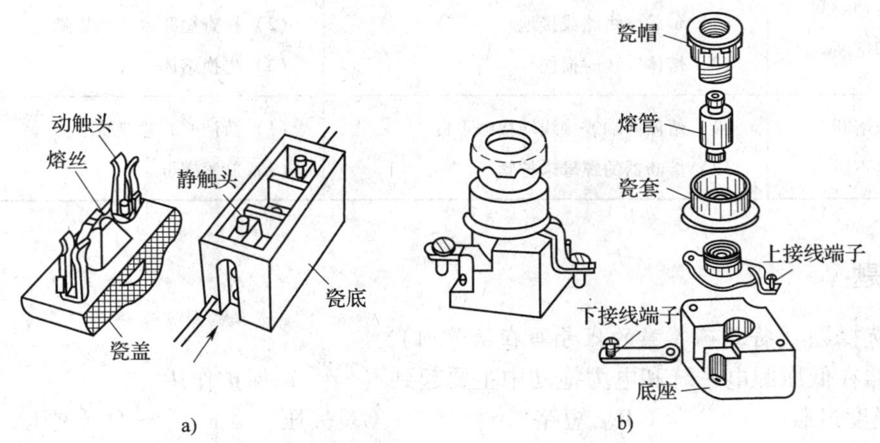

a)　　b)

图 6—10　熔断器的结构

a）RC1A 型　b）RL1 型

二、熔断器的选用

1. 根据使用环境和负载性质选择适当类型的熔断器。电网配电一般用管式熔断器；电动机保护一般用螺旋式熔断器；照明电路一般用瓷插式熔断器；保护元件则应选择快速熔断器。

2. 选择熔断器时，必须满足熔断器的额定电压应不小于线路的工作电压，熔断器的额定电流应不小于所装熔体的额定电流。

三、熔体额定电流的选择

1. 对于照明和电热负载线路，熔体的额定电流应等于或稍大于所有负载的额定电流之和。

2. 对于单台电动机线路，熔体的额定电流应大于或等于 1.5 ~ 2.5 倍电动机的额定电流。

3. 对于多台电动机线路，熔体的额定电流应大于或等于其中最大功率电动机的额定电流的 1.5 ~ 2.5 倍加上其余电动机额定电流的总和。

四、安装与使用

1. 正确选用熔断器和熔体。对不同性质的负载，如照明电路、电动机电路的主电路和控制电路等，应分别保护，并装设单独的熔断器。

2. 安装螺旋式熔断器时，必须注意将电源线接到瓷底座的下接线端（即低进高出的原则），以保证安全。

3. 瓷插式熔断器安装熔丝时，熔丝应顺着螺钉旋紧方向绕过去，同时应注意不要划伤熔丝，也不要把熔丝绷紧，以免减小熔丝截面尺寸或插断熔丝。

4. 更换熔体时应切断电源，并应换上相同规格的熔体。

五、熔断器的常见故障

熔断器的常见故障与维修方法见表 6—4。

表 6—4　熔断器的常见故障与维修方法

故障现象	产生原因	修理方法
电动机启动瞬间熔体即熔断	（1）熔体规格选择太小 （2）负载侧短路或接地 （3）熔体安装时损伤	（1）更换适当的熔体 （2）检查短路或接地故障 （3）更换熔体
熔丝未熔断但电路不通	（1）熔体两端或接线端接触不良 （2）熔断器的螺母未拧紧	（1）清洁并旋紧接线端 （2）旋紧螺母

练习题

一、选择题（将正确答案的代号写在括号内）

熔断器在低压配电系统和电力拖动中主要起到（　　）保护作用。

A. 轻度过载　　B. 短路　　C. 失压　　D. 欠压

二、问答题

何谓熔断器？简述熔断器的基本结构、工作原理及参数。

模块三　主 令 电 器

知识技能要求

1. 掌握主令开关的结构及工作原理。

2. 掌握主令开关的选用、安装和使用方法。

主令电器是用于接通或断开小电流控制电路的电器，以发出指令或作程序控制的开关电器。常用的主令电器有按钮、行程开关、万能转换开关和主令控制器等。

一、按钮

1. 按钮的用途

按钮是用人体某一部分（一般为手指或手掌）施加力去操作的操动器，是具有储能（弹簧）复位的一种控制开关。按钮的触头允许通过的电流较小，一般不超过5 A，因此一般情况下它不直接控制主电路的通断。

2. 按钮的结构和图形符号

按钮的结构示意如图6—11 所示。按钮按静态（不受外力作用）时触头的分合状态，可分为常开按钮（启动按钮）、常闭按钮（停止按钮）和复合按钮（常开、常闭组合为一体的按钮）3 种。

（1）常开按钮。未按下时，触头是断开的；按下时，触头闭合；当松开后，按钮自动复位。

（2）常闭按钮。与常开按钮相反，未按下时，触头是闭合的；按下时，触头断开；当松开后，按钮自动复位。

（3）复合按钮。将常开和常闭按钮组合为一体。按下复合按钮时，其常闭触头先断开，然后常开触头再闭合；而松开时，常开触头先断开，然后常闭触头再闭合。

按钮的图形符号如图6—12 所示。

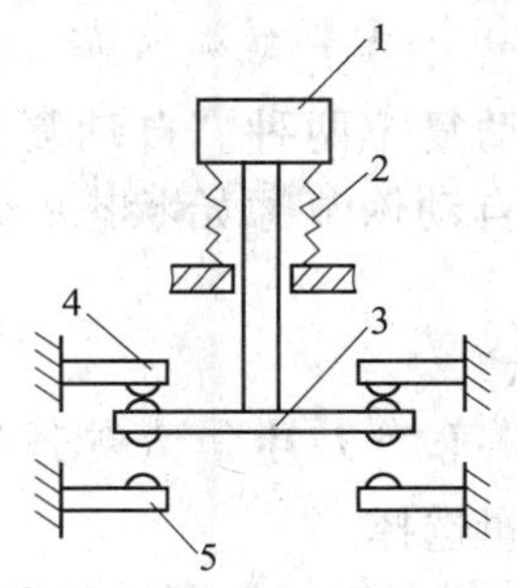

图6—11　按钮的结构示意图

1—按钮帽　2—复位弹簧　3—动触头

4—常闭静触头　5—常开静触头

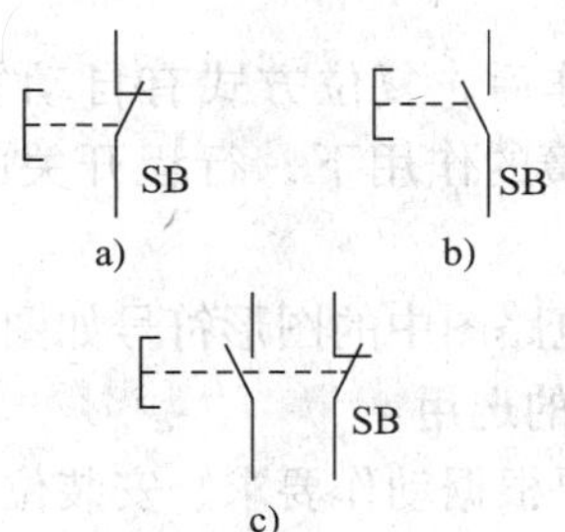

图6—12　按钮的图形符号

a）常闭按钮　b）常开按钮

c）复合按钮

3. 按钮的选择

（1）根据使用场合和具体用途选择按钮的种类。

（2）根据工作状态指示和工作情况要求，选择按钮或指示灯的颜色。例如，启动按钮可选用白、灰或黑色，优先选用白色，也允许选用绿色；急停按钮应选用红色；停止按钮可选用黑、灰或白色，优先选用黑色，也允许选用红色。

（3）根据控制回路的需要选择按钮的数量，如单联钮、双联钮和三联钮等。

4. 按钮的安装与使用

（1）按钮安装在面板上时，应布置整齐，排列合理，如根据电动机启动的先后顺序，可从上到下或从左到右排列。

（2）同一机床运动部件有几种不同的工作状态时（如上、下、前、后、松、紧等），应使每一对相反状态的按钮安装在一组。

（3）安装按钮应牢固，安装按钮的金属板或金属按钮盒必须可靠接地。

（4）由于按钮的触头间距较小，如有油污等则极易发生短路故障，所以应注意保持触头间的清洁。

二、行程开关

行程开关（又称为限位开关、位置开关）是操动机构在机器的运动部件到达一个预定位置时动作的一种开关。其作用原理与按钮相同，区别在于它不是靠手指的按压而是利用生产机械运动部件的碰压使其触头动作，从而将机械信号转变为电信号，用以控制机械动作或用做程序控制。

1. 行程开关的用途

通常用来限制机械运动的位置或行程，使机械运动按一定的位置或行程实现自动停止、反向运动、变速运动或自动往返运动等。

2. 行程开关的结构、工作原理及图形符号

各系列行程开关的基本结构大体相同，都是由触头系统、操作机构和外壳组成。以某种行程开关元件为基础，装置不同的操作机构，可得到各种不同形式的行程开关，常见的有按钮式（直动式）和旋转式（滚轮式）。JLXK1 系列行程开关的动作原理如图 6—13b 所示。当运动部件的挡铁碰压到行程开关的滚轮 1 时，杠杆 2 连同转轴 3 一起转动，使凸轮 7 推动撞块 5；当撞块被压到一定位置时，推动微动开关 6 快速动作，使其常闭触头断开，常开触头闭合。

行程开关动作后，复位方式有自动复位和非自动复位两种。自动复位式是当挡铁移开后，在复位弹簧的作用下，行程开关的各部分能自动恢复原始状态；反之为非自动复位式。

行程开关在电路图中的图形符号如图 6—13c 所示。

3. 行程开关的选用

行程开关主要根据动作要求、安装位置及触头数量选择。

4. 行程开关的安装与使用

（1）行程开关安装时位置要准确，安装要牢固；滚轮的方向不能装反，挡铁与其碰撞的位置应符合控制线路的要求，并能确保可靠地与挡铁碰撞。

（2）行程开关在使用中要定期检查和保养，除去油污及粉尘，清理触头。经常检查其动作是否灵活、可靠，及时排除故障，防止因行程开关触头接触不良或接线松脱产生误动作，从而导致设备和人身安全事故。

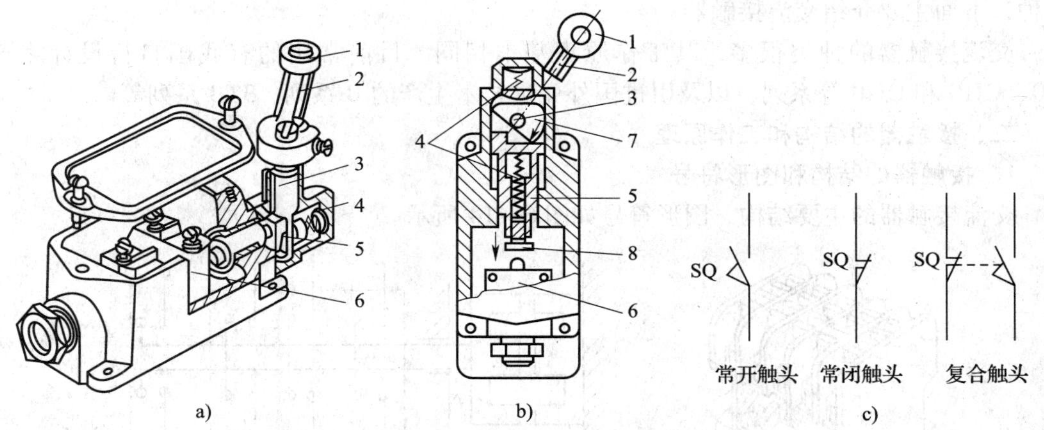

图 6—13 JLXK1 系列行程开关

a）结构 b）动作原理 c）图形符号

1—滚轮 2—杠杆 3—转轴 4—复位弹簧 5—撞块

6—微动开关 7—凸轮 8—调节螺钉

练习题

一、选择题（将正确答案的代号写在括号内）

下列电器属于主令电器的是（　　）。

A. 刀开关　　B. 接触器　　C. 熔断器　　D. 按钮

二、问答题

何谓主令电器？常见的主令电器有哪些？

模块四　接　触　器

知识技能要求

1. 熟悉接触器的种类。
2. 掌握接触器的主要结构和工作原理。
3. 能正确选用交流接触器。
4. 能进行交流接触器的安装与维护。

在电气控制线路中，大部分控制部分是由接触器和继电器实现的。所以，掌握接触器的工作原理、基本结构及作用，在电力控制与拖动中意义十分重大。

一、接触器的用途

接触器是一种电磁式开关，适用于远距离频繁地接通或断开交、直流主电路及大容量控制电路。其主要控制对象是电动机，也可用于控制其他负载，如电热设备、电焊机以及电容器组等。它不仅能实现远距离自动操作和欠电压释放保护功能，而且还具有控制容量大、工作可靠、操作频率高、使用寿命长等优点。接触器按电流种类分为交流接触器和直流接触器两种，下面主要介绍交流接触器。

交流接触器的种类很多，其工作原理基本相同。目前常用的有我国自行设计生产的CJ0、CJ10和CJ20等系列，以及引进国外先进技术生产的B系列、3TB系列等。

二、接触器的结构和工作原理

1. 接触器的结构和图形符号

交流接触器的主要结构、图形符号如图6—14所示。

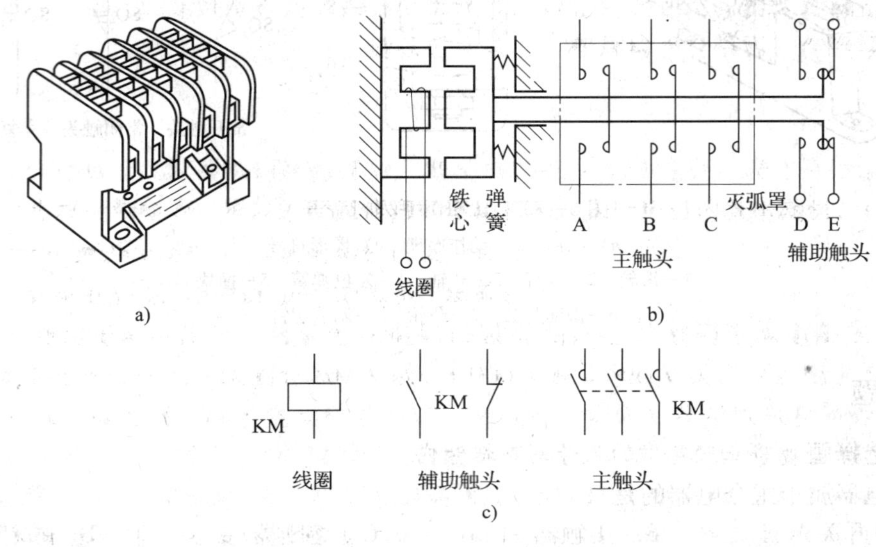

图6—14 交流接触器

a）外形图 b）结构示意图 c）图形符号

（1）触头系统。触头是接触器的执行部分，有主触头和辅助触头之分。接触器的主触头用于接通和分断主电路，额定电流比较大，通常为数安到数百安，甚至高达数千安。辅助触头用于接通和分断控制电路，额定电流比较小，为5 ~ 10 A。

（2）电磁系统（电磁铁）。接触器依靠它来带动触头的闭合与断开，在接触器中通常采用电磁铁形式。

（3）灭弧装置。它主要是用来保证触头断开电路时产生的电弧可靠地熄灭，减少电弧对触头的破坏作用。

2. 接触器的工作原理

当线圈通电，电磁铁吸合时，常开主触头和常开辅助触头接通，常闭主触头和常闭辅助触头分断；当电磁铁断电释放时，触头通断状态则与线圈通电时相反。

三、交流接触器的选用

1. 接触器主触头的额定电压应大于或等于控制线路的额定电压。

2. 接触器主触头的额定电流应大于或稍大于电动机的额定电流。接触器若使用在频繁启动、制动及正反转的场合，应将接触器主触头的额定电流降低一个等级使用。

3. 接触器吸引线圈的电压应等于控制回路的电压。

4. 接触器的触头数量及类型应满足控制线路的要求。

四、交流接触器的安装与维修

1. 安装前的检查

（1）检查接触器的铭牌与线圈的技术数据（如额定电压、电流，工作频率等）是否符合实际使用要求。

（2）检查接触器的外观应无机械损伤；用手推动接触器可动部分时，应动作灵活，无卡阻现象；灭弧罩应完整无损，固定牢固。

（3）将铁心表面上的防锈油脂或粘在表面上的锈垢用煤油擦净，以免多次使用后衔铁被粘住，造成断电后不能释放。

（4）测量接触器的线圈电阻和绝缘电阻应符合要求。

2. 交流接触器的安装

（1）交流接触器一般应安装在垂直面上，倾斜度不得超过5°；若有散热孔，则应将有孔的一面放在垂直方向上，以利于散热，并按规定留有适当的飞弧空间，以免飞弧烧坏相邻电器。

（2）安装和接线时，注意不要将零件或杂物失落或掉入接触器内部。安装孔的螺钉应装有弹簧垫圈或平垫圈，并拧紧螺钉以防振动松脱。

（3）安装完毕且检查接线正确无误后，在主触头不带电的情况下操作几次，然后测量该产品的动作值和释放值，所测数值应符合产品的规定要求。

3. 日常维护

（1）应对接触器做定期检查，观察螺钉有无松动，可动部分是否灵活等。

（2）接触器的触头应定期清扫，保持清洁；但不允许涂油。当触头表面因电灼烧而形成金属小颗粒时，应及时清除。

（3）拆装时注意不要损坏灭弧罩。带灭弧罩的交流接触器绝不允许不带灭弧罩或带破损的灭弧罩运行，以免发生电弧短路故障。

4. 接触器的常见故障

接触器的常见故障与维修方法见表6—5。

表6—5　　**接触器的常见故障与维修方法**

故障现象	产生原因	维修方法
接触器不吸合或吸不牢	（1）电源电压过低 （2）线圈断路 （3）线圈技术参数与使用条件不符 （4）铁心机械性卡阻	（1）调高电源电压 （2）更换线圈 （3）更换线圈 （4）排除卡阻物
线圈断电，接触器不释放或释放缓慢	（1）触头熔焊 （2）铁心表面有油污 （3）触头弹簧压力过小或反作用弹簧损坏 （4）机械性卡阻	（1）排除熔焊故障，修理或更换触头 （2）清理铁心表面 （3）调整触头弹簧力或更换反作用弹簧 （4）排除卡阻物
触头熔焊	（1）操作频率过高或过负载使用 （2）负载侧短路	（1）更换合适的接触器或减小负载 （2）排除短路故障或更换触头

续表

故障现象	产 生 原 因	维 修 方 法
触头熔焊	（3）触头弹簧压力过小 （4）触头表面有电弧灼伤 （5）机械性卡阻	（3）调整触头弹簧压力 （4）清理触头表面 （5）排除卡阻物
铁心噪声过大	（1）电源电压过低 （2）短路环断裂 （3）铁心机械性卡阻 （4）铁心表面有油污或磨损不平 （5）触头弹簧压力过大	（1）检查线路并提高电源电压 （2）更换铁心或短路环 （3）排除卡阻物 （4）用煤油清洗表面或更换铁心 （5）调整触头弹簧压力
线圈过热或烧毁	（1）线圈匝间短路 （2）操作频率过高 （3）线圈参数与实际使用条件不符 （4）铁心机械性卡阻	（1）找出故障原因修理或更换线圈 （2）更换合适的接触器 （3）更换线圈或接触器 （4）排除卡阻物

练习题

一、选择题（将正确答案的代号写在括号内）

交流接触器的基本构造由（　　）组成。

A．操作手柄、动触头、静夹座、进线座、出线座和绝缘底板

B．主触头、辅助触头、灭弧装置、脱扣装置、保护装置和动作机构

C．电磁机构、触头系统、灭弧装置、辅助部件等

D．电磁机构、触头系统、辅助部件和外壳等

二、问答题

1．简述接触器的工作原理。

2．如何选用接触器？

模块五　继　电　器

知识技能要求

1．掌握继电器的主要结构和工作原理。

2．了解几种常见的继电器。

3．能正确使用各种用途的继电器。

继电器是一种根据输入信号的变化，接通或断开小电流电路，以实现自动控制和保护功能的电器。同接触器相比，继电器具有触头分断能力小、结构简单、体积小、质量轻、反应

灵敏、动作准确、工作可靠等特点。

继电器主要由感测机构、中间机构和执行机构 3 部分组成。

继电器的分类方法很多，按输入信号的性质可分为电压继电器、电流继电器、速度继电器、压力继电器等；按工作原理可分为电磁式继电器、电动式继电器、感应式继电器、半导体管式继电器和热继电器等；按输出方式可分为有触点式和无触点式。

一、中间继电器

中间继电器是用来增加控制电路中的信号数量或将信号放大的继电器。其输入信号是线圈的通电和断电，输出信号是触头的动作，由于触头的数量较多，所以可以用来控制多个元件或回路。JZ 系列中间继电器的实物外形如图 6—15 所示。

1. 结构

中间继电器由线圈、静铁心、动铁心、触头系统、反作用弹簧及复位弹簧等组成。JZ7 型中间继电器的结构如图 6—16 所示。

2. 选用

中间继电器主要根据被控制电路的电压等级、所需触头的数量、种类、容量等要求来选择。

3. 安装与使用

中间继电器的使用与接触器相似，但中间继电器的触头容量较小，一般不能在主电路中应用。中间继电器一般根据负载电流的类型、电压等级和触头数量来选择。

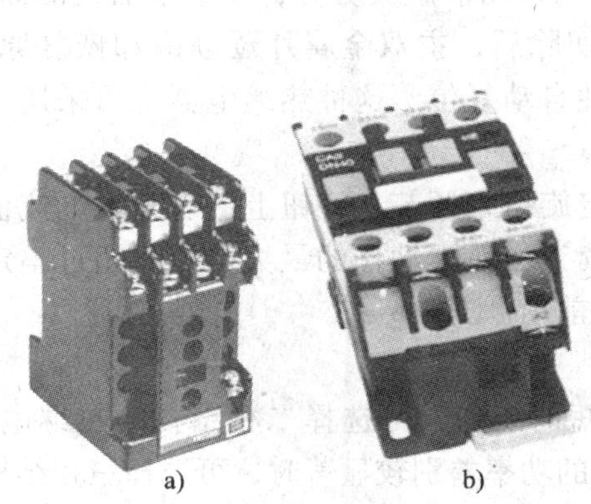

a)　b)

图 6—15　JZ 系列中间继电器的外形
a）JZ7 型　b）JZC4 型

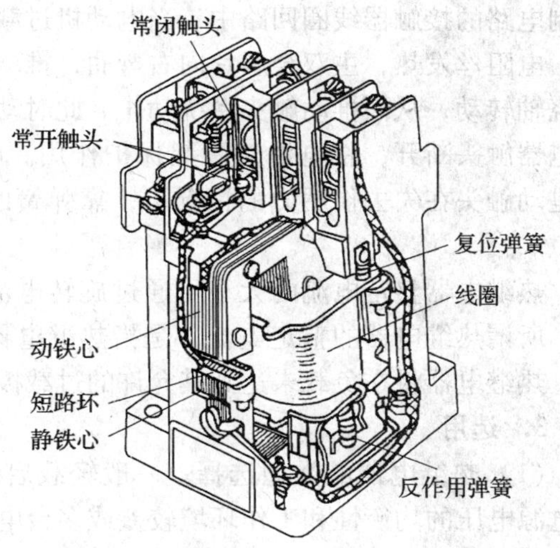

图 6—16　JZ7 型中间继电器的结构

4. 中间继电器的常见故障

中间继电器的常见故障及维修方法与接触器类似。

二、热继电器

热继电器一般作为交流电动机的过载保护用，热继电器有两相结构、三相结构和三相带断相保护装置 3 种类型。JR 系列热继电器的实物外形如图 6—17 所示。

1. 结构

热继电器是由热元件、触头系统、动作机构、复位机构和整定电流装置组成，其结构如图6—18所示。

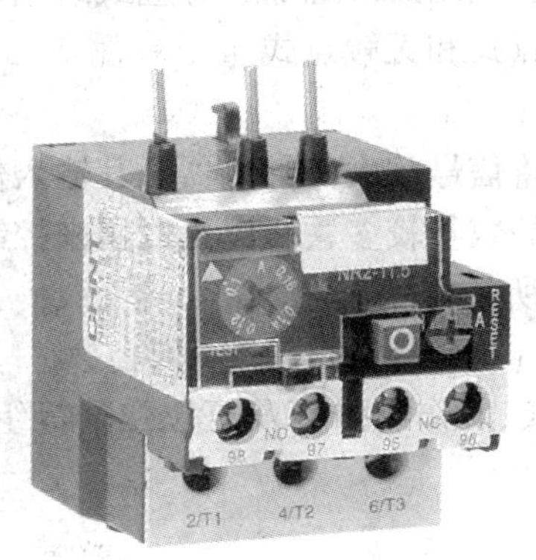

图6—17 JR系列热继电器的外形

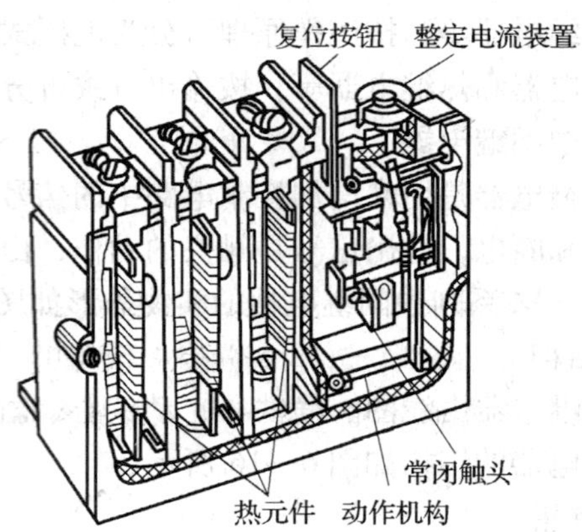

图6—18 热继电器的结构

2. 工作原理

使用时，将热继电器的三相热元件分别串接在电动机的三相主电路中，常闭触头串接在控制电路的接触器线圈回路中。当电动机过载时，流过电阻丝的电流超过热继电器的整定电流，电阻丝发热，主双金属片向右弯曲，推动导板向右移动，通过温度补偿双金属片推动推杆绕轴转动，从而推动触头系统动作。此时动触头与常闭静触头分开，使继电器线圈断电，继电器触头断开，将电源切除起保护作用。电源切除后，主双金属片逐渐冷却恢复原位，于是动触头在失去作用力的情况下，靠弹簧的弹性自动复位。这种热继电器也可采用手动复位。

热继电器整定电流的大小可通过旋转电流整定旋钮来调节，旋钮上刻有整定电流值标尺。所谓热继电器的整定电流，是指热继电器连续工作而不动作的最大电流，超过整定电流，热继电器将在负载未达到其允许的过载极限之前动作。

3. 选用

（1）热继电器的类型选择。一般轻载启动、短时工作，可选择二相结构的热继电器；当电源电压的均衡性和工作环境较差或多台电动机的功率差别较显著时，可选择三相结构的热继电器；对于三角形联结的电动机，应选用带断相保护装置的热继电器。

（2）热继电器的额定电流及型号选择。热继电器的额定电流应大于电动机的额定电流。

（3）热元件的整定电流选择。一般将热元件的整定电流调整为电动机额定电流的0.95～1.05倍；对过载能力差的电动机，可将热元件整定值调整到电动机额定电流的0.6～0.8倍；对启动时间较长，拖动冲击性负载或不允许停车的场合，热元件的整定电流应调节到电动机额定电流的1.1～1.5倍。

4. 安装与使用

（1）当电动机启动时间过长或操作次数过于频繁时，会使热继电器误动作或烧坏电器，故这种情况一般不用热继电器做过载保护装置。

（2）当热继电器与其他电器安装在一起时，应将它安装在其他电器的下方，以免其动作特性受到其他电器发热的影响。

（3）热继电器出线端的连接导线应选择合适。若导线过细，则热继电器可能提前动作；若导线太粗，则热继电器可能滞后动作。

5. 热继电器的常见故障

热继电器的常见故障与维修方法见表6—6。

表6—6　　热继电器的常见故障与维修方法

故障现象	产生原因	维修方法
误动作或动作太快	（1）整定电流偏小 （2）操作频率过高 （3）连接导线太细	（1）调大整定电流 （2）更换热继电器或限定操作频率 （3）选用合适导线
不动作	（1）整定电流偏大 （2）热元件烧断或脱焊 （3）导板脱出	（1）调小整定电流 （2）更换热元件或热继电器 （3）重新放置导板，并试验动作是否灵活
热元件烧断	（1）负载侧短路或电流过大 （2）反复短时工作，操作频率过高	（1）排除故障或更换热继电器 （2）限定操作频率或更换合适的热继电器
主电路不通	（1）热元件烧毁 （2）接线螺钉未拧紧	（1）更换热元件或热继电器 （2）拧紧接线螺钉
控制电路不通	（1）热继电器常闭触头接触不良或弹性消失 （2）手动复位的热继电器动作后，未手动复位	（1）检修常闭触头或更换 （2）手动复位

三、时间继电器

时间继电器是一种利用电磁原理或机械动作原理来延迟触头闭合或断开的自动控制电器。它的种类很多，有电磁式、电动式、空气阻尼式及半导体管式等，其中空气阻尼式广泛应用在生产机械的控制中。这种继电器结构简单，延时范围宽。JS系列时间继电器的延时范围有0.4～60 s和0.4～180 s两种。空气阻尼式时间继电器的实物外形如图6—19所示。下面介绍其结构及选用。

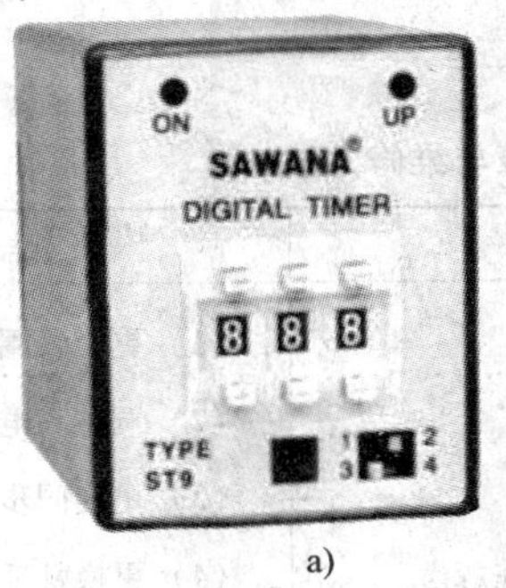

a)

b)

图6—19　时间继电器
a）ST9型时间继电器　b）JS7型时间继电器

1．结构

空气阻尼式时间继电器由电磁系统、工作触头、气室及传动机构 4 部分组成，其结构如图 6—20 所示。

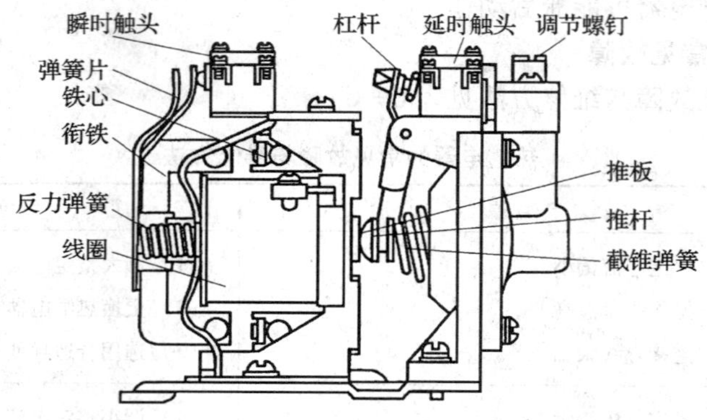

图 6—20　空气阻尼式时间继电器的结构

2．选用

（1）类型选择。凡是对延时要求不高的场合，一般采用价格较低的 JS7－A 型空气阻尼式时间继电器；对于延时要求较高的场合，可采用半导体管式时间继电器。

（2）延时方式的选择。时间继电器有通电延时和断电延时两种，应根据控制电路的要求选用。

（3）线圈电压的选择。根据控制电路电压来选择时间继电器吸引线圈的电压。

3．安装与使用

（1）JS7－A 型时间继电器只要将线圈转动 180°，即可将通电延时改为断电延时结构。

（2）JS7－A 型时间继电器由于无刻度，故不能准确地调整延时时间。

（3）对于时间继电器的整定值，应预先在不通电时整定好，并在试运行时校正。

（4）安装前，先检查额定电流及整定值是否与实际要求相符。

（5）安装后，应在主触头不带电的情况下，使吸引线圈带电操作几次，检查继电器动作是否可靠。

（6）定期检查各部件有否松动及损坏现象，并保持触头的清洁和接触可靠。

4．时间继电器的常见故障

时间继电器的常见故障与维修方法见表 6—7。

表 6—7　　　　时间继电器的常见故障与维修方法

故障现象	产生原因	维修方法
延时触头不动作	（1）电磁线圈断线	（1）更换线圈
	（2）电源电压低于线圈额定电压很多	（2）调整高电源电压或更换线圈
	（3）电动式时间继电器的同步电动机线圈断线	（3）更换同步电动机
	（4）电动式时间继电器的棘爪无弹性，不能刹住棘齿	（4）更换棘爪
	（5）电动式时间继电器游丝断裂	（5）更换游丝

续表

故障现象	产生原因	维修方法
延时时间缩短	（1）空气阻尼式时间继电器的气室装配不严，漏气 （2）空气阻尼式时间继电器的气室内橡胶薄膜损坏	（1）修理或更换气室 （2）更换橡胶薄膜
延时时间变长	（1）空气阻尼式时间继电器的气室内有灰尘，使气道阻塞 （2）电动式时间继电器的传动机构缺少润滑油	（1）清除气室内灰尘，使气道畅通 （2）加入适量的润滑油

四、速度继电器

速度继电器是一种可以按照被控电动机转速的大小使控制电路接通或断开的电器。速度继电器通常与接触器配合，实现对电动机的反接制动。JY 系列速度继电器的实物外形如图 6—21 所示。

1. 结构

速度继电器主要由定子、转子、可动支架、触头系统及端盖等部分组成。

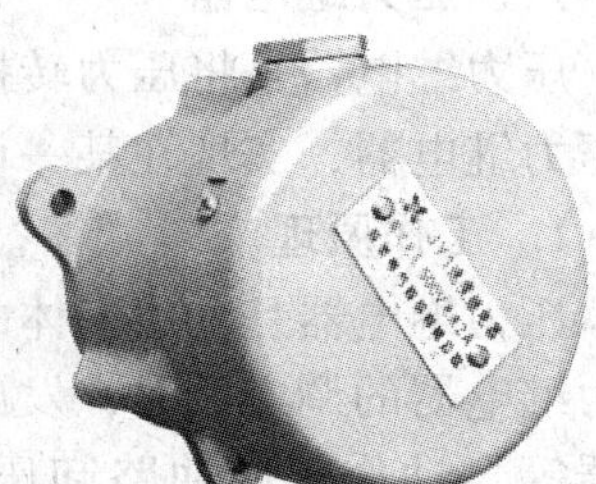

图 6—21　JY 系列速度继电器的外形

2. 选用

速度继电器主要根据电动机的额定转速来选择。

3. 安装与使用

（1）速度继电器的转轴应与电动机同轴连接。

（2）速度继电器安装接线时，正反向的触头不能接错，否则不能实现反接制动控制。

（3）速度继电器的金属外壳应可靠接地。

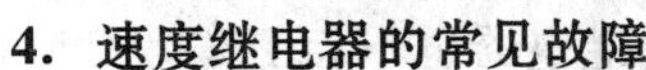

4. 速度继电器的常见故障

速度继电器的常见故障与维修方法见表 6—8。

表 6—8　**速度继电器的常见故障与维修方法**

故障现象	产生原因	维修方法
反接制动时速度继电器失效，电动机不制动	（1）胶木摆杆断裂 （2）触头接触不良 （3）弹性动触片断裂或失去弹性 （4）笼型绕组开路	（1）更换胶木摆杆 （2）清洗触头表面油污 （3）更换弹性动触片 （4）更换笼型绕组
电动机不能正常制动	速度继电器的弹性动触片调整不当	重新调节调整螺钉： （1）将调整螺钉向下旋，弹性动触片弹性增大，速度较高时继电器才动作 （2）将调整螺钉向上旋，弹性动触片弹性减小，速度较低时继电器即动作

五、电压继电器

反映输入量为电压的继电器称为电压继电器。使用时，电压继电器的线圈并联在被测量的电路中，根据线圈两端电压的大小而接通或断开电路。因此，这种继电器线圈的导线细、匝数多、阻抗大。

根据实际应用的要求，电压继电器分为过电压继电器、欠电压继电器和零电压继电器。过电压继电器是当电压大于其整定值动作的电压继电器，主要用于对电路或设备做过电压保护，常用的过电压继电器为 JT4－A 系列，其动作电压可在 105%～120% 额定电压范围内调整。欠电压继电器是当电压降至某一规定范围时动作的电压继电器；零电压继电器是欠电压继电器的一种特殊形式，是当继电器的端电压降至或接近消失时才动作的电压继电器。可见，欠电压继电器和零电压继电器在线路正常工作时，铁心与衔铁是吸合的；当电压降至低于整定值时，衔铁释放，带动触头动作，对电路实现欠电压或零电压保护。常用的欠电压继电器和零电压继电器有 JT4－P 系列，欠电压继电器的释放电压可在 40%～70% 额定电压范围内整定，零电压继电器的释放电压可在 10%～35% 额定电压范围内调节。

六、压力继电器

压力继电器是将压力转换成电信号的液压元件，客户根据自身的压力设计需要，通过调节压力继电器，实现在某一设定的压力时，输出一个电信号的功能。

1. 工作原理

压力继电器是利用液体的压力来启闭电器触点的液压—电气转换元件。当系统压力达到压力继电器的调定值时，发出电信号，使电器（如电磁铁、电动机、时间继电器、电磁离合器等）动作，使油路卸压、换向，执行元件实现顺序动作，或关闭电动机使系统停止工作，起安全保护作用等。压力继电器有柱塞式、膜片式、弹簧管式和波纹管式 4 种结构形式。

2. 注意事项

压力继电器必须放在压力有明显变化的地方才能输出电信号。若将压力继电器放在回油路上，由于回油路直接接回油箱，压力也没有变化，所以压力继电器也不会工作。

练习题

一、选择题（将正确答案的代号写在括号内）

1. JZ7 系列中间继电器触头采用桥式双断点结构，上、下两层各有 4 对触头，下层触头只能是常开的，故触头常开、常闭组合可有（　　）种形式。

A. 3　　B. 2　　C. 5　　D. 4

2. 10 kW 三相异步电动机定子绕组采用△联结，用热继电器做过载保护，其型号应选用（　　）最为合适。

A. JR16－20/3 型，热元件额定电流 22 A，调整范围为 14～22 A

B. JR0－20/3D 型，热元件额定电流为 22 A，调整范围为 14～22 A

C. JR15－40/2 型，热元件额定电流为 24 A，调整范围为 15～24 A

D. JR14－20/3D 型，热元件额定电流为 11 A，调整范围为 6.8～11 A

3. JS17 系列电动式时间继电器由（　　）等部分组成。

A. 电磁机构、触头系统、灭弧装置、其他辅件

B. 电磁机构、触头系统、气室、传动机构、基座

C. 同步电动机、离合电磁铁、减速齿轮、差动轮系、复位游丝、延时触头、瞬时

触头、推动延时触头脱扣机构的凸轮

D. 延时环节，鉴幅器、输出电路、电源和指示灯

4. 压力继电器的正确使用方法是（　　）。

A. 继电器的线圈装在机床的主电路中，微动开关装在控制电路中

B. 继电器的线圈装在机床控制电路中，其触头接在主电路中

C. 继电器装在有压力源的管路中，微动开关触头接在控制电路中

D. 继电器线圈并接在主电路中，其触头接在控制电路中

二、问答题

何谓时间继电器？简述其动作原理。

第七单元　一般机械设备的电气控制

模块一　绘制、识读电气控制线路图的原则

知识技能要求

1. 掌握电气控制电路图的识图原则。
2. 能识读电气控制接线图。
3. 能识读电气控制的布置图。

了解电气控制线路的电路图是电气控制线路设计的基础，也是理解和掌握电气控制线路的切入点。生产机械电气控制线路的图样常用的有电路图、接线图和布置图。

一、电路图

电路图是根据生产机械运动形式对电气控制系统的要求，采用国家统一规定的电气图形符号和文字符号，按照电气设备和电气元件的工作顺序，详细表示电路、设备或成套装置的全部基本组成和连接关系，而不考虑其实际位置的一种简图。

电路图能充分表达电气设备和电气元件的作用和工作原理，是电气线路安装、调试和维修的理论依据。

绘制、识读电路图时应遵循以下原则：

1. 电路图一般分电源电路、主电路和辅助电路3部分。如图7—1所示为点动控制电路图。

按照电路图的绘制原则，三相交流电依次画在图的上方，电源开关QS竖直画出；由熔断器FU1、接触器KM的3对主触头和电动机M组成的主电路；由启动按钮SB、接触器KM的线圈组成的控制电路跨接在两条电源线之间，垂直画在主电路的右侧，且耗能元件KM的线圈与下边电源线相连画在电路的下方，启动按钮SB则画在KM线圈与上边电源线之间。图中接触器KM采用了分开表示法，其3对主触头画在主电路中，而线圈则画在控制电路中，为表示它们是同一电气元件，在它们的图形符号旁边标注了相同的文字符号KM。

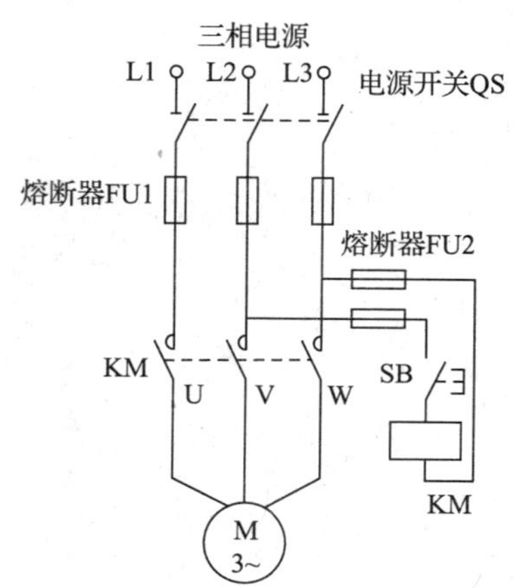

图7—1　点动控制电路图

2. 在电路图中，各电气元件的触头位置都按电路未通电或电气元件未受外力作用时的常态位置画出。分析其工作原理时，应从触头的常态位置出发。

3. 在电路图中，不画各电气元件实际的外形图，而采用国家统一规定的电气图形符号画出。

4. 在电路图中，同一电气元件的各部件不按它们的实际位置画在一起，而是按其在线路中所起的作用分画在不同电路中，但它们的动作却是相互关联的，因此必须标

注相同的文字符号。若图中相同的电气元件较多时，需要在电气元件文字符号后面加注不同的阿拉伯数字，以示区别，如继电器的文字符号 KM1、KM2 等。

5. 画电路图时，应尽可能减少线条和避免线条交叉。对有直接电气联系的交叉导线连接点，要用小黑圆点表示；无直接电气联系的交叉导线则不画小黑圆点。

6. 电路图采用电路编号法，即对电路中的各个接点用字母或数字编号，如图 7—2a 所示。

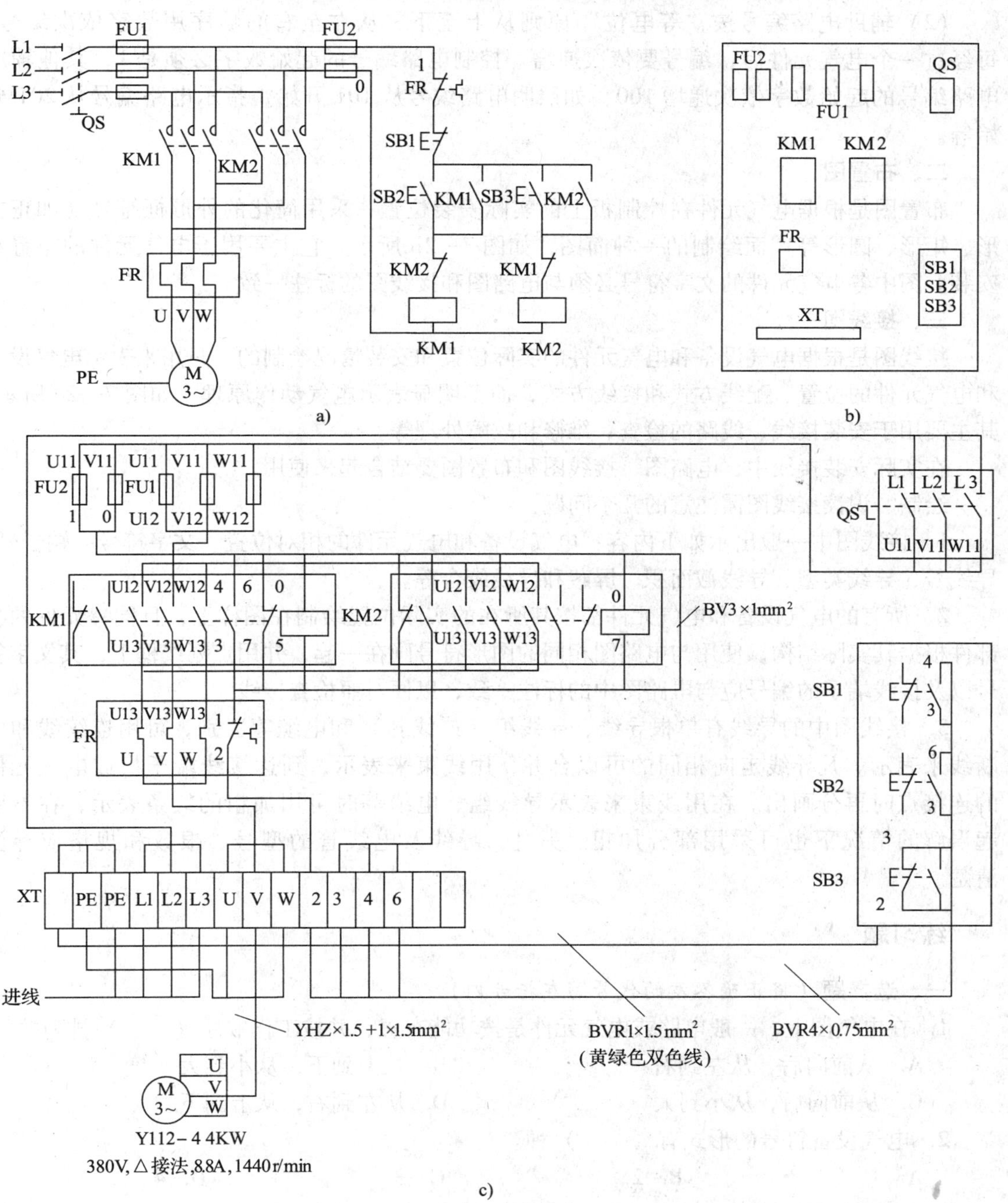

图 7—2　接触器自锁正转控制线路

a）电路图　b）布置图　c）接线图

（1）主电路在电源开关的出线端按相序依次编号为 U11、V11、W11。然后按从上至下、从左至右的顺序，每经过一个电气元件后编号要递增，如 U12、V12、W12；U13、V13、W13 等。单台三相交流电动机（或设备）的 3 根引出线按相序依次编号为 U、V、W；对于多台电动机引出线的编号，为了不致引起误解和混淆，可在字母前用不同的数字加以区别，如 1U、1V、1W；2U、2V、2W 等。

（2）辅助电路编号按“等电位”原则从上至下、从左至右的顺序用数字依次编号，每经过一个电气元件后，编号要依次递增。控制电路编号的起始数字必须是 1，其他辅助电路编号的起始数字依次递增 100，如照明电路编号从 101 开始，指示电路编号从 201 开始等。

二、布置图

布置图是根据电气元件在控制板上的实际安装位置，采用简化的外形框符号（如正方形、矩形、圆形等）而绘制的一种简图，如图 7—2b 所示。它主要用于电气元件的布置和安装。图中各电气元件的文字符号必须与电路图和接线图的标注一致。

三、接线图

接线图是根据电气设备和电气元件的实际位置和安装情况绘制的，只用来表示电气设备和电气元件的位置、配线方式和接线方式，而不明显表示电气动作原理，如图 7—2c 所示。其主要用于安装接线、线路的检查、维修和故障处理等。

在实际安装接线中，电路图、接线图和布置图要结合起来使用。

绘制、识读接线图需注意的几个问题：

1. 接线图中一般出示如下内容：电气设备和电气元件的相对位置、文字符号、端子号、导线号、导线类型、导线截面积、屏蔽和导线绞合等。

2. 所有的电气设备和电气元件都按其所在的实际位置绘制在图样上，且同一元件的各部件根据其实际结构，使用与电路图相同的图形符号画在一起，并用点划线框上，其文字符号以及接线端子的编号应与电路图中的标注一致，以便对照检查接线。

3. 接线图中的导线有单根导线、导线组（或线扎）和电缆等区别，可用连续线和中断线来表示。凡导线走向相同的可以合并，用线束来表示，到达接线端子板或电气元件的连接点时再分画出。在用线束来表示导线组、电缆等时可用加粗的线条表示，在不引起误解的情况下也可采用部分加粗。另外，导线及电线管的型号、根数和规格应标注清楚。

练习题

一、选择题（将正确答案的代号写在括号内）

1. 在电气图上，一般电路或电气元件是按功能布置，并按工作顺序（　　）排列的。

A. 从前向后，从左到右　　B. 从上到下，从小到大

C. 从前向后，从小到大　　D. 从左到右，从上到下

2. 电气设备符号的形式有（　　）种。

A. 1　　B. 2　　C. 3　　D. 4

3. 接线表应与（　　）相配合。

A. 电路图　　B. 逻辑图　　C. 功能图　　D. 接线图

4. 识读电力驱动辅助电路步骤的第一步是（　　）。

A. 看电源的种类　　B. 搞清辅助电路的工作原理

C. 看电气元件之间的关系　　D. 看其他电气元件

二、问答题

1. 生产机械电气图主要由哪几部分构成？

2. 电路图有哪些作用？

模块二　电动机手动正转控制电路

知识技能要求

1. 熟练掌握电动机手动正转控制线路的工作原理及连接方法。
2. 能对电动机手动正转控制线路进行简单的维修。

一、控制电路

手动正转控制电路如图 7—3 所示。它是通过低压开关来控制电动机的启动和停止，在工厂中常被用来控制三相电风扇和砂轮机等设备。在上述线路中，低压开关用于接通、断开电源；熔断器用于短路保护。

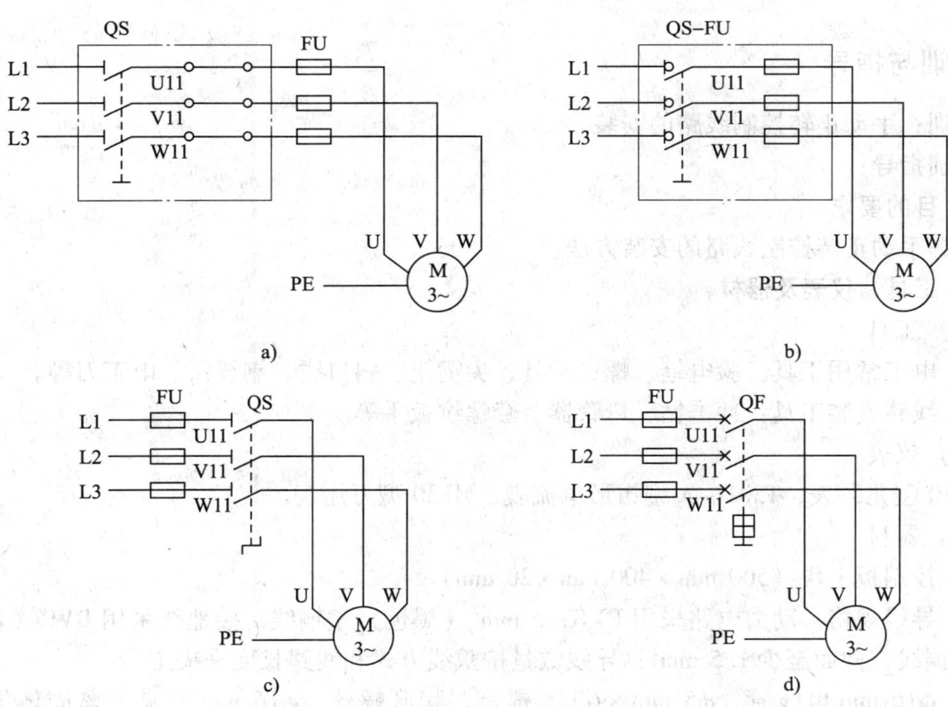

图 7—3　手动正转控制电路图

a）用开启式负荷开关控制　b）用封闭式负荷开关控制

c）用组合开关控制　d）用低压断路器控制

二、电路的工作原理

1. 启动

合上低压开关 QS 或 QF，电动机 M 接通电源启动运转。

2. 停止

拉开低压开关 QS 或 QF，电动机 M 脱离电源失电停转。

三、手动正转控制电路常见故障与维修方法

手动正转控制电路常见故障与维修方法见表 7—1。

表 7—1　　手动正转控制电路常见故障与维修方法

常见故障	故障原因	维修方法
电动机不启动	（1）熔断器熔体熔断 （2）组合开关或断路器操作失控 （3）负荷开关或组合开关动、静触头接触不良	（1）查明原因排除后更换熔体 （2）拆装组合开关或断路器并修复 （3）对触头进行修整
电动机缺相	（1）熔断器熔体熔断 （2）组合开关或断路器操作失控 （3）负荷开关或组合开关动、静触头接触不良 （4）动力电其中一相断开或变压器输出端断开或接触不良	（1）查明原因排除后更换熔体 （2）拆装组合开关或断路器并修复 （3）对触头进行修整 （4）修复断开的一相或对变压器输出端进行修整

实训与指导

实训：手动正转控制线路的安装。

实训指导：

1. 目的要求

掌握手动正转控制线路的安装方法。

2. 工具、仪表及器材

（1）工具

1）电工常用工具：验电笔、螺钉旋具、尖嘴钳、斜口钳、剥线钳、电工刀等。

2）线路安装工具：冲击钻、弯管器、套螺纹扳手等。

（2）仪表

5050 型兆欧表、T301－A 型钳形电流表、MF30 型万用表。

（3）器材

1）控制板 1 块（500 mm×400 mm×20 mm）。

2）导线规格：动力电路采用 BVR1.5 mm^2（黑色）塑铜线；接地线采用 BVR（黄绿双色）塑铜线，截面至少 1.5 mm^2；导线数量按敷线方式和线路长度来决定。

3）ϕ16 mm 电线管，ϕ5 mm×60 木螺钉，膨胀螺栓，ϕ16 mm 管夹及紧固体等（线管的管径应根据内导线的总截面来决定，导线的总截面不应大于线管有效截面的 40%，其最小标称直径为 ϕ12 mm）。

4）电气元件明细见表 7—2。

表 7—2　　　　　　　　　　　　　　　元件明细表

代号	名称	型号	规格	数量
M	三相异步电动机	Y100L2－4	3 kW、380 V、6.8A/Y 接法、1 420 r/min	1
QS	开启式负荷开关	HK1－30/3	三极、380 V、30 A、熔体直连	1
QS	封闭式负荷开关	HH4－30/3	三极、380 V、30 A、配熔体 20A	1
QS	组合开关	HZ10－25/3	三极、380 V、25 A	1
QF	低压断路器	DZ5－20/330	三极复式脱扣器、380 V、20 A、整定 10 A	1
FU	瓷插式熔断器	RC1A－30/20	380 V、30 A、配熔体 20 A	3

3. 安装步骤及工艺要求

（1）按表 7—2 配齐所用的电气元件，并进行质量检验。

1）根据电动机的规格检验选配的低压开关、熔断器、导线及电线管的型号及规格是否符合要求。

2）所选用的电气元件的外观应完整无损，附件、备件齐全。

3）用万用表、兆欧表检测电气元件及电动机的有关技术数据是否符合要求。

（2）在控制板上按如图 7—3 所示电路图安装电气元件，安装应牢固，并符合工艺要求。

（3）根据电动机位置标划线路走向、电线管和控制板支持点的位置，做好敷设和支持准备。

（4）敷设电线管并穿线

1）电线管的施工应按工艺要求进行，整个电线管的管路应连成一体并进行可靠接地。

2）电线管内导线不得有接头，导线穿管时不要损伤其绝缘层。导线穿好后，管口应套上护圈。

（5）安装电动机和控制板。

1）控制开关必须安装在操作时能看见电动机的地方，以保证操作安全。

2）电动机在座墩或底座上的固定必须牢固。在紧固地脚螺栓时，必须按对角线均匀受力，依次交错逐步拧紧。

（6）连接控制开关至电动机的导线。

（7）连接好接地线。电动机和控制开关的金属外壳以及连成一体的线管，按规定要求必须接到保护接地的专用端子上。

（8）检查安装质量，并进行绝缘电阻测量。

（9）将三相电源接入控制开关。

（10）经教师检查合格后进行通电试运行。

4. 注意事项

（1）当控制开关远离电动机而看不到电动机的运转情况时，必须另设电动机运行的信号装置。

（2）电动机使用的电源电压和绕组的接法必须与铭牌上规定的相一致。

（3）接线时，必须先接负载端，后接电源端；先接接地线，后接三相电源相线。

（4）通电试运行时，必须先空载点动后再连续运行；当运行正常时，再接上负载运行；若发现异常情况应立即断电检查。

（5）安装开启式负荷开关时，应将开关的熔体部分用导线直连，并在出线端另外加装熔断器作短路保护；安装组合开关、低压断路器时，则在电源进线侧加装熔断器。

5．评分标准

手动正转控制线路安装的评分标准见表7—3。

表7—3　　评分标准

项目内容	配分	评分标准			扣分	得分
装前检查	20	（1）电动机质量漏检，每处扣5分 （2）低压开关漏检或错检，每处扣5分				
安装	40	（1）电动机安装不符合要求： ①地脚螺栓紧松不一或松动，扣20分 ②缺少弹簧垫圈、平垫圈、防振物，每个扣5分 （2）控制板或开关安装不符合要求： ①位置不适当或松动，扣20分 ②紧固螺栓（或螺钉）松动，每个扣5分 （3）电线管支持不牢固或管口无护圈，扣5分 （4）导线穿管时损伤绝缘，扣15分				
接线及试运行	40	（1）不会使用仪表及测量方法不正确，每个仪表扣5分 （2）各接点松动或不符合要求，每个扣5分 （3）接线错误造成通电一次不成功，扣40分 （4）控制开关进、出线接错，扣20分 （5）电动机接线错误，扣30分 （6）接线程序错误，扣15分 （7）漏接接地线，扣30分				
安全与文明生产	违反安全文明生产规程扣1～10分					
定额时间6 h	每超时10 min以内，按扣5分计算					
开始时间		结束时间		评分		

模块三　电动机点动正转控制电路

知识技能要求

熟练掌握电动机点动正转控制线路的工作原理及连接方法。

一、控制电路

所谓点动控制是指按下按钮，电动机就得电运转；松开按钮，电动机就失电停转。这种控制方法常用于电动葫芦的起重电动机控制和车床拖板箱快速移动电动机控制等。点动正转控制线路是用按钮、接触器来控制电动机运转的最简单的正转控制线路。

点动正转控制电路图如图 7—4 所示。在点动正转控制线路中，组合开关 QS 作为电源隔离开关；熔断器 FU1、FU2 分别用于对主电路、控制电路的短路保护；启动按钮 SB 控制接触器 KM 的线圈得电、失电；接触器 KM 的主触点控制电动机 M 的启动与停止。

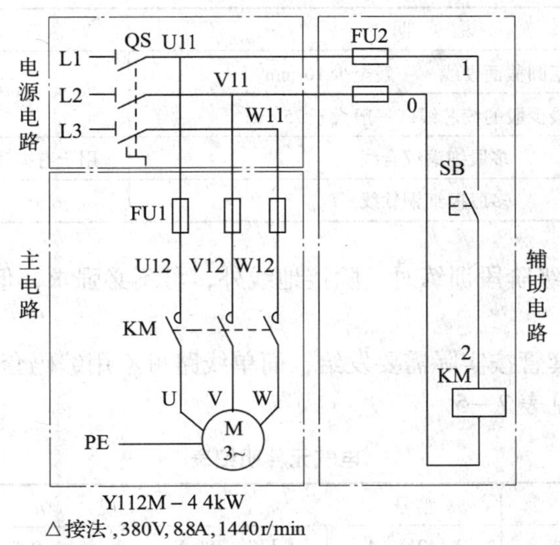

图 7—4 点动正转控制电路

二、电路的工作原理

当电动机 M 需要点动时，先合上组合开关 QS，此时电动机 M 尚未接通电源。按下启动按钮 SB，接触器 KM 的线圈得电，使衔铁吸合，同时带动接触器 KM 的 3 对主触头闭合，电动机 M 便接通电源，启动运转。当电动机需要停转时，只要松开启动按钮，使接触器 KM 的线圈失电，衔铁释放，同时带动接触器的 3 对主触头分开，电动机便断电，停止运转。

实训与指导

实训：点动正转控制线路的安装。

实训指导：

1. 目的要求

掌握点动正转控制线路的安装。

2. 工具、仪表及器材

（1）工具。验电笔、螺钉旋具、尖嘴钳、斜口钳、剥线钳、电工刀等。

（2）仪表。5050 型兆欧表、T301－A 型钳形电流表，MF30 型万用表。

（3）器材

1）控制板 1 块（500 mm×400 mm×20 mm）。

2）导线规格：主电路采用 BV1.5 mm^2 和 BVR1.5 mm^2（黑色）；控制电路采用BV1 mm^2（红色）；按钮线采用 BVR0.75 mm^2（红色）；接地线采用 BVR1.5 mm^2（黄绿双色）。导线数量由教师根据实际情况确定。

国家标准 GB/T 5226.1—2008《机械电器安全　机械电气设备　第一部分：通用技术条件》规定：虽然 1 类导线主要用于固定的、不移动的部件之间，但它们也可用于出现极小弯曲的场合，条件是截面积小于0.5 mm²。易遭受频繁运动（如机械工作每小时运动一次）的所有导线，均应采用5类或6类绞合软线。导线的分类见表7—4。

表7—4　导线的分类

类别	说　明	用法/用途
1	铜或铝圆截面硬线，一般至少16 mm²	只用于无振动的固定安装
2	铜或铝最少股的绞芯线，一般大于25 mm²	
5	多股细铜绞合线	用于有振动机械的安装；连接移动部件
6	多股极细铜软线	用于频繁移动

对导线的颜色在初级阶段训练时，除接地线外，可不必强求，但应使主电路与控制电路有明显区别。

3）紧固体和编码套管按实际需要发给，简单线路可不用编码套管。

4）电气元件明细见表7—5。

表7—5　电气元件明细表

代号	名称	型号	规　格	数量
M	三相异步电动机	Y112M－4	4 kW、380 V、△形接法、8.8 A、1 440 r/min	1
QS	组合开关	HZ10－25/3	三极、额定电流25 A	1
FU1	螺旋式熔断器	RL1－60/25	500 V、60 A、配熔体额定电流25 A	3
FU2	螺旋式熔断器	RL1－15/2	500 V、15 A、配熔体额定电流25 A	2
KM	交流接触器	CJ10－20	20 A、线圈电压380 V	1
SB	按钮	LA10－3H	保护式、按钮数3（代用）	1
XT	端子板	JX2－1015	10 A、15节、380 V	1

3. 安装步骤和工艺要求

（1）识读点动正转控制线路，明确线路所用电气元件及作用，熟悉线路的工作原理。点动正转控制线路如图7—5所示。

（2）按表7—5配齐所用电气元件，并进行检验。

1）电气元件的技术数据（如型号、规格、额定电压、额定电流等）应完整并符合要求，外观无损伤，备件、附件齐全完好。

2）电气元件的电磁机构动作是否灵活，有无衔铁卡阻等不正常现象。用万用表检查电磁线圈的通断情况以及各触头的分合情况。

3）接触器线圈额定电压与电源电压是否一致。

4）对电动机的质量进行常规检查。

（3）在控制板上，按如图7—5a所示的布置图安装电气元件，并贴上醒目的文字符号。其工艺要求如下：

1）组合开关、熔断器的受电端子应安装在控制板的外侧，并使熔断器的受电端为底座的中心端。

2）各元件的安装位置应整齐、匀称，间距合理，便于电气元件的更换。

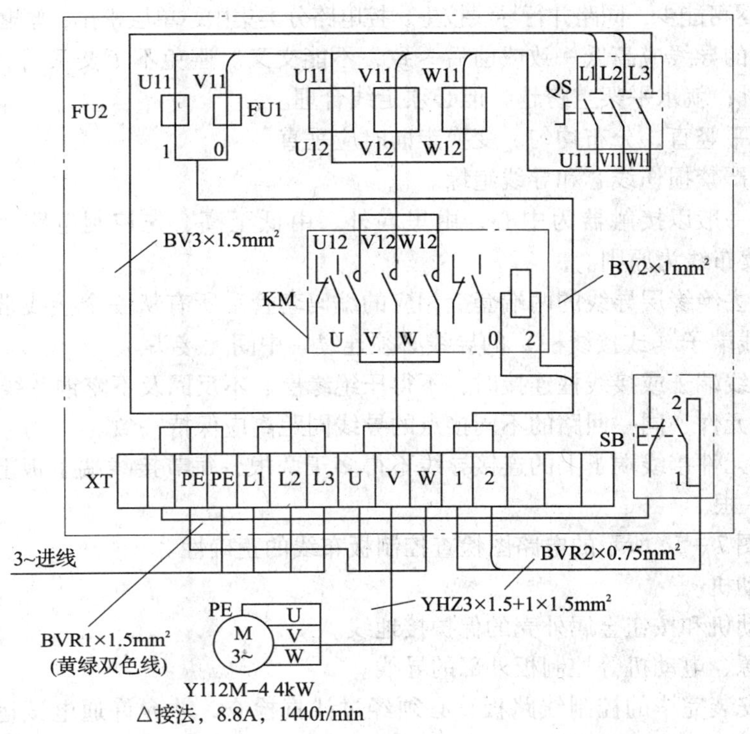

a)

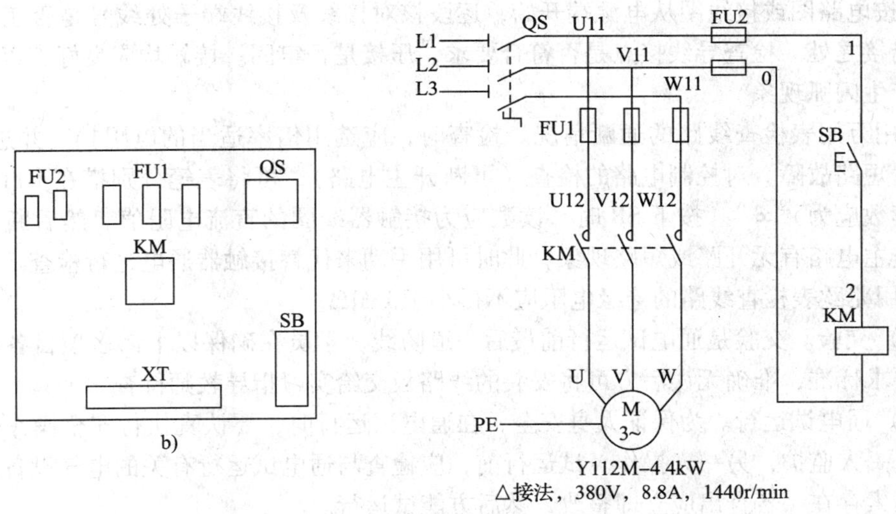

图 7—5　点动正转控制线路

a）布置图　b）接线图　c）电路图

3）紧固各电气元件时要用力均匀，紧固程度适当。在紧固熔断器、接触器等易碎裂电气元件时，应用手按住电气元件一边轻轻摇动，一边用旋具轮换旋紧对角线上的螺钉，直到手摇不动后再适当旋紧些即可。

（4）按如图 7—5b 所示接线图的走线方法进行板前明线布线和套编码套管。板前明线布线的工艺要求是：

1）布线通道尽可能少，同路并行导线按主、控电路分类集中，单层密排，紧贴安装面布线。

2）同一平面的导线应高低一致或前后一致，不能交叉。避免不了交叉时，该根导线应在接线端子引出时，就水平架空跨越，但必须走线合理。

3）布线应横平竖直，分布均匀。变换走向时应垂直。

4）布线时，严禁损伤线芯和导线绝缘。

5）布线顺序一般以接触器为中心，由里向外、由低至高、先控制电路、后主电路进行，以不妨碍后续布线为原则。

6）在每根剥去绝缘层导线的两端套上相应的编码套管。所有从一个接线端子（或接线桩）到另一个接线端子（或接线柱）的导线必须连续，中间无接头。

7）导线与接线端子或接线柱连接时，不得压绝缘层、不反圈及不露铜芯线过长。

8）同一电气元件、同一回路的不同接点的导线同距离应保持一致。

9）一个电气元件接线端子上的连接导线不得多于两根，每节接线端子板上的连接导线一般只允许连接一根。

（5）根据如图7—5c所示的电路图检查控制板布线的正确性。

（6）安装电动机。

（7）连接电动机和按钮金属外壳的保护接地线。

（8）连接电源、电动机等控制板外部的导线。

（9）自检。安装完毕的控制线路板，必须经过认真检查，才允许通电试运行，以防止错接、漏接造成不能正常运转或短路事故。

1）按电路图或接线图从电源端开始，逐段核对接线及接线端子处线号是否正确，有无漏接、错接之处。检查导线接点是否符合要求，压接是否牢固。接触均应良好，以免带负载运行时产生闪弧现象。

2）用万用表检查线路的通断情况。检查时，应选用倍率适当的电阻挡，并进行校零，以防发生短路故障。对控制电路的检查（可断开主电路），可将表笔分别搭在U11、V11线端上，读数应为“∞”。按下SB时，读数应为接触器线圈的直流电阻值。然后断开控制电路再检查主电路有无开路或短路现象，此时可用手动来代替接触器通电进行检查。

3）用兆欧表检查线路的绝缘电阻应不得小于1 MΩ。

（10）交验。交验是通电试运行前最后一道防线，学员在确保以上诸多项目各技术参数均达到要求标准，准确无误后方可将安装的线路板交给实习指导教师待查。

（11）通电试运行。为保证人身安全，在通电试运行时，要认真执行安全操作规程的有关规定，一人监护，另一人操作。试运行前，应检查与通电试运行有关的电气设备是否有不安全的因素存在，若查出应立即整改，然后方能试运行。

1）通电试运行前，必须征得教师同意，并由教师接通三相电源L1、L2、L3，同时在现场监护。学员合上电源开关QS后，用验电笔检查熔断器出线端，氖管亮说明电源接通。按下SB，观察接触器情况是否正常，是否符合线路功能要求；观察电气元件动作是否灵活，有无卡阻及噪声过大等现象；观察电动机运行是否正常等。但不得对线路接线是否正确进行带电检查。在观察过程中，若有异常现象应马上停止。当电动机运转平稳后，用钳形电流表测量三相电流是否平衡。

2）试运行成功通电后，以第一次按下按钮的时间计时。

3）出现故障后，学员应独立进行检修。若需带电进行检查时，教师必须在现场监护。

检修完毕后，如需再次试运行，也应该有教师监护，并做好时间记录。

4）通电试运行完毕，停转，切断电源。先拆除三相电源接线，再拆除电动机接线。

4. 注意事项

(1) 电动机及按钮的金属外壳必须可靠接地。接至电动机的导线必须穿在导线通道内加以保护，或采用坚韧的四芯橡胶线或塑料护套线进行临时通电校验。

(2) 电源进线应接在螺旋式熔断器的下接线座上，出线则应接在上接线座上。

(3) 按钮内接线时，用力不可过猛，以防螺钉打滑。

(4) 训练应在规定定额时间内完成。训练结束后，安装的控制板留用。

5. 评分标准

点动正转控制线路安装的评分标准见表7—6。

表7—6 评分标准

项目内容	配分	评分标准		扣分	得分
装前检查	5	电气元件漏检或错检，每处扣1分			
安装元件	15	(1) 不按布置图安装，扣15分 (2) 元件安装不牢固，每只扣4分 (3) 元件安装不整齐、不匀称、不合理，每只扣3分 (4) 损坏元件，扣15分			
布线	40	(1) 不按电路图接线，扣25分 (2) 布线不符合要求： ①主电路，每根扣4分 ②控制电路，每根扣2分 (3) 接点不符合要求，每个接点扣1分 (4) 损伤导线绝缘或线芯，每根扣5分 (5) 漏接接地线，扣10分			
通电试运行	40	(1) 第一次试运行不成功，扣20分 (2) 第二次试运行不成功，扣30分 (3) 第三次试运行不成功，扣40分			
安全与文明生产	违反安全文明生产规程扣1～20分				
定额时间2.5 h	每超过5 min以内，按扣5分计算				
开始时间		结束时间		评分	

模块四　电动机接触器自锁控制电路

知识技能要求

1. 熟悉保护电路的设计。
2. 掌握自锁控制电路的结构及工作原理。
3. 熟练掌握电动机接触器自锁控制线路的连接。

自锁控制是实现联动控制的基础，它是实现电动机的自动运行的一个最简单的连接线路，掌握其结构、工作原理和线路连接是学习其他复杂控制线路的前提与基础。

一、控制电路

在要求电动机启动后能连续运转时，采用点动正转控制线路显然是不行的。为实现电动机的连续运转，可采用如图 7—2a 所示的接触器自锁正转控制线路。它的控制原理示意图如图 7—6 所示。这种线路的主电路和点动控制线路的主电路相同，但在控制电路中又串接了一个停止按钮 SB2，在启动按钮 SB1 两端并接了接触器 KM 的一对常开辅助触头。

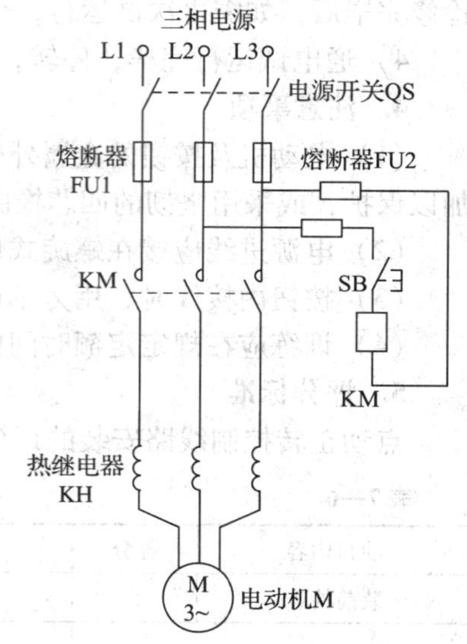

图 7—6　接触器自锁正转控制原理示意图

二、电路的工作原理

1. 通电

先合上电源开关 QS。

2. 启动

按下 SB1，KM 线圈得电；KM 主触头闭合，KM 常开辅助触头闭合；电动机 M 启动连续运转。当松开 SB1，其常开触头恢复分断后，因为接触器 KM 的常开辅助触头闭合时已将 SB1 短接，控制电路仍保持接通，所以接触器 KM 继续得电，电动机 M 实现连续运转。像这种当松开启动按钮 SB1 后，接触器 KM 通过自身常开辅助触头而使线圈保持得电的作用叫做自锁。与启动按钮 SB1 并联起自锁作用的常开辅助触头叫做自锁触头。

3. 停止

按下 SB2，KM 线圈失电；KM 主触头分断，KM 自锁触头分断；电动机 M 失电停转。当松开 SB2，其常闭触头恢复闭合后，因接触器 KM 的自锁触头在切断控制电路时已分断；解除了自锁，SB1 也是分断的，所以接触器 KM 不能得电，电动机 M 也不会转动。

接触器自锁控制线路不但能使电动机连续运转，而且还有一个重要的特点，就是具有欠压、失压（或零压）和过载保护作用。

三、欠压保护

欠压保护是指当线路电压下降到某一数值时，电动机能自动脱离电源停止转动，避免电动机在欠压下运行的一种保护功能。采用接触器自锁控制线路就可避免电动机欠压运行。因为当线路电压下降到一定值（一般指低于额定电压 85% 以下）时，接触器线圈两端的电压也同样下降到此值，从而使接触器线圈磁通减弱，产生的电磁吸力减小。当电磁吸力减小到小于反作用弹簧的拉力时，动铁心被迫释放，主触头、自锁触头同时分断，自动切断主电路和控制电路，电动机失电停止转动，达到了欠压保护的目的。

四、失压（或零压）保护

失压保护是指电动机在正常运行中，由于外界某种原因引起突然断电时，能自动切断电动机电源，而当重新供电时，保证电动机不能自行启动的一种保护功能。接触器自锁控制线路也可实现失压保护，因为接触器自锁触头和主触头在电源断电时已经断开，使控制电路和主电路都不能接通，所以在电源恢复供电时，电动机就不会自行启动运转，保证了人身和设备的安全。

五、过载保护

如果电动机由于长期负载过大，或启动操作频繁，或者缺相运行等原因，都可能使电动机定子绕组的电流增大，超过其额定值。而在这种情况下，熔断器往往并不熔断，而串接在三相主电路中热继电器的热元件因受热发生弯曲，通过动作机构使串接在控制电路中的常闭触头分断，切断控制电路，接触器 KM 的线圈失电，其主触头、自锁触头分断，电动机失电停止转动，达到了过载保护的目的。

最常用的过载保护是由热继电器来实现的。具有过载保护的自锁正转控线路如图 7—7 所示。此线路与接触器自锁正转控制线路的区别是增加了一个热继电器 KH，并把其热元件串接在三相主电路中，把常闭触头串接在控制电路中。

如果电动机在运行过程中，由于过载或其他原因使电流超过额定值，那么经过一定时间，串接在主电路中热继电器的热元件因受热发生弯曲，通过动作机构使串接在控制电路中的常闭触头分断，切断控制电路，接触器 KM 的线圈失电，其主触头、自锁触头分断，电动机 M 失电停转，达到了过载保护的目的。

实训与指导

实训：接触器自锁正转控制线路的安装

实训指导：

1. 目的要求

掌握接触器自锁正转控制线路的正确安装，理解线路的自锁作用以及欠压和失压保护功能。

2. 工具、仪表及器材

（1）工具。验电笔、螺钉旋具、尖嘴钳、斜口钳、剥线钳、电工刀等。

（2）仪表。5050 型兆欧表、T301 - A 型钳形电流表、MF30 型万用表。

（3）器材。点动正转控制线路板 1 块，三相异步电动机一台（型号：Y112M - 4；规格：4 kW、380 V、△接法、8.8 A、1 440 r/min），导线，紧固件及编码套管若干。

3. 安装步骤和工艺要求

按照点动正转控制线路的安装的工艺要求，让学员在已安装好的点动正转控制线路板上，根据如图 7—8 所示的接触器自锁正转控制线路，安装停止按钮 SB2 和接触器 KM 自锁触头，来完成接触器自锁正转控制线路的安装。

4. 注意事项

（1）电动机及按钮的金属外壳必须可靠接地。接至电动机的导线必须穿在导线通道内加以保护，或采用坚韧的四芯橡胶线或塑料护套线进行临时通电校验。

（2）电源进线应接在螺旋式熔断器的下接线座上，出线则应接在上接线座上。

（3）按钮内接线时，用力不可过猛，以防螺钉打滑。

（4）接触器 KM 的自锁触头应并接在启动按钮 SB1 两端；停止按钮 SB2 应串接在控制电路中。

（5）编码套管套装要正确。

（6）训练应在规定定额时间内完成。训练结束后，安装的控制板留用。

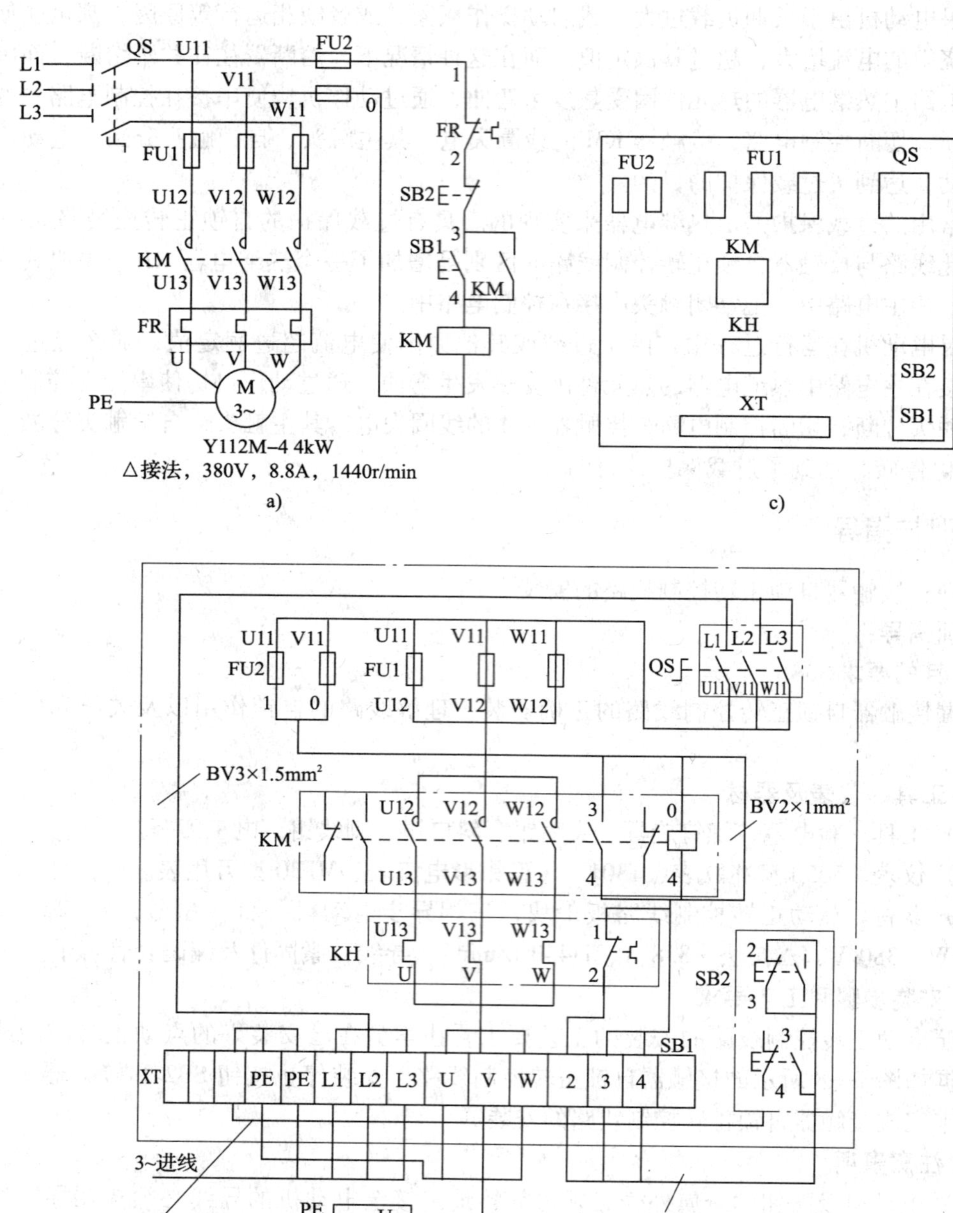

图 7—7　具有过载保护的自锁正转控制线路

a）电路图　b）接线图　c）布置图

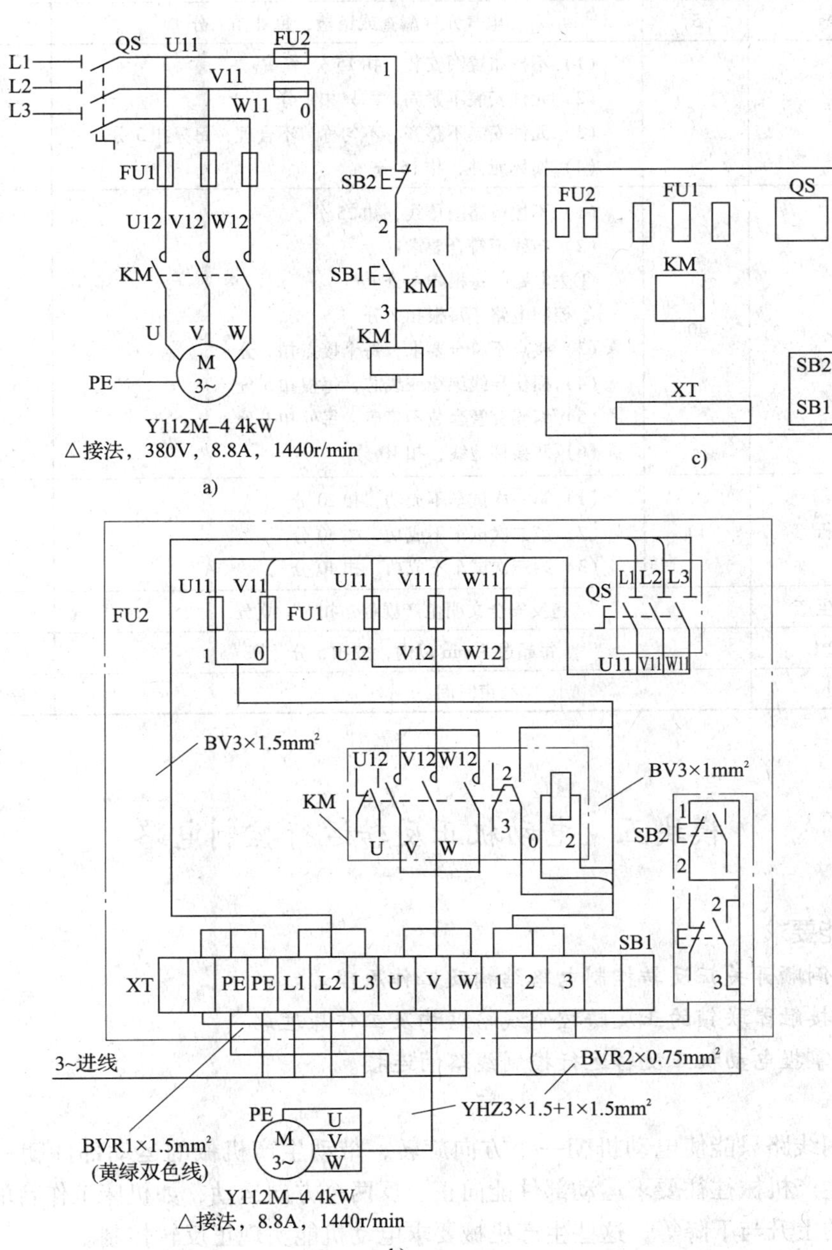

图 7—8　接触器自锁正转控制线路

a）电路图　b）接线图　c）布置图

5．评分标准

接触器自锁正转控制线路安装的评分标准，见表 7—7。

表 7—7　　评分标准

项目内容	配分	评 分 标 准	扣分	得分
装前检查	5	电气元件漏查或错检，每处扣 1 分		
安装元件	15	（1）不按布置图安装，扣 15 分 （2）元件安装不紧固，每只扣 4 分 （3）元件安装不整齐、不匀称、不合理，每只扣 3 分 （4）损坏元件，扣 15 分		
布线	40	（1）不按电路图接线，扣 25 分 （2）布线不符合要求： ①主电路，每根扣 4 分 ②控制电路，每根扣 2 分 （3）接点不符合要求，每个接点扣 1 分 （4）损伤导线绝缘或线芯，每根扣 5 分 （5）编码套管套装不正确，每处扣 1 分 （6）漏接接地线，扣 10 分		
通电试运行	40	（1）第一次试车不成功，扣 20 分 （2）第二次试车不成功，扣 30 分 （3）第三次试车不成功，扣 40 分		
安全与文明生产	违反安全文明生产规程，扣 5 ~ 40 分			
定额时间 2 h	每超过 5 min 以内，按扣 5 分计算			
开始时间		结束时间	评分	

模块五　电动机正反转运行控制电路

知识技能要求

1. 掌握倒顺开关正反转控制电路结构及工作原理。
2. 掌握接触器联锁的正反转控制线路结构及工作原理。
3. 熟练掌握电动机正反转运行控制线路的连接。

正转控制线路只能使电动机朝一个方向旋转，带动生产机械的运动部件朝一个方向运动。但许多生产机械往往要求运动部件能向正、反两个方向运动，如机床工作台的前进与后退；起重机的上升与下降等，这些生产机械要求电动机能实现正反转控制。

当改变通入电动机定子绕组的三相电源相序，即把接入电动机三相电源进线中的任意两相对调接线时，电动机就可以反转。下面介绍几种常用的正反转控制线路。

一、倒顺开关正反转控制电路

在组合开关中，有一类是专为控制小容量三相异步电动机的正反转而设计生产的，如 HZ3 - 132型组合开关，俗称倒顺开关或可逆转换开关，其结构如图 7—9a 所示。开关的两边各装有三副静触头，右边标有符号 L1、L2 和 W，左边标有符号 U、V 和 L3。开关的手柄有“倒”“停”“顺”3 个位置，倒顺开关在电路图中的图形符号如图 7—9b 所示。如图 7—10 所示为倒顺开关正反转控制电路图。

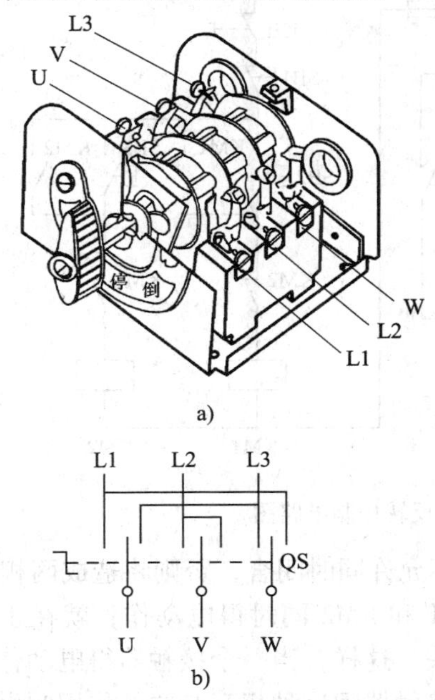

图 7—9　HZ3－132 组合型开关
a）结构图　b）图形符号

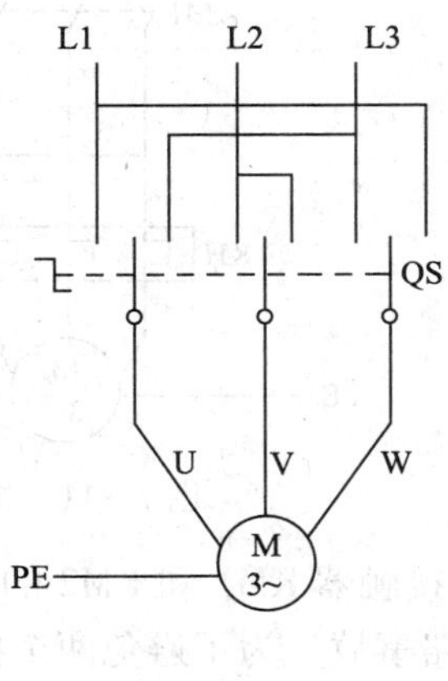

图 7—10　倒顺开关正反转控制电路图

该电路的工作原理如下：操作倒顺开关 QS，当手柄处于“停”位置时，QS 的动、静触头不接触，电路不通，电动机不转；当手柄扳至“顺”位置时，QS 的动触头和左边的静触头相接触，电路按 L1—U、L2—V、L3—W 接通，输入电动机定子绕组的电源电压相序为 L1—L2—L3，电动机正转；当手柄扳至“倒”位置时，QS 的动触头和右边的静触头相接触，电路按 L1—W、L2—V、L3—U 接通，输入电动机定子绕组的电源相序变为 L3—L2—L1，电动机反转。

必须注意的是，当电动机处于正转状态时，若要使它反转，应先把手柄扳到“停”的位置，使电动机先停转，然后再把手柄扳到“倒”的位置，使它反转。若直接把手柄由“顺”扳至“倒”的位置，电动机的定子绕组会因为电源突然反接而产生很大的反接电流，易使电动机定子绕组因过热而损坏。

二、接触器联锁的正反转控制线路

倒顺开关正反转控制电路虽然所用电气元件较少，线路较简单，但它是一种手动控制线路，在频繁换向时，操作人员劳动强度大，操作不安全，所以这种线路一般用于控制额定电流 10 A、功率在 3 kW 及以下的小容量电动机。在生产实践中，更常用的是接触器联锁的正反转控制线路，如图 7—11 所示。

该线路中采用了两个接触器，即正转用的接触器 KM1 和反转用的接触器 KM2，它们分别由正转按钮 SB2 和反转按钮 SB3 控制。从主电路图中可以看出，这两个接触器的主触头所接通的电源相序不同，KM1 按 L1—L2—L3 相序接线，KM2 则按 L3—L2—L1 相序接线。因此，相应地控制电路有两条：一条是由按钮 SB2 和 KM1 线圈等组成的正转控制电路；另一条是由按钮 SB3 和 KM2 线圈等组成的反转控制电路。

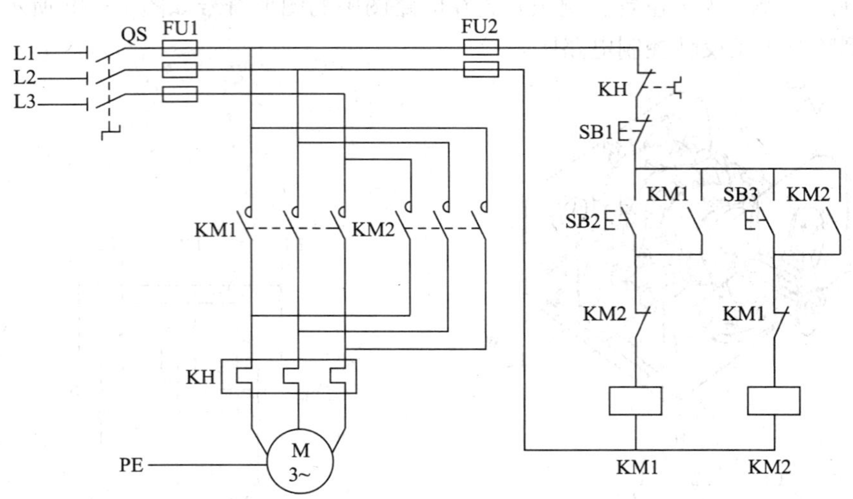

图 7—11　接触器联锁正反转控制电路图

必须指出，接触器 KM1 和 KM2 的主触头绝不允许同时闭合，否则将造成两相电源（L1 相和 L3 相）短路事故。为了避免两个接触器 KM1 和 KM2 同时得电动作，就在正反转控制电路中分别串接了对方接触器的一对常闭辅助触头。这样，当一个接触器得电动作时，通过其常闭辅助触头使另一个接触器不能得电动作，接触器间这种相互制约的作用叫做接触器联锁（或互锁）。实现联锁作用的常闭辅助触头称为联锁触头（或互锁触头），锁符号用“▽”表示。

三、电路的工作原理

1. 通电

先合上电源开关 QS。

2. 正转控制

按下 SB2，KM1 线圈得电，KM1 联锁触头分断，对 KM2 联锁，自锁触头闭合自锁，KM1 主触头闭合，电动机 M 启动连续正转。

3. 反转控制

按下 SB3，KM2 线圈得电，KM2 联锁触头断，对 KM1 联锁，自锁触头闭合自锁，KM2 主触头闭合，电动机 M 启动连续反转。

4. 停止

按下停止按钮 SB1 控制电路失电，KM1（或 KM2）主触头分断，电动机 M 失电停转。

从以上分析可见，接触器联锁正反转控制线路的优点是工作安全可靠，缺点是操作不便。因电动机从正转变为反转时，必须先按下停止按钮后，才能按反转启动按钮，否则由于接触器的联锁作用，不能实现反转。为克服此线路的不足，可采用按钮联锁的正反转控制线路或按钮和接触器双重联锁的正反转控制线路。

四、按钮联锁的正反转控制线路

为克服接触器联锁正反转控制线路操作不便的缺点。把正转按钮 SB1 和反转按钮 SB2 换成两个复合按钮，并使两个复合按钮的常闭触头代替接触器的联锁触头，就构成了按钮联锁的正反转控制线路，如图 7—12 所示。

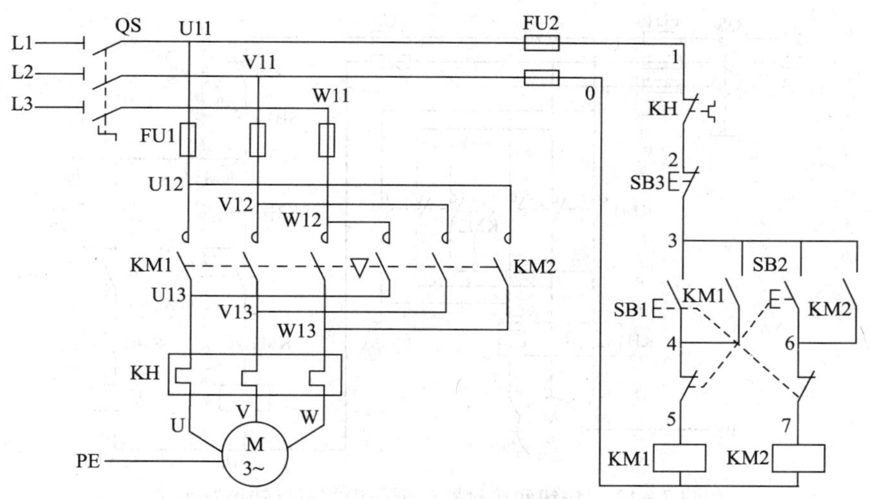

图 7—12　按钮联锁的正反转控制电路图

这种控制线路的工作原理与接触器联锁的正反转控制线路的工作原理基本相同，只是当电动机从正转变为反转时，可直接按下反转按钮 SB2 即可实现，不必先按停止按钮 SB3。因为当按下反转按钮 SB2 时，串接在正转控制电路中 SB2 的常闭触头先分断，使正转接触器 KM1 线圈失电，KM1 的主触头和自锁触头分断，电动机 M 失电，惯性运转。SB2 的常闭触头分断后，其常开触头才随后闭合，接通反转控制电路，电动机 M 便反转。这样既保证了 KM1 和 KM2 的线圈不会同时通电，又可不按停止按钮而直接按反转按钮实现反转。同样，若使电动机从反转运行变为正转运行时，也只要直接按下正转按钮 SB1 即可。

这种线路的优点是操作方便，缺点是容易产生电源两相短路故障。例如，当正转接触器 KM1 发生主触头熔焊或被杂物卡住等故障时，即使 KM1 线圈失电，主触头也分断不开，这时若直接按下反转按钮 SB2，KM2 得电动作，触头闭合，必然造成电源两相短路故障，所以采用此线路工作有一定的安全隐患。在生产机械的电气控制线路中，得到广泛应用的还是按钮、接触器双重联锁的正反转控制线路，如图 7—13 所示。它既克服了接触器联锁正反转控制线路操作不方便的缺点，同时也避免了按钮联锁的正反转控制电路的容易产生电源两相短路故障的弊端。

实训与指导

实训：接触器联锁正反转控制线路的安装

实训指导：

1．目的要求

掌握接触器联锁正反转控制线路的安装。

2．工具、仪表及器材

（1）工具。验电笔、螺钉旋具、尖嘴钳、斜口钳、剥线钳、电工刀、校验灯等。

（2）仪表。5050 型兆欧表、T301 - A 型钳形电流表、MF30 型万用表。

（3）器材。控制板一块（500 mm × 400 mm × 20 mm）；导线规格：动力电路采用 BV1.5 mm^2 和 BVR1.5 mm^2（黑色）塑铜线，控制电路采用 BVR1 mm^2 塑铜线（红色），接地线采用 BVR（黄绿双色）塑铜线（截面至少 1.5 mm^2）；紧固体及编码套管等；其数量按需要而定。其电气元件见表 7—8。

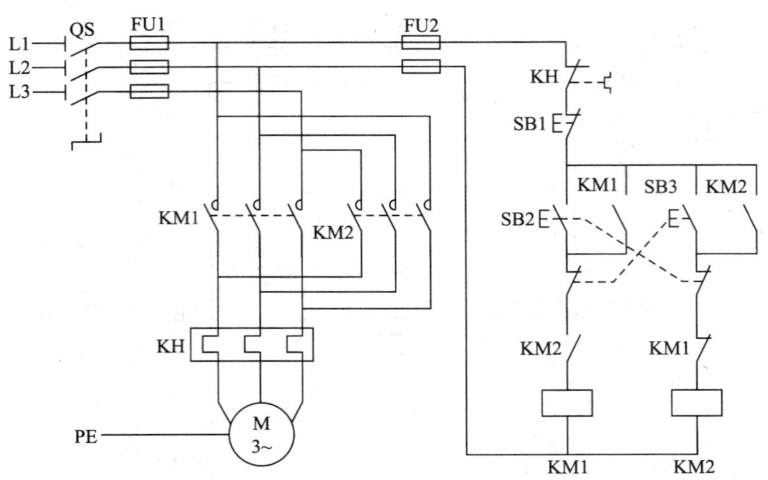

图 7—13　按钮和接触器双重联锁的正反转控制线路

表 7—8　**电气元件明细表**

代号	名称	型号	规　　格	数量
M	三相异步电动机	Y112M－4	4 kW、380 V、△接法、8. 8 A、1 440 r/min	1
QS	组合开关	HZ10－25/3	三极、25 A	1
FU1	熔断器	RL14－60/25	500 V、60 A、配熔体 25 A	3
FU2	熔断器	RL1－15/2	500 V、15 A、配熔体 25 A	2
KM1、KM2	交流接触器	CJ10－20	20 A、线圈电压 380 V	2
KH	热继电器	JR16－20/3	三极、20 A、整定电流 8. 8 A	1
SB1～SB3	按钮	LA10－3H	保护式、380 V、5 A、按钮数 3	1
XT	端子板	JX2－1015	380 V、10 A、15 节	1

3. 安装步骤及工艺要求

(1) 按表 7—8 配齐所用电气元件，并进行质量检验。电气元件应完好无损，各项技术指标符合规定要求，否则应予以更换。

(2) 在控制板上，按如图 7—14a 所示安装所有的电气元件，并贴上醒目的文字符号。安装时，组合开关、熔断器的受电端子应安装在控制板的外侧；元件排列要整齐、匀称、间距合理，且便于元件的更换；紧固电气元件时用力要均匀，紧固程度适当，做到既要使元件安装牢固，又不使其损坏。

(3) 按如图 7—14b 所示接线图进行板前明线布线和套编码套管。做到布线横平竖直，整齐、分布均匀，紧贴安装面，走线合理；套编码套管要正确；严禁损伤线芯和导线绝缘；接点牢靠，不得松动，不得压绝缘层，不反圈及不露铜芯线过长等。

(4) 根据如图 7—14c 所示的电路图检查控制板布线的正确性。

(5) 安装电动机。做到安装牢固平稳，以防止在换向时产生振动而引起事故。

(6) 可靠连接电动机和按钮金属外壳的保护接地线。

(7) 连接电源、电动机等控制板外部的导线。导线要敷设在导线通道内，或采用绝缘良好的橡胶线进行通电校验。

(8) 自检。安装完毕的控制线路板，必须按要求进行认真检查，确保无误后才允许通电试运行。

（9）交验合格后，通电试运行。通电时，必须经指导教师同意后，由指导教师接通电源，并在现场进行监护。出现故障后，学员应独立进行检修。若需带电检查时，也必须有教师现场监护。

（10）通电试运行完毕，停转，切断电源。先拆除三相电源线，再拆除电动机负载线。

4. 注意事项

（1）螺旋式熔断器的接线要正确，以确保用电安全。

（2）接触器联锁触头接线必须正确，否则将会造成主电路中两相电源短路事故。

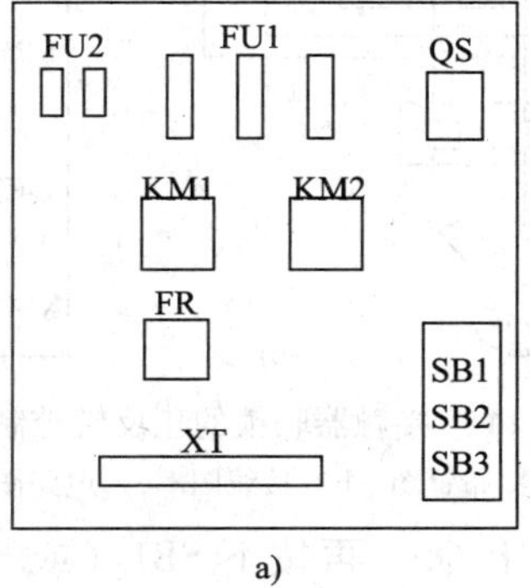

a)

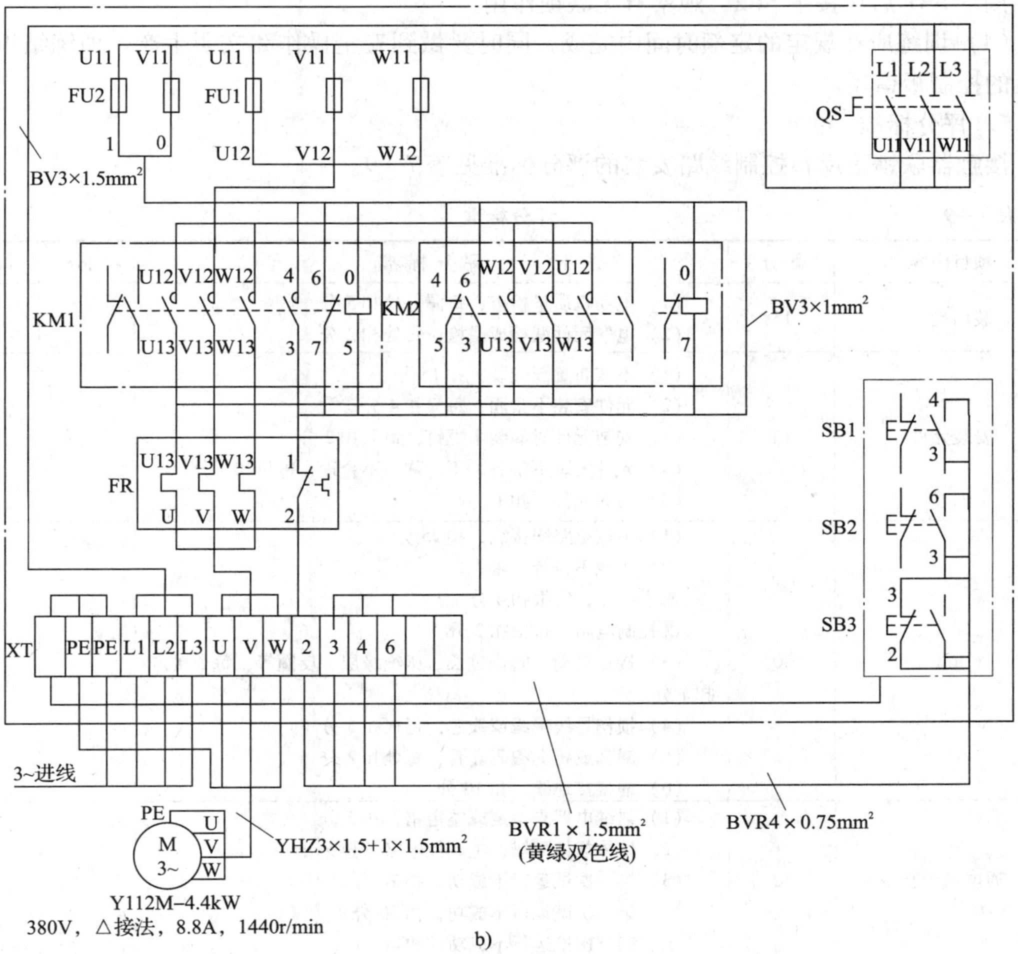

b)

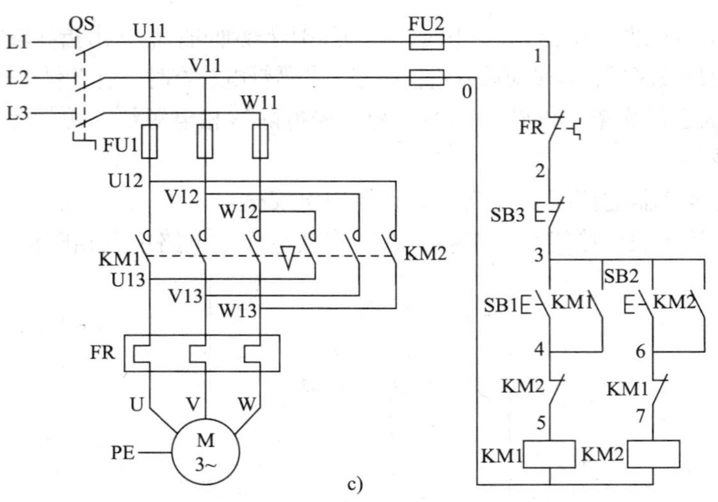

图 7—14　接触器联锁的正反转控制线路

a）布置图　b）接线图　c）电路图

（3）通电试运行时，应先合上 QS，再按下 SB1（或 SB2）及 SB3，看控制是否正常，并在按下 SB1 后再按下 SB2，观察有无联锁作用。

（4）训练应在规定的定额时间内完成，同时要做到安全操作和文明生产。训练结束后，安装的控制板留用。

5. 评分标准

接触器联锁正反转控制线路安装的评分标准见表 7—9。

表 7—9　　评分标准

项目内容	配分	评 分 标 准	扣分	得分
装前检查	15	（1）电动机质量检查，每漏一处扣 5 分 （2）电气元件漏检或错检，每处扣 2 分		
安装元件	15	（1）不按布置图安装，扣 15 分 （2）元件安装不紧固，每只扣 4 分 （3）安装元件时漏装木螺钉，每只扣 2 分 （4）元件安装不整齐、不匀称、不合理，每只扣 3 分 （5）损坏元件，扣 15 分		
布线	30	（1）不按电路图接线，扣 25 分 （2）布线不符合要求： ①主电路，每根扣 4 分 ②控制电路，每根扣 2 分 （3）接点松动、露铜过长、压绝缘层、反圈等，每个接点扣 1 分 （4）损伤导线绝缘或线芯，每根扣 5 分 （5）漏套或错套编码套管，每处扣 2 分 （6）漏接接地线，扣 10 分		
通电试运行	40	（1）热继电器未整定或整定错，扣 5 分 （2）熔体规格配错，主、控电路各扣 5 分 （3）第一次试运行不成功，扣 20 分 第二次试运行不成功，扣 30 分 第三次试运行不成功，扣 40 分		

续表

安全文明生产	违反安全文明生产规程，扣 5 ~ 40 分		
定额时间 3.5 h	每超过 5 min 以内，按扣 5 分计算		
开始时间		结束时间		评分	

模块六　电动机 Y—△减压启动控制电路

知识技能要求

1. 掌握电动机 Y—△减压启动电路的结构。
2. 理解电动机 Y—△减压启动电路的工作原理。
3. 熟练掌握电动机 Y—△减压启动电路的线路连接。

电动机的 Y—△减压启动是启动电动机的较好的接线方式，由于电动机的启动电流比较大，长期正常电压的启动方式会损坏电动机，通过对启动电压的降低可以延长电动机的使用寿命。电动机启动时，把定子绕组联结成 Y 形，启动即将完毕时，再恢复成△。这种启动方法只适用于正常工作时定子绕组为△形 联结的电动机。

一、按钮、接触器控制电路

如图 7—15 所示为按钮、接触器控制的 Y—△减压启动控制电路图。

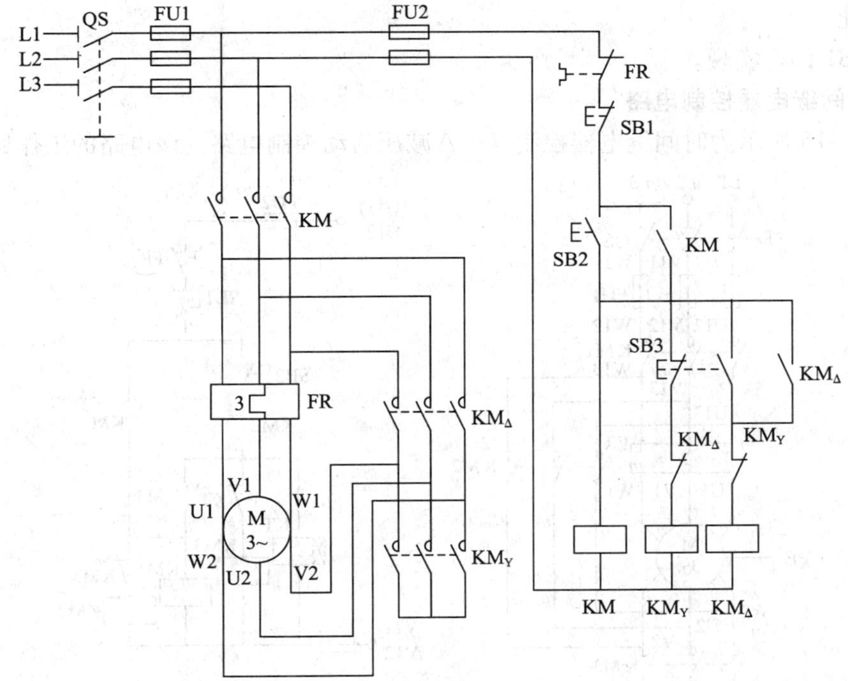

图 7—15　按钮、接触器控制的 Y—△减压启动控制电路图

该电路的工作原理如下：

1．通电

合上电源开关 QS。

2．电动机 Y 形联结减压启动过程

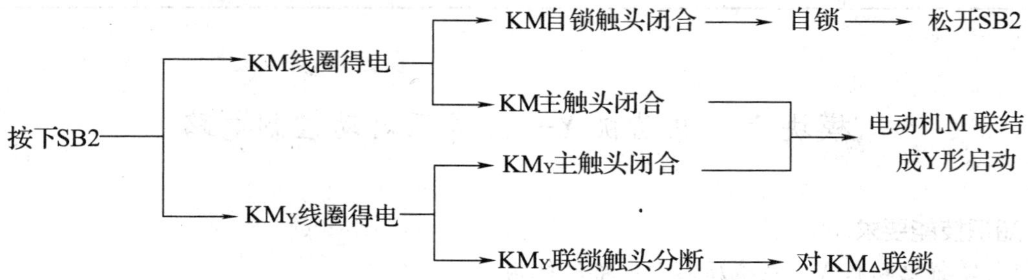

3．电动机△形联结全压运行过程

当电动机转速上升到接近额定值时：

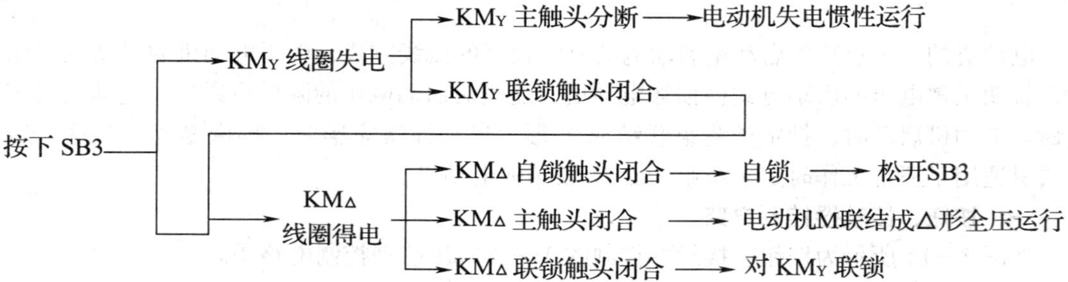

4．停止

按下 SB1 即可实现。

二、时间继电器控制电路

如图 7—16 所示为时间继电器控制 Y—△减压启动控制电路。该电路的工作原理如下：

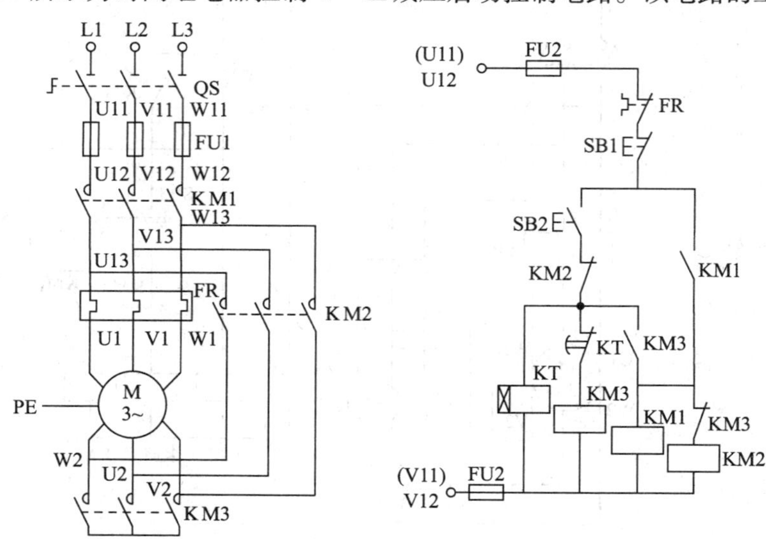

图 7—16　时间继电器控制 Y—△减压启动控制电路图

1. 通电

合上电源开关 QS。

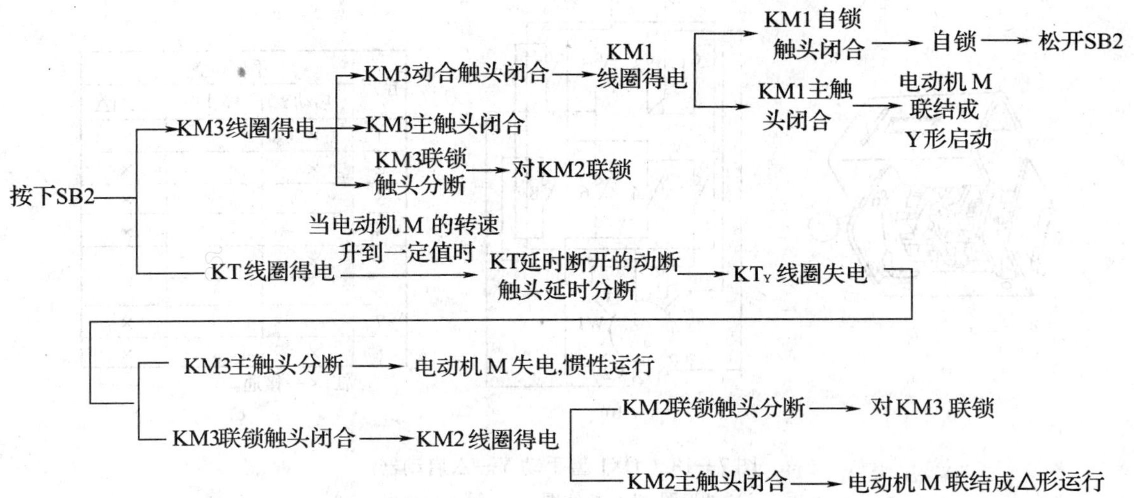

2. 电动机 Y 形联结启动与△形联结全压运行过程

3. 停止

按下 SB1 即可实现。

必须指出，KM3 和 KM2 实行电气联锁的目的是为了避免 KM3 和 KM2 同时通电吸合而造成严重的短路事故。另外，时间继电器控制的 Y—△减压启动控制线路有很多，在△形联结的电动机中，过载保护热继电器热元件既可与相绕组串联使用，又可与线绕组串联使用。

三、手动控制 Y—△降压启动线路

双投开启式负荷开关手动控制 Y—△降压启动的电路如图 7—17 所示。该线路的工作原理如下：启动时，先合上电源开关 QS1，然后把开启式负荷开关 QS2 扳到“启动”位置，电动机定子绕组便接成 Y 形降压启动。当电动机转速上升并接近额定值时，再将 QS2 扳到“运行”位置，电动机定子绕组改接成△形全压正常运行。

手动 Y—△启动器专门作为手动 Y—△降压启动用，有 QX1 和 QX2 系列，按控制电动机的容量分为 13 kW 和 30 kW 两种，启动器的正常操作频率为 30 次/h。

QX1 型手动 Y—△启动器的外形图、接线图和触头分合图如图 7—18 所示。从图 7—18b、c 所示接线图和触头分合图对应看出，启动器有启动（Y）、停止（0）和运行（△）3 个位置，当手柄扳到“0”位置时，八对触头都分断，电动机脱离电源停转；当手柄扳到“Y”位置时，1、2、5、6、8 触头闭合接通，3、4、7 触头分断，定子绕组的末端 W2、U2、V2 通过触头 5、6 联结成 Y 形；始端 U1、V1、W1 则分别通过触头 1、8、2 接入三相电源 L1、L2、L3，电动机进行 Y 形降压启动；当电动机转速上升并接近额定转速时，将手柄扳到“△”位置，这时1、

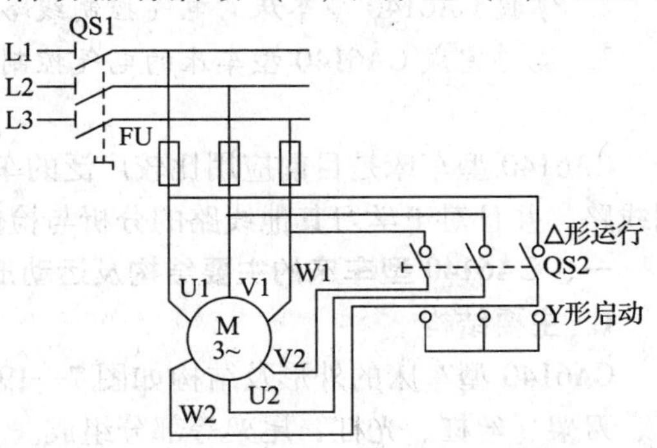

图 7—17　Y—△降压启动电路图

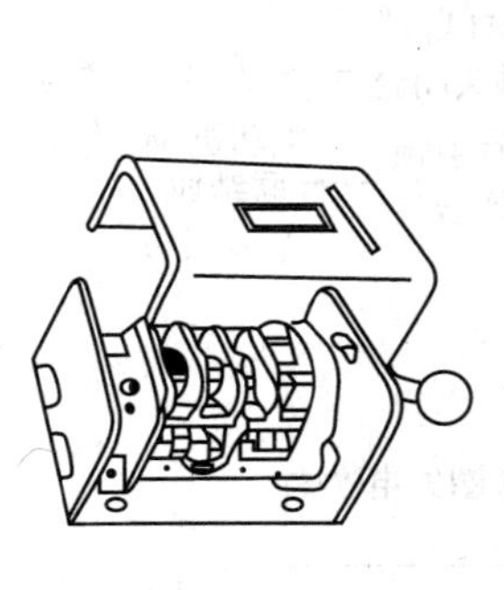

a)

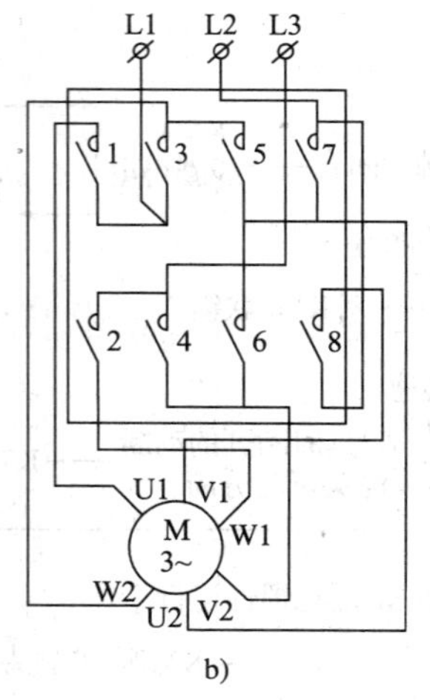

b)

接点	手柄位置		
	启动Y	停止0	运行△
1	×		×
2	×		×
3			×
4			×
5	×		
6	×		
7			×
8	×		×

注:×—接通。

c)

图 7—18　QX1 型手动 Y—△启动器

a）外形图　b）接线图　c）触头分合表

2、3、4、7、8 触头闭合，5、6 触头分断，定子绕组按 U1→触头 1→触头 3→W2、V1→触头 8→触头 7→U2、W1→触头 2→触头 4→V2 联结成△形全压正常运转。

练习题

问答题

1. 为了确保电动机正常安全运行，电动机应具有哪些综合保护措施？
2. 在电动机控制电路中能否用热继电器起短路保护作用？为什么？
3. 什么叫三相笼型异步电动机的 Y—△减压启动？在什么情况下可以采取这种降压启动？

模块七　CA6140 型车床的电气控制电路

知识技能要求

1. 了解 CA6140 型车床的主要结构及运动形式。
2. 掌握 CA6140 型车床的电气控制线路工作原理。
3. 能够完成 CA6140 型车床的电气控制线路的安装、调试与检修。

CA6140 型车床是目前应用比较广泛的车床之一，对它的学习有助于更好地理解电气控制线路，并且对于学习其他线路的分析与检修都有借鉴作用。

一、CA6140 型车床的主要结构及运动形式

1. 主要结构

CA6140 型车床的外形及结构如图 7—19 所示，它主要由床身、主轴箱、进给箱、溜板箱、刀架、丝杠、光杠、尾架等部分组成。

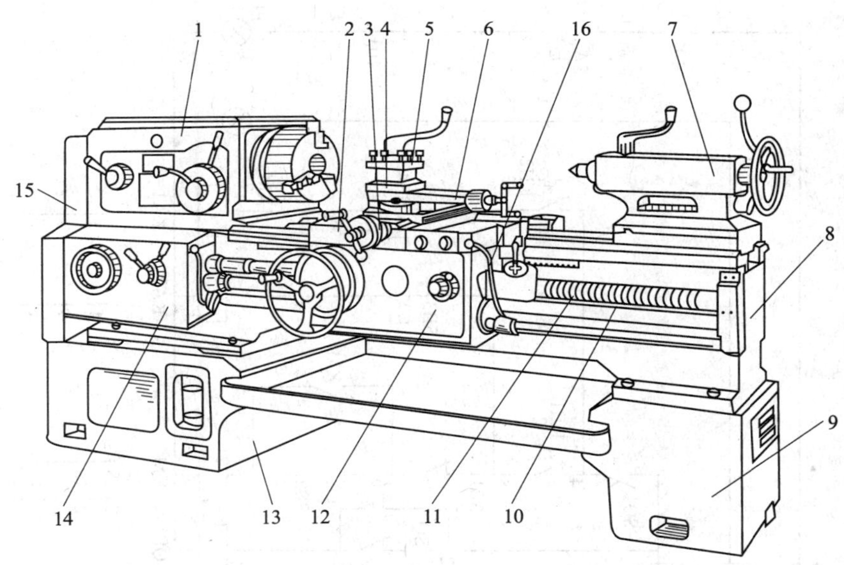

图 7—19　CA6140 型车床外形及结构

1—主轴箱　2—纵溜板　3—横溜板　4—转盘　5—刀架　6—小溜板　7—尾架　8—床身　9—右床座　10—光杠　11—丝杠　12—溜板箱　13—左床座　14—进给箱　15—挂轮架　16—操纵手柄

2. 运动形式

（1）车床的切削运动。车床的切削运动包括工件旋转的主运动和刀具的直线进给运动。主轴变速由主轴电动机经 V 带传递到主轴变速箱来实现。

（2）车床的辅助运动。车床的辅助运动包括尾架的纵向移动，工件的夹紧与放松等。

二、电气控制线路分析

CA6140 型车床的电气控制电路图如图 7—20 所示。

1. 识读机床电路图的一般方法和步骤

识读电路图一般首先看标题栏，了解电路图的名称及标题栏中有关内容，对电路图有个初步认识。其次看主电路，了解主电路控制的电动机有几台，各具什么功能。最后看控制电路。了解用什么方法来控制电动机，与主电路如何配合，属于哪一种典型电路。

（1）从识读主标题栏得知该电路图是 CA6140 型普通车床电气控制电路图。

（2）该图采用电路编号来绘制，对电路或支路数用数字编号来表示其位置。

（3）从功能栏来看，该电路图有主轴电动机、冷却泵电动机、刀架快速移动电动机，并有对应的控制电路。另外，还有信号灯、照明灯控制电路。

（4）从布局来看，电路图自左向右分别为主电路、控制电路、信号电路和照明电路。

（5）电路图在符号上采用分开表示法，即在电路图中每个接触器线圈的文字符号 KM 的下面画两条竖线，分成左、中、右 3 栏，把受其控制而动作的触头所处的图区号按表 7—10 的规定填入相应栏内（在图 7—20 中，电路图最下面一栏为图区号）。对备用而未使用的触头，在相应的栏中用记号“×”标出或不标任何符号。接触器线圈符号下面的数字标记的含义示例见表 7—10。

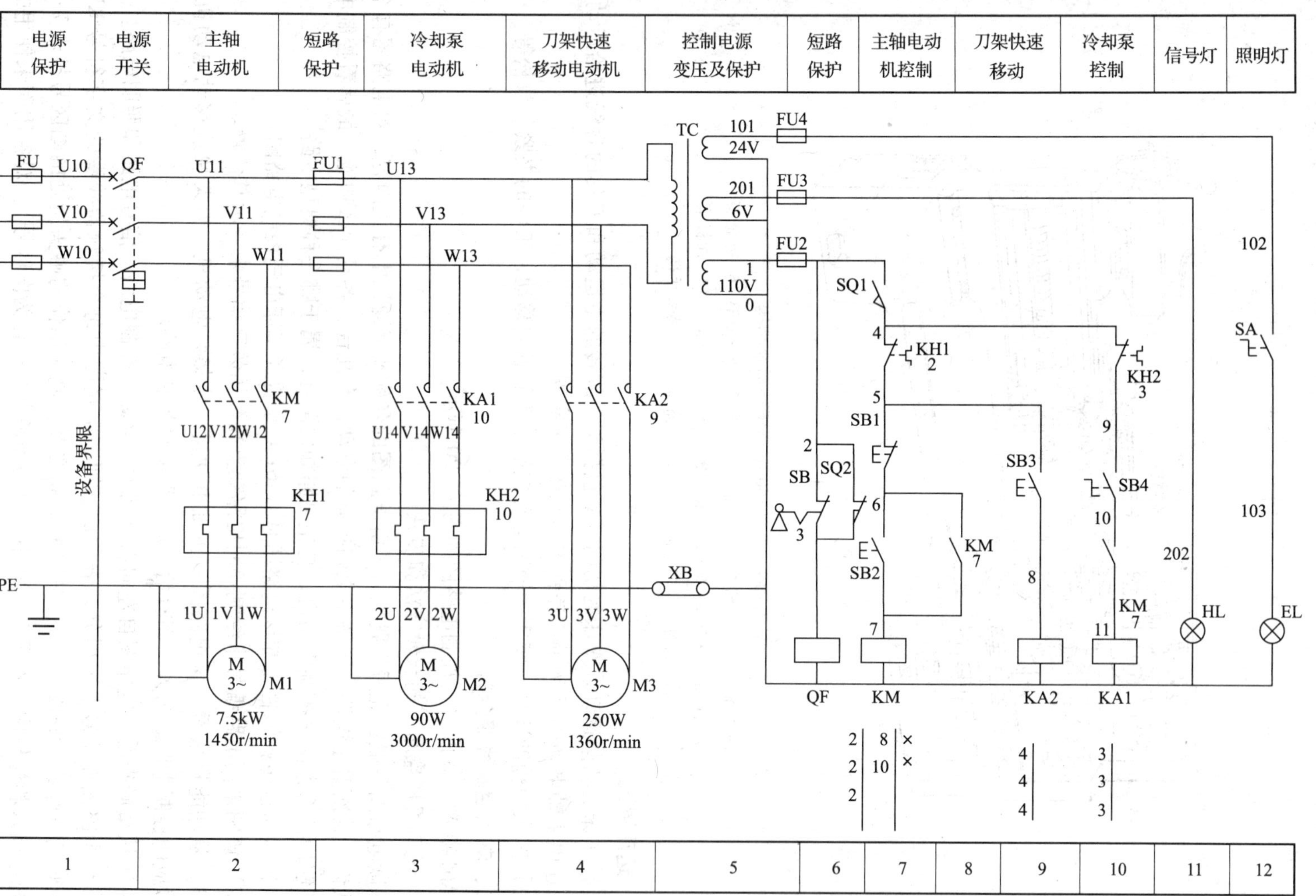

图 7—20　CA6140 型车床的电气控制电路图

表 7—10　　　　　　　　　　　　**接触器线圈符号下的数字标记含义**

栏目	左栏	中栏	右栏
触头类型	主触头所处的图区号	辅助常开触头所处的图区号	辅助常闭触头所处的图区号
KM 2 │ 8 │ × 2 │ 10 │ × 2 │ │	表示 2 对主触头均在图区 2	表示一对常开辅助触头在图区 8，另一对常开辅助触头在图区 10	表示 2 对常闭触头未使用

（6）在电路图中，每个继电器线圈符号下面画一条竖线，分成左、右两栏，把受其控制而动作的触头所处的图区号，按表 7—11 的规定填入相应栏内。同样，对备用而未使用的触头在相应的栏中用记号“×”标出或不标任何符号。继电器线圈符号下面的数字标记示例见表7—11。

表 7—11　　　　　　　　　　　　**继电器线图符号下的数字标记含义**

栏目	左栏	右栏
触头类型	常开触头所处的图区号	常闭触头所处的图区号
KA2 4 │ 4 │ 4 │	表示 3 对常开触头均在图区 4	表示常闭触头未使用

（7）在电路图中，触头文字符号下面的数字表示该电器线圈所处的图区号，如图 7—20 所示。例如，图区 4 文字符号 KA2 下面标有数字 9，表示中间继电器 KA2 的线圈在图区 9。

2. 主电路分析

主电路共有 3 台电动机：M1 为主轴电动机，带动主轴旋转和刀架作进给运动；M2 为冷却泵电动机，用以输送冷却液；M3 为刀架快速移动电动机。主轴电动机 M1 由接触器 KM 控制，热继电器 KH1 作过载保护，熔断器 FU 作短路保护，接触器 KM 作失压和欠压保护。冷却泵电动机 M2 由中间继电器 KA1 控制，热继电器 KH2 作为它的过载保护。刀架快速移动电动机 KA1 控制，热继电器 KH2 作为它的过载保护。刀架快速移动电动机 M3 由中间继电器 KA2 点动控制。FU1 作为冷却泵电动机 M2、快速移动电动机 M3、控制变压器 TC 的短路保护。低压断路器 QF 为电路的总电源开关。

3. 控制电路分析

控制电路的电源由控制变压器 TC 的输出 110 V 电压提供。在正常工作时，位置开关 SQ1 的常开触头闭合。打开床头的 V 带罩后，SQ1 断开，切断控制电路电源，以确保人身安全。钥匙开关 SB 和位置开关 SQ2 在正常工作时是断开的，QF 线圈不通电，断路器 QF 能合闸。打开配电盘壁龛门时，SQ2 闭合，QF 线圈获电，断路器 QF 自动断开。

（1）主轴电动机 M1 的控制

1）M1 启动过程如下：

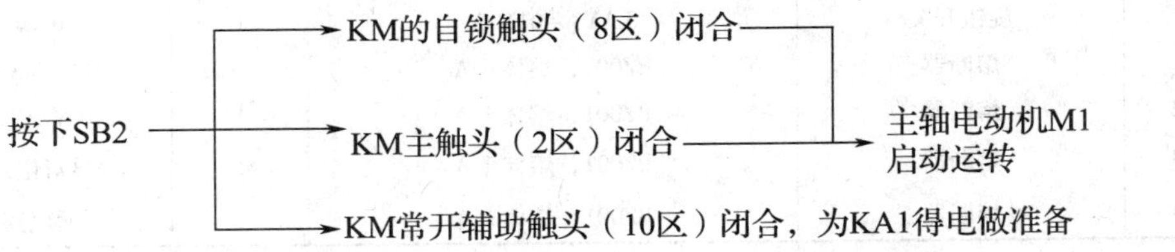

2）M1 停止过程如下：

按下 SB1 ⟶KM 线圈失电⟶KM 触头复位断开⟶M1 失电停转

3）主轴的正反转采用机械装置实现。

（2）冷却泵电动机 M2 的控制。主轴电动机 M1 和冷却泵电动机 M2 在控制电路中采用顺序控制，只有当主轴电动机 M1 启动后，即 KM 常开触头（10 区）闭合；合上旋钮开关 SB4，冷却泵电动机 M2 才可能启动。当 M1 停止运行时，M2 自行停止。

（3）刀架快速移动电动机 M3 的控制。刀架快速移动电动机 M3 的启动是由安装在进给操作手柄顶端的按钮 SB3 控制，它与中间继电器 KA2 组成点动控制线路。刀架移动方向（前、后、左、右）的改变是由进给操作手柄配合机械装置实现的。如需要快速移动，按下 SB3 即可。

4. 照明、信号电路分析

控制变压器 TC 的二次侧分别输出 24 V 和 6 V 电压，作为车床低压照明灯和信号灯的电源。EL 作为车床的低压照明灯，由开关 SA 控制；HL 作为电源信号灯。它们分别由 FU4 和 FU3 作为短路保护。

CA6140 型车床的电气元件明细表见表 7—12。

表 7—12　　CA6140 型车床电气元件明细表

代号	名称	型号及规格	数量	用途
M1	主轴电动机	Y132M－4－B3 7.5 kW，1 450 r/min	1	驱动主轴及进给移动
M2	冷却泵电动机	AOB－25，90 W，3 000 r/min	1	驱动冷却泵
M3	快速移动电动机	AOS5634，250 W，1 360 r/min	1	驱动刀架快移
KH1	热继电器	JR16－20/3D，15.4 A	1	M1 的过载保护
KH2	热继电器	JR16－20/3D，0.32 A	1	M2 的过载保护
KM	交流接触器	CJ0－20B，线圈电压 110 V	1	控制 M1
KA1	中间继中器	JZ7－44，线圈电压 110 V	1	控制 M2
KA2	中间继电器	JZ7－44，线圈电压 110 V	1	控制 M3
SB1	按钮	LAY3－01ZS/1	1	停止 M1
SB2	按钮	LAY3－10/3.11	1	启动 M1
SB3	按钮	LA9	1	启动 M3
SB4	旋钮开关	LAY3－10X/2	1	控制 M2
SQ1	位置开关	JWM6－1	1	断电保护
SQ2	位置开关	JWM6－1	1	断电保护
HL	信号灯	ZSD－0.6 V	1	刻度照明
QF	断路器	AM2－40，20 A	1	电源引入
TC	控制变压器	JBK2－100， 380 V/110 V/24 V/6 V	1	控制、照明 指示电源
EL	机床照明灯	JC11	1	工作照明
SB	旋钮开关	LAY3－01Y/2	1	电源开关锁
FU1	熔断器	BZ001，熔体 6 A	3	M2、M3 短路保护
FU2	熔断器	BZ001，熔体 1 A	1	110 V 控制电路保护
FU3	熔断器	BZ001，熔体 1 A	1	信号灯电路短路保护
FU4	熔断器	BZ001，熔体 2 A	1	照明电路短路保护

三、CA6140型车床电气控制线路的安装与调试

1. 工具、仪表及器材

（1）工具。验电笔、电工刀、剥线钳、尖嘴钳、斜口钳、旋具等。

（2）仪表。MF30型万用表、5050型兆欧表、T301－A型钳形电流表。

（3）器材。控制板、走线槽、各种规格的软线和紧固件、金属软管、编码套管等按需要配备。

2. 安装步骤及工艺要求

（1）按照表7—12配齐电气设备和元件，并逐个检验其规格以及质量是否合格。

（2）根据电动机容量、线路走向及要求和各元件的安装尺寸，正确选配导线的规格、导线通道类型和数量、接线端子板型号及节数、控制板、管夹、束节、紧固件等。

（3）在控制板上安装电气元件，并在各电气元件附近做好与电路图上相同代号的标记。

CA6140型车床各元件布置图如图7—21所示，接线图如图7—22所示。车床各位置代号索引见表7—13。

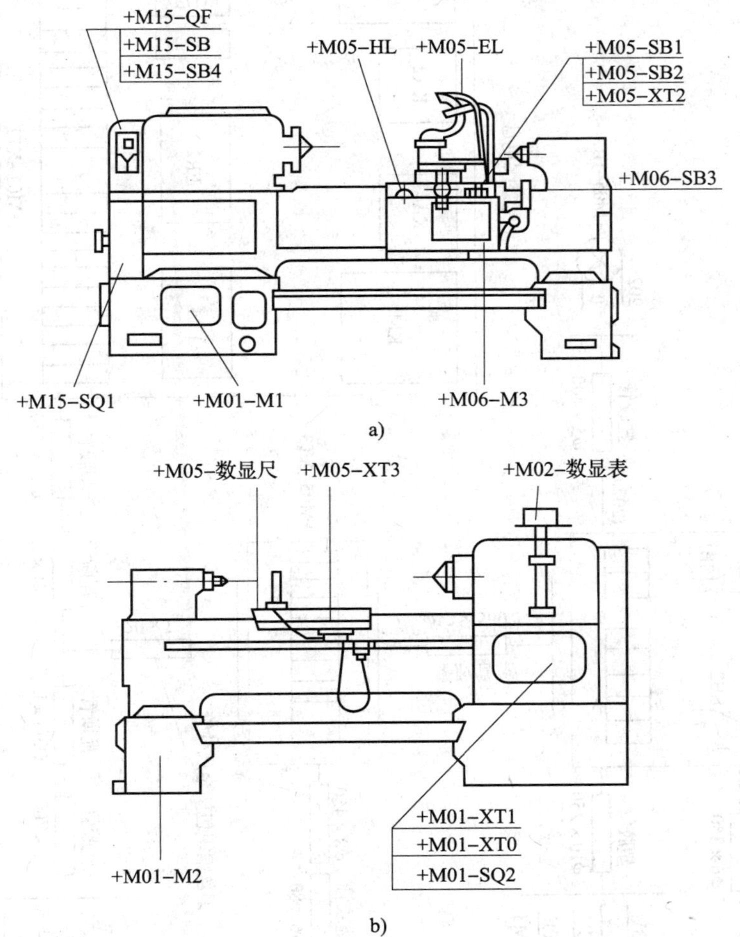

图7—21　CA6140型车床各元件布置图

a）正面　b）背面

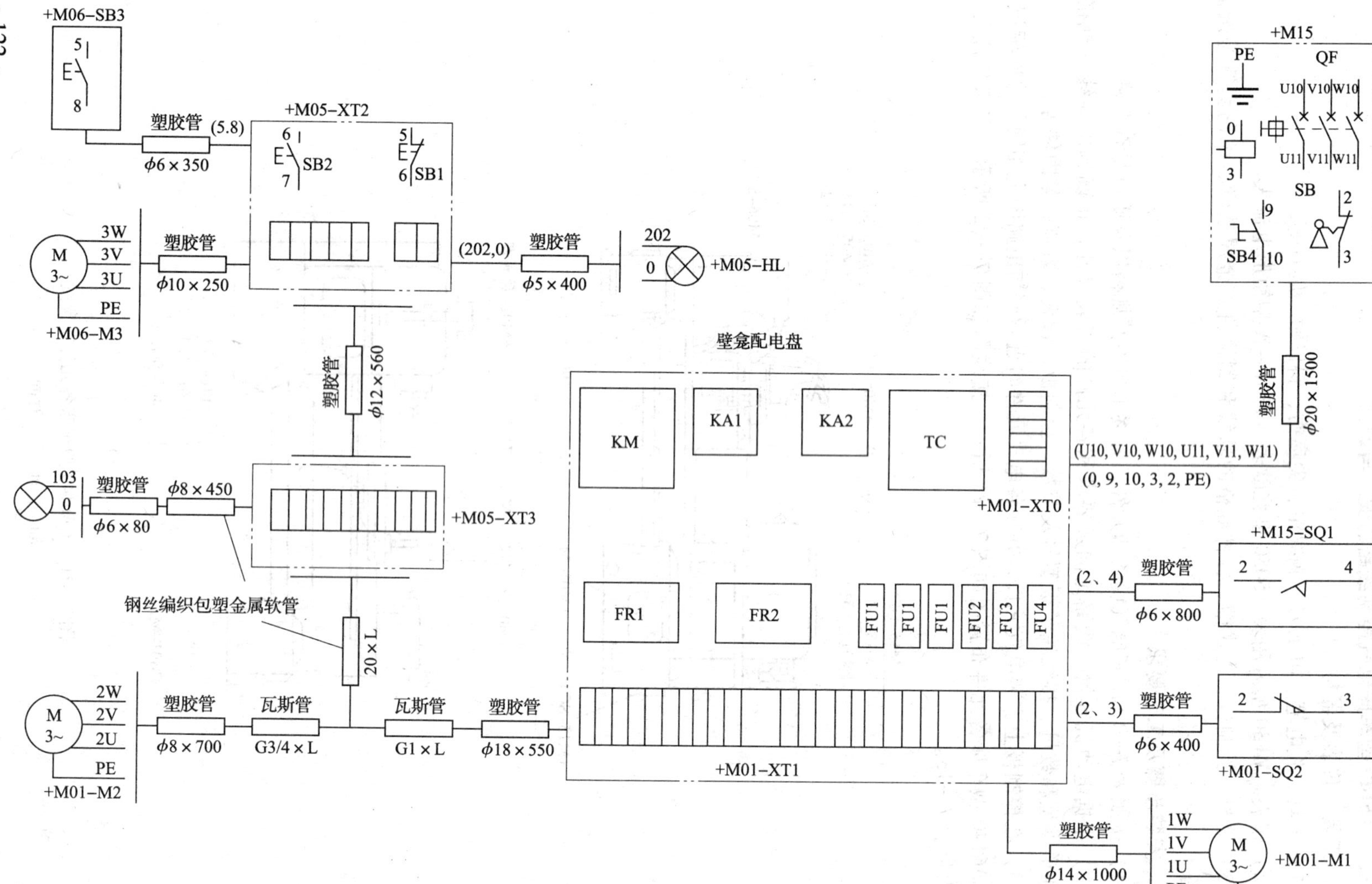

图 7—22　CA6140 型车床接线图

表 7—13　　　　　　　　　　　**位置代号索引**

序号	部件名称	代号	安装的元件
1	床身底座	+ M01	– M1，– M2，– XT0，– XT1，– SQ2
2	床鞍	+ M05	– HL，– EL，– SB1，– XT2，– XT3，数显尺
3	溜板	+ M06	– M3，– SB3
4	传动带罩	+ M15	– QF，– SB，– SB4，– SQ1
5	床头	+ M02	数显表

（4）按照控制板内布线的工艺要求进行布线和套编码套管。

（5）选择合理的导线走向，做好导线通道的支持准备，并安装控制板外部的所有电器。

（6）进行控制箱外部布线，并在导线线头上套装与电路图相同线号的编码套管。对于可移动的导线通道应留有适当的余量，使金属软管在运动时不承受拉力，并按规定在通道内放好备用导线。

（7）检查电路的接线是否正确和接地通道是否具有连续性。

（8）检查热继电器的整定值是否符合要求。各级熔断器的熔体是否符合要求，如不符合要求应予以更换。

（9）检查电动机的安装是否牢固，与生产机械传动装置的连接是否可靠。

（10）检测电动机及线路的绝缘电阻，清理安装场地。

（11）接通电源开关，点动控制各电动机的启动，以检查各电动机的转向是否符合要求。

（12）通电空转试验时，应认真观察各电气元件、线路、电动机及传动装置的工作情况是否正常。如不正常，应立即切断电源进行检查，在调整或修复后方能再次通电试运行。

3. 注意事项

（1）不要漏接接地线。严禁采用金属软管作为接地通道。

（2）在控制箱外部进行布线时，导线必须穿在导线通道内或敷设在机床底座内的导线通道里。所有的导线不允许有接头。

（3）在导线通道内敷设的导线进行接线时，必须精力集中。做到查出一根导线，立即套上编码套管，再进行复验。

（4）在安装、调试过程中，工具、仪表的使用应符合要求。

（5）通电操作时，必须严格遵守安全操作规程。

四、CA6140 型车床电气控制线路的检修

1. 目的要求

掌握 CA6140 型车床电气控制电路的故障分析及检修方法。

2. 工具与仪表

（1）工具。验电笔、电工刀、剥线钳、尖嘴钳、斜口钳、旋具等。

（2）仪表。万用表、兆欧表、钳形电流表。

3. 常见电气故障分析与检修

当需要打开配电盘壁龛门进行带电检修时，将 SQ2 开关的传动杆拉出，断路器 QF 仍可合上。关上壁龛门后，SQ2 复原恢复保护作用。

（1）主轴电动机 M1 不能启动。主轴电动机 M1 不能启动的故障，可按下列步骤进行检修。

1）检查接触器 KM 是否吸合，如果接触器 KM 吸合，则故障必然发生在电源电路和主电路上。其检修步骤如下：

①合上断路器 QF，用万用表测接触器受电端 U11、V11、W11 点之间的电压，如果电压是 380 V，则电源电路正常。当测量 U11 与 W11 之间无电压时，再测量 U11 与 W10 之间有无电压，如果无电压，则 FU（L3）熔体熔断或连接线断路；否则，故障是断路器 QF（L3）接触不良或连接线断路。

维修措施：查明损坏原因，修复或更换相同规格和型号的熔体、断路器及它们之间的连接导线。

②断开断路器 QF，用万用表电阻 R ×1 挡测量接触器输出端 U12、V12、W12 之间的电阻值，如果阻值较小且相等，说明所测电路正常；否则，依次检查 KH1、电动机 M1 以及它们之间连接线。

维修措施：查明损坏原因，修复或更换同规格和型号的热继电器 KH1、电动机 M1 及它们之间的连接导线。

③检查接触器 KM 主触头是否良好，如果接触不良或烧毛，则更换动、静触头或相同规格的接触器。

④检查电动机机械部分是否良好，如果电动机内部轴承等损坏，应更换轴承；如果外部机械有问题，可配合机修钳工进行维修。

2）接触器 KM 不吸合，故障一般在控制线路。其检修步骤如下：

首先检查 KA2 是否吸合，若吸合，说明 KM 和 KA2 的公共控制电路部分（0—1—2—4—5）正常，故障范围在 KM 的线圈部分支路（5—6—7—0）上；若 KA2 也不吸合，就要检查照明灯和信号灯是否亮。若照明灯和信号灯亮，说明故障范围在控制电路上；若灯 HL、EL 都不亮，说明控制电路的电源部分有故障。下面用电压分段测量法检修如图 7—23 所示控制电路的故障。

根据各段电压值来检查故障的方法见表 7—14。

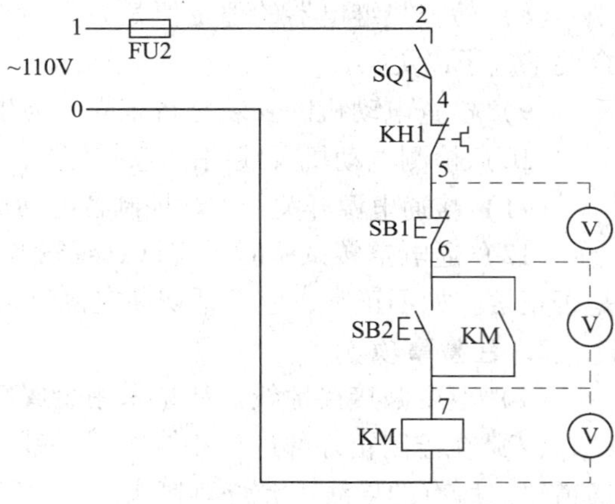

图 7—23　电压分段测量法

表 7—14　用电压分段测量法检测故障点与排除方法

故障现象	测量状态	5—6	6—7	7—0	故障点	排除方法
按下 SB2 时，KM 不吸合；按下 SB3 时，KA2 吸合	按下 SB2 不放	110 V	0	0	SB1 接触不良或接线脱落	更换 SB1 或将脱落导线接好
		0	110 V	0	SB2 接触不良或接线脱落	更换 SB2 或将脱落导线接好
		0	0	110 V	KM 线圈开路或接线脱落	更换同型号线圈或将脱落导线接好

（2）主轴电动机 M1 启动后不能自锁。当按下启动按钮 SB2 时，主轴电动机能启动运转；但松开 SB2 后，主轴电动机 M1 停止转动。造成这种故障的原因是接触器 KM 的自锁触头接触不良或连接导线松脱所致。

（3）主轴电动机 M1 不能停止运转。造成这种故障的原因多是接触器 KM 的主触头熔焊；停止按钮 SB1 击穿或线路中 5、6 两点连接导线短路；接触器铁心表面粘有污垢。可采用下列方法判明是哪种原因造成电动机 M1 不能停止运转：若断开 QF，接触器 KM 释放，则说明故障为 SB1 击穿或导线短接；若接触器过一段时间释放，则故障为铁心表面粘有污垢。若断开 QF，接触器 KM 不释放，则故障为主触头熔焊。根据具体故障采取相应措施维修。

（4）主轴电动机在运行中突然停止运转。这种故障的主要原因是由于热继电器 KH1 动作。发生这种故障后，一定要找出热继电器 KH1 动作的原因，故障排除后才能使其复位。引起热继电器 KH1 动作的原因可能是：三相电源电压不平衡；电源电压较长时间过低；负载过大以及 M1 的连接导线接触不良等。

（5）刀架快速移动电动机不能启动。首先检查 FU1 熔丝是否熔断；其次检查中间继电器 KA2 触头的接触是否良好。若无异常或按下 SB3 时，继电器 KA2 不吸合，则故障必定在控制电路中，这时依次检查 KH1 的常闭触头、点动按钮 SB3 及继电器 KA2 的线圈是否有断路现象。

4. 注意事项

（1）熟悉 CA6140 型车床电气控制线路的基本环节及控制要求。

（2）检修所用工具、仪表应符合使用要求。

（3）检修时，严禁扩大故障范围或产生新的故障。

（4）带电检修时，必须有指导教师监护，以确保安全。

实训与指导

实训一：CA6140 型车床电气控制线路的安装与调试。

实训指导：详见正文的第三项内容。

实训二：CA6140 型车床电气控制线路的检修。

实训指导：详见正文的第四项内容。

模块八　5 t 桥式起重机的电气控制线路

知识技能要求

1. 掌握 5 t 桥式起重机电气线路工作原理。
2. 掌握 5 t 桥式起重机电气线路的检修。

5 t 起重机有单梁和桥式两大类型。单梁起重机多采用按钮并站在地面控制，而桥式起重机通常都在驾驶室采用凸轮控制器控制。各式起重机除有不同的吨位以外，还有不同的跨度、提升高度和中级、重级之分；但除设备的功率容量不同之外，在电路的控制原理上都是相同的。

起重机是高空设备，安全性能要求较高。设备要求电动机能调速、可满载启动、能断续工作，因而在电路上就反映了这些特点。现以 5 t 桥式起重机为例来分析其电气控制的原理。

5 t 桥式起重机的运动机构分为大车、小车及吊钩 3 部分。为了能很好地适应调速及在满载之下频繁地启动，故都采用了三相绕线转子异步电动机。绕线转子异步电动机可在转子回路串入电阻器改善其启动性能，即调节启动转矩、减小启动电流。电阻器的阻值大小可以控制，则能进行速度调节。这样就可适应起重机对驱动提出的要求，而对电动机的控制则采用凸轮控制器。因为在断续工作制之下，启动频繁，故电动机不宜采用热继电器，而采用带一定延时的过流继电器。过流继电器及总刀开关等装在起重机专用保护柜之中。普通 5 t 桥式起重机的电路如图 7—24 所示。

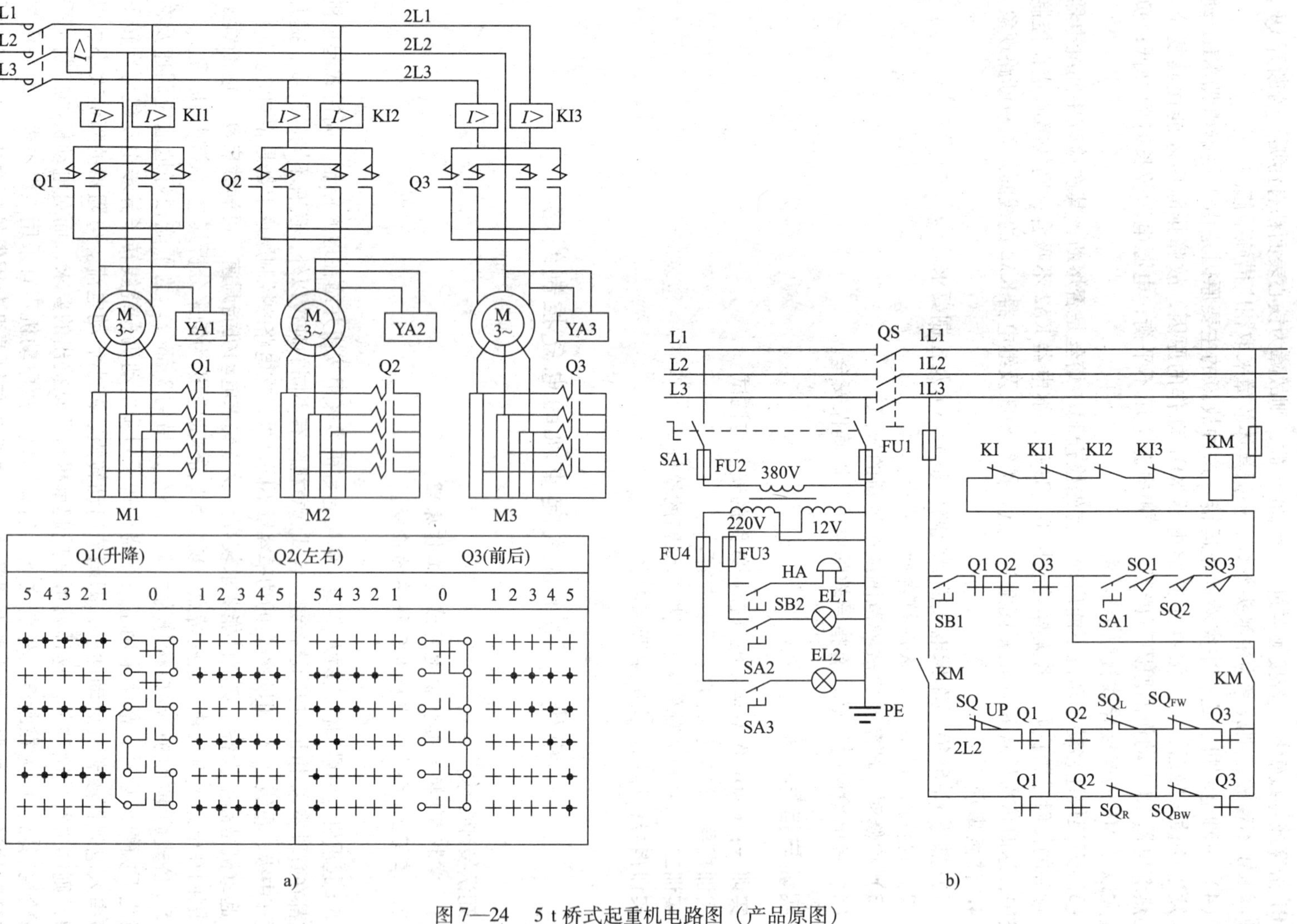

图 7—24　5 t 桥式起重机电路图（产品原图）

a）5 t 桥式起重机电气结构图　b）5 t 桥式起重机电气线路图

图 7—24 中各有关的电气部件都是根据起重机的规格配套的，其单元部件的电气控制原理如下。

一、凸轮控制器

凸轮控制器是桥式起重机主要的电气控制设备。电动机的启停、调速、反向及保证由零位最低速开始启动，正反转的联锁功能都由凸轮控制器完成。目前应用较多的凸轮控制器是 KT10、KT12 及 KT14 型，额定电流有 25 A 及 60 A 两种，对 5 t 桥式起重机，主要使用额定电流为 25 A 的凸轮控制器。KT10、KT12 型为单断点转动式触头。操纵形式有手轮式及手柄式两种，KT14 型为双断点、直动式触头，但仅有手柄操纵的形式。所有不同型号的凸轮控制器，在各个方面都存在差异，但假如基本控制功能是一样的，则可互相替代使用。例如，5 t 桥式起重机的某一凸轮控制器是应用 KT10 - 25J/1 型，则可用 KT12 - 25J/1、KT14 - 25J/1 和KTJ1 - 50/1 型代用。当然，前 3 种型号的凸轮控制器安装尺寸相差不大，代用时不会有困难；而对 KTJ1 - 50/1 型，则因外形尺寸过大，代用时在安装上有一定的困难，但接线原理完全相同。

凸轮控制器型号所代表的意义如下：

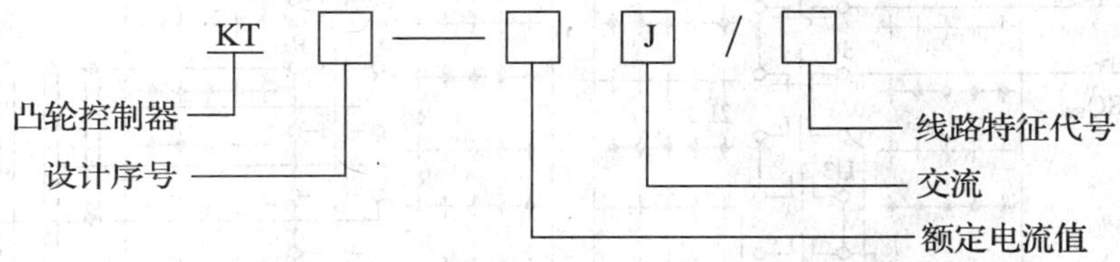

其中线路特征代号是为区别不同的控制对象而设。在 KT12 - 25J/1 系列中，1 代表控制 1 台绕线转子三相异步电动机；2 代表控制 2 台绕线转子三相异步电动机；3 代表控制 3 台三相笼型转子异步电动机，以此类推。对 KT10、KT14 及 KTJ1 型各系列的凸轮控制器，其线路特征代号的含意略有不同，根据不同性质的控制对象，使用时可在有关样本手册中查到全部有关数据和接线方式。

普通 5 t 桥式起重机所用的凸轮控制器，通常为三台 KT12 - 25J/1 型（或 KT10 - 25J/1 型、KT14 - 25J/1 型）分别控制大车、小车及吊钩电动机。其控制线路如图 7—25 所示。

凸轮控制器的控制功能大致分为安全保护，电阻器切换和电动机工作电源供给 3 部分。这 3 部分由凸轮控制器的 12 对触头来进行控制，其中 4 对为电源控制用，5 对为切换电阻用，2 对起限位作用，还有 1 对为零位控制起安全保护作用。

1. 电源控制电路的分析

凸轮控制器的电源控制触头由电源线 2L1、2L3 供电，这两路电源线是由保护配电柜中控制该电动机的过电流继电器的输出端引来。控制器的输出端分别引到该电动机（如图 7—25 中小车电机 M3）定子接线的 U3、W3，而 V3 则直接由配电柜上总过电流继电器 KI 的输出端直接供给，故不通过控制器，并且其余两台电动机的第三根电源线（2L2）均由此输入（可参考图 7—20）。

控制器共分 5 挡，在控制器的线路图中，凡有黑色圆点“·”者表示触头接通，无黑点者则表示断开。控制器电源部分的 4 对触头交叉连接，而使电源相序发生改变，故当控制器的手柄向左方扳动时，控制器的转轴带动凸轮转动，使控制器内控制电动机正转（设这时电动机的转动方向人为地定为正转，起重机的小车向后运动）的触头 2L3 与 W 接通、2L1 与 U3 接通，向电动机供电，再加上直接接入的 2L2 电源线，这时电动机正转。如当控制器手柄向右扳动时，这

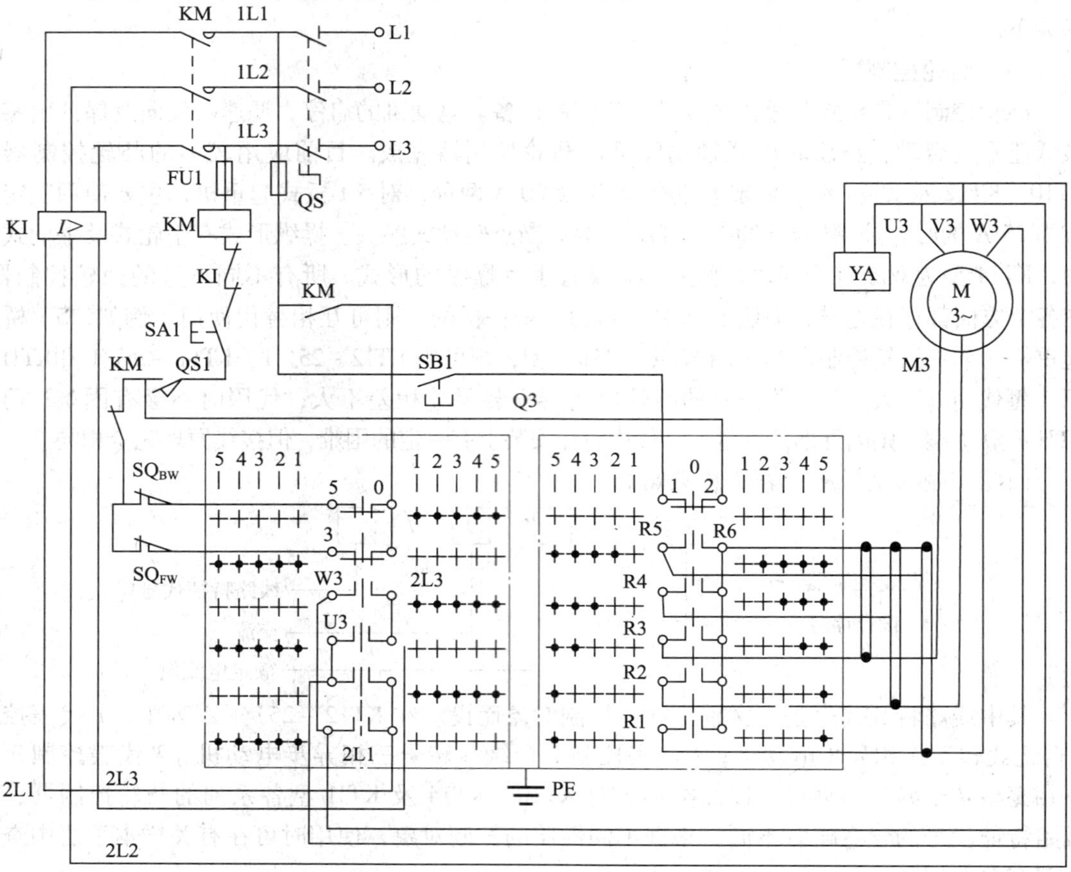

图 7—25　KT12－25J/1 型凸轮控制器控制电路图

时 2L3 与 U3、2L1 与 W3 接通，电动机电源相序改变，使电动机反转，起重机的运动机构相应地反向运动。可见，这 4 对触头是起控制电动机的启、停及正反转的作用。

2. 电阻器控制电路分析

小车的驱动电机若配套的电阻器为 RT11－6/1B 型。它有 5 个抽头，配合凸轮控制器 KT12－25J/1 型的 5 挡调速。三组不同阻值的电阻器送到电动机的转子三相绕组中。维修时，通常只要按样本手册查出配套的电气元件即可。

电阻器型号的意义如下：

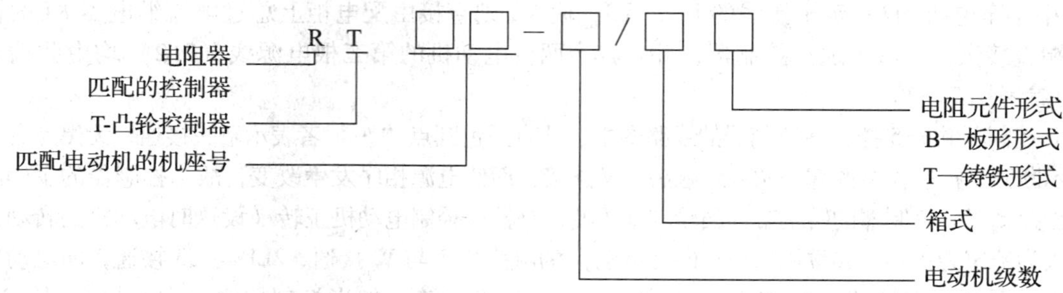

凸轮控制器切换电阻器用触头共 5 对，该 5 对触头的通断状况由控制器不同挡位来控制。由图 7—18 可以看出，控制器手柄扳动时，其触头的通断状态在左、右方向时完全一致。如图 7—25 所示，在手柄处于第一挡时，所有 5 对触头都是断开状态；电动机转子串入所有的电阻。这时电动机启动，大的电阻值限制了电动机的启动电流，并能获得较大的启动转矩，电动机处于最低速的运行状态。当控制器手柄扳到第二挡时，R5—R6 一段电阻被短接，电动机转子绕组中所串电阻值减小，速度上升。根据控制器的控制电路图可以看出，在此后的几挡位置，这一对触点始终是闭合的。

如需继续升速，则将控制器手柄扳到第三挡，这时电阻器的另一相 R4—R6 段电阻被触头短接，电动机的转速因而再升高一挡。这样顺序工作直到第五挡时，电阻器逐段直至全部被短接。这时电动机转子外接电阻为零，处于最高速运转状态。

3. 安全保护用触头控制电路分析

凸轮控制器的安全保护作用有极限位置（终端）、限位保护及零位启动保护两个方面。

零位启动保护是由控制器的 1—2 号的触头来实现的，这对触头仅当控制器在零位时才闭合，其余任何挡位，在两个方向上都是断开的。这一对在零位闭合的触头串入保护配电柜的启停控制电路。在零位时，保护柜才允许启动，并由接触器自保。在其他各挡，1—2 这对触头虽然断开，但因电源控制接触器的自保作用而不会掉闸。但如起重机在正常运转情况之下，突然停电或起重机虽然在全部停止状态时下班，却因人为误操作给凸轮控制器送电或上班使起重机处于准备工作状态（即启动主接触器），如果没有这种零位保护，起重机就会自行启动造成事故。有了零位保护之后，起重机就只能在 3 个凸轮控制器都处于零位时，才能启动主接触器，使起重机处于准备工作状态。

极限位置限位开关对电动机正转（即控制器手柄向右，小车运动向后）及反转各有一个，分别串入在对应的控制回路中，由控制器的 4—5 及 4—3 两对触头控制。在零位时，是准备工作状态，两对触头都闭合，手柄向左或向右均能正常启动电动机。但当手柄处在向右，即小车向后运动达到运动的极限位置而撞开向后的行程开关 SQ_{BW}，保护柜的总电源接触器因而失电掉闸，起重机就停止运动。在控制器手柄回到零位后，启动主接触器，可向反方向扳动手柄，小车反向就脱离极限位置。

4. 凸轮控制器具有的功能

（1）控制电动机的启动与停止。

（2）变换电动机的运动方向。

（3）控制电阻器，并通过电阻器来限制电动机的启动电流和获得较大的启动转矩。

（4）切换电阻器的电阻值来调节电动机的转速。

（5）可以适应起重机所要求的频繁启动与变速的特点。

（6）与限位开关配合，可以防止起重机运动机构超过极限位置。

（7）保证在零位启动。

对于大车及吊钩的运动，凸轮控制器所起的作用相同，不过吊钩下降没有极限位置保护。

应注意，由于吊钩下降不设极限位置保护，故当吊钩无限制的下降时，在钢丝绳放完后如仍继续下降，卷扬部分就会将钢丝绳反绕而使吊钩上升，即使达到上升的极限位置，限位开关也不起作用（因极限开关是串入上升回路中的），这时就要发生严重事故。

二、保护配电柜

1. 保护配电柜的型号

起重机的保护配电柜（或称保护配电盘）起安全保护及配电的作用。保护配电柜型号的意义如下：

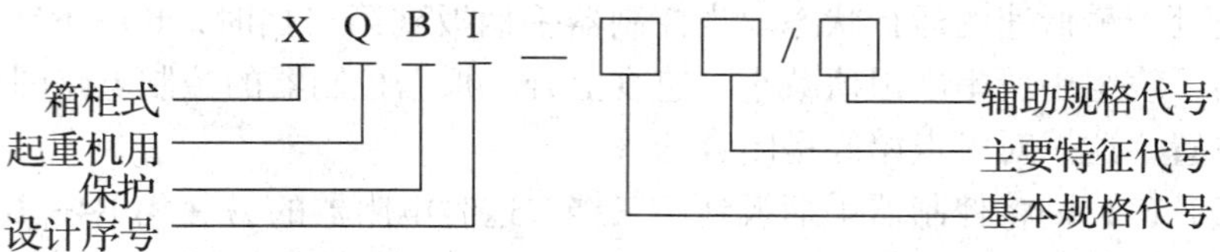

（1）辅助规格代号。1～50 为瞬时动作过电流继电器；51～100 为反时限动作过电流继电器。

（2）主要特征代号。以所控制的绕线转子电动机台数区分，如 F 为大车运行机构两台电动机单独驱动。

（3）基本规格代号。以主接触器容量的额定电流值来表示。

起重机所用的保护配电柜的规格型号视与起重机所用的电动机规格、凸轮控制器的规格配套而定。各起重机生产厂所采用的型号不尽相同。保护柜中的电气元件主要有三相刀开关、供电用的主接触器和总电源过电流继电器及各传动电动机保护用的过电流继电器等。

2. 保护配电柜的工作原理

保护配电柜的电路如图 7—26 所示。其中总闸开关 QS 是为控制总电源而设置。主接触器 KM 用来控制起重机的工作电源，其启动由按钮控制。当主接触器吸合后，起重机就处于准备工作状态，操作凸轮控制器就可使各有关机构运动。当主接触器释放后，各运动机构的电动机就全部失去电源而停止运转。在主接触器的控制回路中接入各有关保护元件，其工作原理分析如下：

（1）启动按钮同所有凸轮控制器的零位保护触头串联。这样，所有凸轮控制器处于零位才有可能启动接触器，起到零位保护功能。

（2）自保回路中串入起重机各运动机构的极限位置行程开关：SQ_{UP}（上升限位）；SQ_{FW}、SQ_{EW}（小车前后）；SQ_{L}、SQ_{R}（大车左右）。当任一运行机构达到极限位置碰撞限位开关，就断开自保回路，主接触器释放，运行立即停止，起极限位置保护作用。

（3）在主接触器自保回路之后串接了几个安全保护开关 SA1（紧急停止）、SQ1—SQ3（驾驶室门及顶盖等出入口保护）等。SA1 是为危急情况之下作紧急停止运行之用。SQ1 等是为了检修等原因，工作人员由驾驶室出去到桥架上时，当打开驾驶室顶盖的门就断开安全开关的触头，使主接触器不能吸合，以保障在桥架上工作人员的安全。

（4）在主接触器的控制回路中还串入 KI（总过电流继电器）、KI1（各运动机构电动机保护用过电流继电器）等，它们都是各驱动电动机的过载保护元件。在电动机过载时，过电流继电器的触头切断主接触器的控制回路。过电流继电器的整定值应调整合适，如果整定值调得过大，则电动机虽然已经过载，但尚不足以使继电器动作，则失去了保护的作用；但如果整定值调得过小，那么在电动机启动或运行中就可能使继电器动作，从而切断电源，产生误动作。所以，对总过电流继电器的整定值应为全部电动机额定电流总和的 1.5 倍，或电动机功率最大一台电动机的额定电流的 2.5 倍再加上其余电动机额定电流的总和；而各个电动机的过电流继电器，通常分别整定在各自所保护电动机额定电流的 2.25～2.5 倍的数值上。

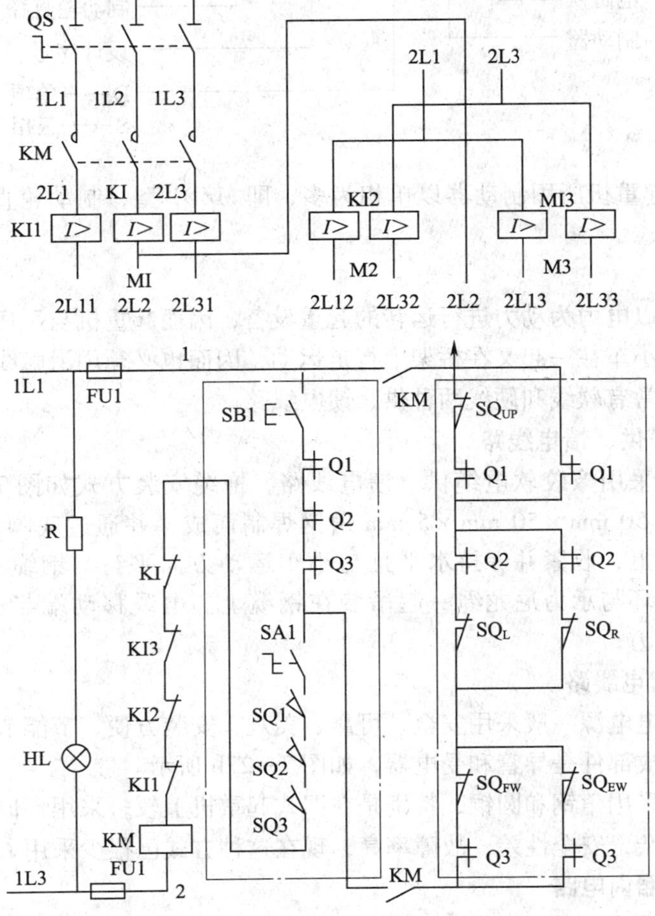

图 7—26　XQB1 型保护配电柜电路简化图

（注：点划线框中的元件也包括在保护柜内。）

三、制动器

桥式起重机是高空作业设备，当运行中停止时，都分别由各相应运行机构中的制动器进行制动，以免发生事故。

桥式起重机常用的制动器为三相 MS1 系列及单相 MZD1 系列电磁铁同 TJ2 系列制动器组合而成。制动电磁铁在无电的情况下，由弹簧使制动闸刹住装在电动机转轴上的制动轮而制动（刹车）。电磁铁通电时，松开制动闸而让电动机自由运转，故其电源接线就各自接在需要制动的电动机的定子电源端子上。在某一运动机构（如吊钩电动机）运动时，凸轮控制器馈电给电动机，同时制动磁铁得电松开抱闸，电动机运行。电动机失电时，电磁铁就断电，弹簧机构使制动器对电动机制动。这种得电松开，失电制动极适合起重机，又有很好的安全保障作用，在停电或紧急停车时，都能确保有效的制动效果。

电磁铁制动器型号的意义如下：

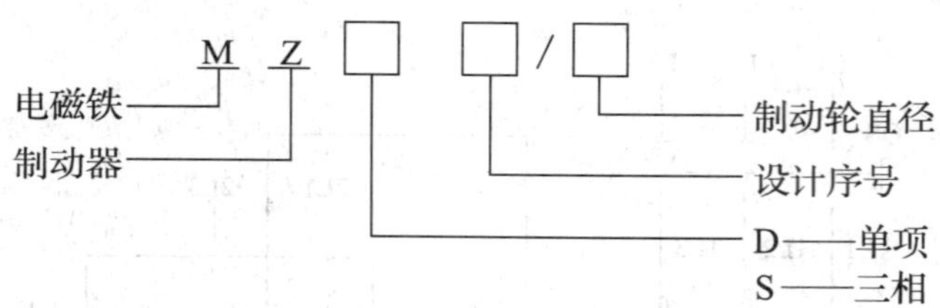

普通 5 t 桥式起重机所用制动器以单相为多，即 MZD1 型，制动轮直径常为 100 mm 和 200 mm。

四、电源馈线

桥式起重机是以电力为动力进行运转的起重设备，因而起重机与厂房之间就需要滑触线来供电；而吊钩与小车在一起又在桥架上行走运动，因而也必须用滑触线向小车馈电。这种滑触供电形式，通常有软线和硬线两种供、馈电线路。

1. 橡胶软电缆供、馈电线路

移动小车一般采用橡胶软电缆供、馈电线路，拖缆安装方式如图 7—27a 所示。该结构两端钢支架采用 50 mm × 50 mm × 5 mm 角钢焊制而成，并通过底脚固定在桥架上。钢缆两端固定在支架上，收紧并保持水平且与小车运动方向平行。钢缆在小车上支架孔内穿过，电缆通过吊环与承力尼龙绳一起吊装在钢缆上。电缆移动端与小车上支架固定连接，以减少钢缆受力。

2. 硬线供、馈电线路

桥式起重机供电电源一般采用安全、可靠、美观、安装方便、节能节电的安全供电滑触线装置，其主要构成部件是导管和受电器，如图 7—27b 所示。

滑触线有时也采用角钢和圆铜，特别是在旧式起重机上较多采用，但这种方式不仅浪费材料，而且安装复杂，安全性差，故障率高，现在这种方式已很少采用。

五、照明及轿厢内电路

桥式起重机照明电源由 380 V 电源电压经隔离变压器取得 220 V 和 36 V 电压，其中 220 V 用于桥架下照明，36 V 用于轿厢控制室内照明和桥架上的维修照明。同时，控制室（轿厢）内电风扇和电热取暖设备电源也用 220 V 电源。36 V 也可作为警铃电源及安全手提灯源。但必须注意，该电路所取 220 V 及 36 V 电源均不接地，严禁利用起重机机壳作为电源回路，严禁利用起重机机体或轨道作为工作零线。

六、桥式起重机的电气工作原理

将以上各电气部件和单元电路综合起来，就是起重机的电气工作原理。至于一些辅助电气设施及电气元件的控制及作用，如照明、声光告警信号、指示信号以及控制变压器、熔断器等，读者可自行分析。目前，5 t 桥式起重机的大车用两台电动机分别驱动的结构形式也很多，这时保护柜改为控制 4 台电动机的 XQB1 - 150 - 4F 型，大车用两台完全相同的电动机（最好是同一工厂的产品，以求两台电动机同步），相应地制动器也改为两台，电阻器也改为两台，再配上控制两台绕线转子三相异步电动机用的凸轮控制器，如 KT12 - 25J/2 型即可。其电气工作原理完全相同，仅设备有所变化而已。大车用两台电动机独立驱动的控制电路如图7—28所示。

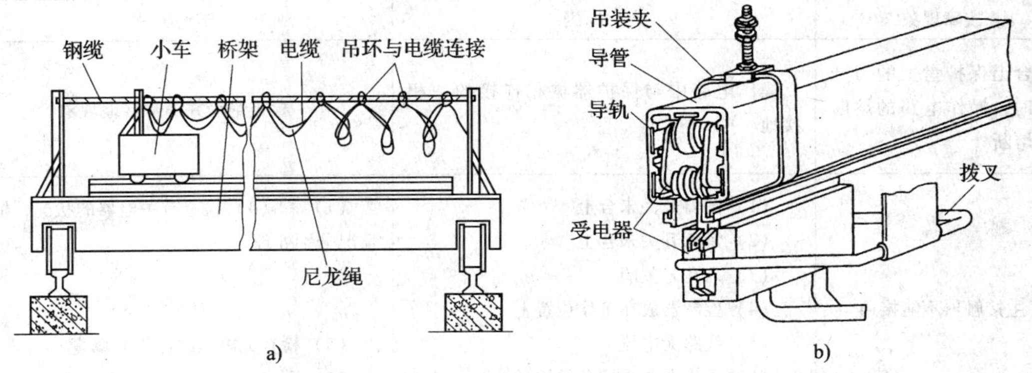

图 7—27　电源供馈线安装

a）软线　b）硬线

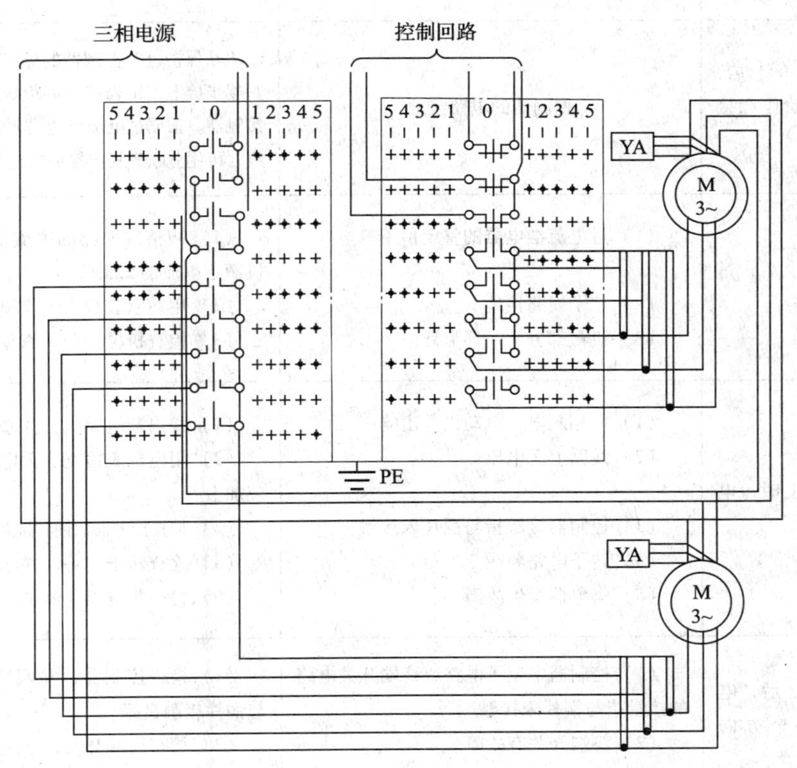

图 7—28　大车用两台电动机独立驱动的控制电路图

为了安全，除了起重机的可靠接地之外，还要保证起重机轨道必须接地或重复接地（即保证起重机金属壳体任一部分的良好接地），接地电阻不得大于 4 Ω。

七、起重机常见的电气故障

起重机常见的各类电气故障与维修方法见表 7—15 ~ 表 7—18。

表 7—15　　**操作过程中的故障与维修方法**

故障现象	产生原因	维修方法
合上保护盘上的刀开关时，操作电路的熔断器熔断	操作电路中与保护器械相连接的一相接地	检查绝缘并消除接地现象
主接触器不能接通	（1）闸刀开关未合上 （2）紧急开关未合上 （3）入孔未关闭 （4）控制器放在工作位置上 （5）线路无电压 （6）操作电路的熔断器熔丝熔断 （7）接触器线圈坏	（1）~（4）检查有关电器的状况，根据情况分别处理 （5）检查无电压的原因并修复 （6）更换熔丝 （7）更换线圈
当主接触器合上后，引入线上的熔断器熔断	该相接地	用兆欧表查出接地的地点并修复
当主接触器合上后，过电流继电器动作和接触器自动释放	控制器的电路接地	将从保护盘至控制器的导线断开，然后再将其逐步接上，每当接上一根导线后，要合一次接触器。根据过电流继电器动作确定接地的导线。再用兆欧表找出接地的地点并修复
当控制器合上后，过电流继电器动作	（1）过电流继电器的整定值不符 （2）定子线路接地 （3）机械部分某一环卡死	（1）调整继电器的电流值，使其为电动机额定电流的225%~250% （2）用兆欧表找出绝缘损坏处并修复 （3）检查机械部分并修复
当控制器合上时，电动机不转动	（1）一相断电，电动机发出响声 （2）线路上无电压 （3）控制器接触指与铜片未接触 （4）转子电路断线 （5）集电器发生故障	（1）找出断电原因，并修复 （2）用电压表检查有无电压，若无电压，应加上 （3）检查控制器，使其接触指与铜片接触好 （4）检查转子电路，并修复 （5）检查集电器并修复或更换
当控制器合上后，电动机仅能作一个方向转动	（1）控制器中定子电路或终端开关电路的接触指与铜片未接触 （2）终端开关有故障 （3）配线有故障	（1）检查控制器，并调整接触指，使它与铜片接触良好 （2）检查终端开关，修复或更换 （3）用电压表找出故障处并修复
电动机不能发出额定功率，速度减慢	（1）制动器未完全松开 （2）转子或电枢电路中的启动电阻未完全切除 （3）线路中的电压下降 （4）机构卡住	（1）检查并调整制动机构 （2）检查控制器，并调整其接触指 （3）检查电压下降值的原因并修复 （4）检查机构并修复

续表

故障现象	产生原因	维修方法
三相交流起重机构改变原有运动方向	检修线路时，将电动机的相序接错	更换任意两相导线，恢复正确相序
当终端开关的杠杆动作时，相应的电动机不断电	（1）终端开关的电路发生短路现象 （2）接至控制器的导线次序错乱	（1）检查引至终端开关的导线并修复 （2）检查接线系统并修复
在起重机运行中，接触器短时断电	接触器线圈电路中联锁触点的压力不足	检查各联锁触点，并调整故障触点的压力
当操作控制器切断后，接触器不释放	操作电路中有接地	用兆欧表找出接地点并修复

表 7—16　　交流制动电磁铁的故障与维修方法

故障现象	产生原因	维修方法
线圈过热	（1）电磁铁的牵引力过载 （2）在工作位置上，电磁铁可动部分与静止部分有间隙 （3）制动器的工作条件与线圈的特性不符 （4）线圈的电压与线路电压不符合	（1）调整弹簧的压力或变更重锤位置 （2）调整制动器的机械部分消除间隙 （3）更换符合工作条件的线圈 （4）更换线圈或改变联结方式，如为三相电磁铁，可将△形联结改接成Y形联结
产生较大的响声	（1）电磁铁过载 （2）磁导体的工作表面脏污 （3）磁面变曲	（1）调整弹簧压力或变更重锤位置 （2）清除磁导体表面上的脏物 （3）调整机械部分消除磁路弯曲
电磁铁不能克服弹簧及重锤重的重力	（1）电磁铁过载 （2）所采用的线圈电压大于线路电压 （3）线路中电压显著降低	（1）调整制动器的机械部分 （2）更换线圈或将Y形联结改成△形联结 （3）检查引起线路中电压下降的原因并修复

表 7—17　　交流接触器、继电器的故障与维修方法

故障现象	产生原因	维修方法
接触器线圈过热	（1）线圈过负荷 （2）线圈有短路现象 （3）活动磁导体没有在应在的部位	（1）减少动触点对静触点的压力 （2）更换线圈 （3）检查磁导体有无歪斜、卡住及脏物等，并消除
接触器有响声	（1）线圈过负荷 （2）线圈导体工作面脏 （3）磁铁系统歪斜 （4）短路环损坏	（1）调整动触头对静触头的压力 （2）清除工作面脏物 （3）调整位置 （4）更换
接触器动作慢	（1）磁导体活动部分、固定部分相距太远 （2）底板的下部比上部突出	（1）调整磁导体两部分适当靠近 （2）接触器严格垂直安装

续表

故障现象	产生原因	维修方法
电压切断后，磁铁系统不落下	（1）底板的下部比上部突出 （2）触点压力不足	（1）接触器严格垂直安装 （2）调整压力
触点过热或烧焦	（1）动触点对静止触点的压力太小 （2）触点脏污	（1）调整弹簧压力 （2）清除脏污

表 7—18　　控制器的故障与维修方法

故障现象	产生原因	维修方法
控制器在工作过程中产生卡住或冲动现象	（1）接触指粘在铜片上 （2）定位机构发生故障	（1）调整接触指的位置 （2）检查并修理固定销
接触指与铜片间冒火	（1）接触指与铜片间接触不良 （2）控制器过载	（1）调整接触指对铜片的压力（利用调整螺钉或弹簧来调整） （2）改变工作规范或更换控制器
控制器元片和指杆被烧坏	（1）元片与指杆接触不紧 （2）控制器容量偏小	（1）调节指杆压力或更换 （2）更换大容量控制器
磁力控制器不全部工作	（1）不工作的接触器在电路中的联锁触点发生故障 （2）操纵控制器的触点发生故障	（1）按起重机电路参数检查联锁触点并调整 （2）按电路图检查并调整操纵控制器的触点
启动时，电动机不平稳，在控制器的最后位置上，有时速度减低	（1）转子回路有断开处 （2）控制器转子部分有故障 （3）控制器和电阻器之间的配线有错误	（1）检查转子回路接线，检查电阻器有无损坏元件，修复或更换 （2）修理和调整控制器 （3）按电路图检查接线，并更正接线错误
电动机只能单方向旋转	（1）某方向的控制器触点烧坏 （2）线路中某处有断线	（1）更换触点 （2）找出断线处并修复
控制器的手把和操纵轮转不动或转不到头	（1）定位机构有故障 （2）指杆落在元片的下面	（1）检查定位机构并修复 （2）调整指杆的位置

练习题

分析题

1．分析桥式起重机电气控制线路接触器线圈过热的原因及其排除方法。

2．分析在起重机运行中，接触器短时断电故障的原因及其排除方法。

模块九　Z3050 型摇臂钻床的电气控制线路

知识技能要求

1. 了解 Z3050 型摇臂钻床结构及运动形式。
2. 了解钻床对电气线路的主要要求。
3. 掌握钻床电气控制线路工作原理。
4. 熟练掌握 Z3050 型钻床电气线路的安装。

一、Z3050 型摇臂钻床的结构及运动形式

1. 主要结构

Z3050 播臂钻床由底座、内外立柱、摇臂、主轴箱及工作台组成。其结构及运动形式如图 7—29 所示。

2. 运动形式

（1）主轴转动由主轴电动机驱动。通过主轴箱内的主轴、进给变速传动机构及正反转摩擦离合器和操纵手柄、手轮，可以实现主轴的正反转、进给、变速、空挡、停止等控制。同时，主轴可随主轴箱通过操作手轮沿摇臂上的水平导轨做径向移动。

（2）摇臂的垂直移动由摇臂升降电动机驱动，同时与外立柱一起可相对内立柱做手动 360°回转。

（3）Z3050 型摇臂钻床对主轴箱、摇臂及内、外立柱的夹紧由液压泵电动机提供动力，它采用液压驱动的菱形块夹紧机构。

二、钻床对电气线路的主要要求

1. 由于主轴正、反转是由正反转摩擦离合器来实现，所以只要求主轴电动机单方向旋转。

2. 摇臂的垂直移动是通过播臂升降电动机的正、反转实现的，因此要求摇臂升降电动机能双向启动。同时，为了设备的安全，应具有上、下的极限保护。

3. 主轴箱、摇臂、内外立柱的夹紧通过液压驱动实现，故要求液压泵电动机能双向启动。

4. 冷却泵电动机只要求单向启动。

5. 为保证操作安全，控制电路的电源电压为 127 V。

6. 摇臂只有在放松状态下才能进行垂直移动，故应有联锁，并应有夹紧、放松指示。

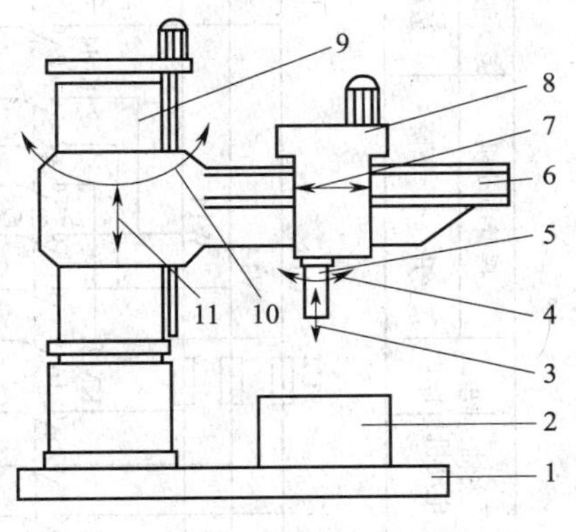

图 7—29　Z3050 型摇臂钻床结构及运动形式示意图

1—底座　2—工作台　3—主轴纵向进给　4—主轴旋转主运动　5—主轴　6—摇臂　7—主轴箱沿摇臂径向运动　8—主轴箱　9—内外立柱　10—摇臂回转运动　11—摇臂垂直运动

三、钻床电气控制线路分析

Z3050 型摇臂钻床电路图如图 7—30 所示。

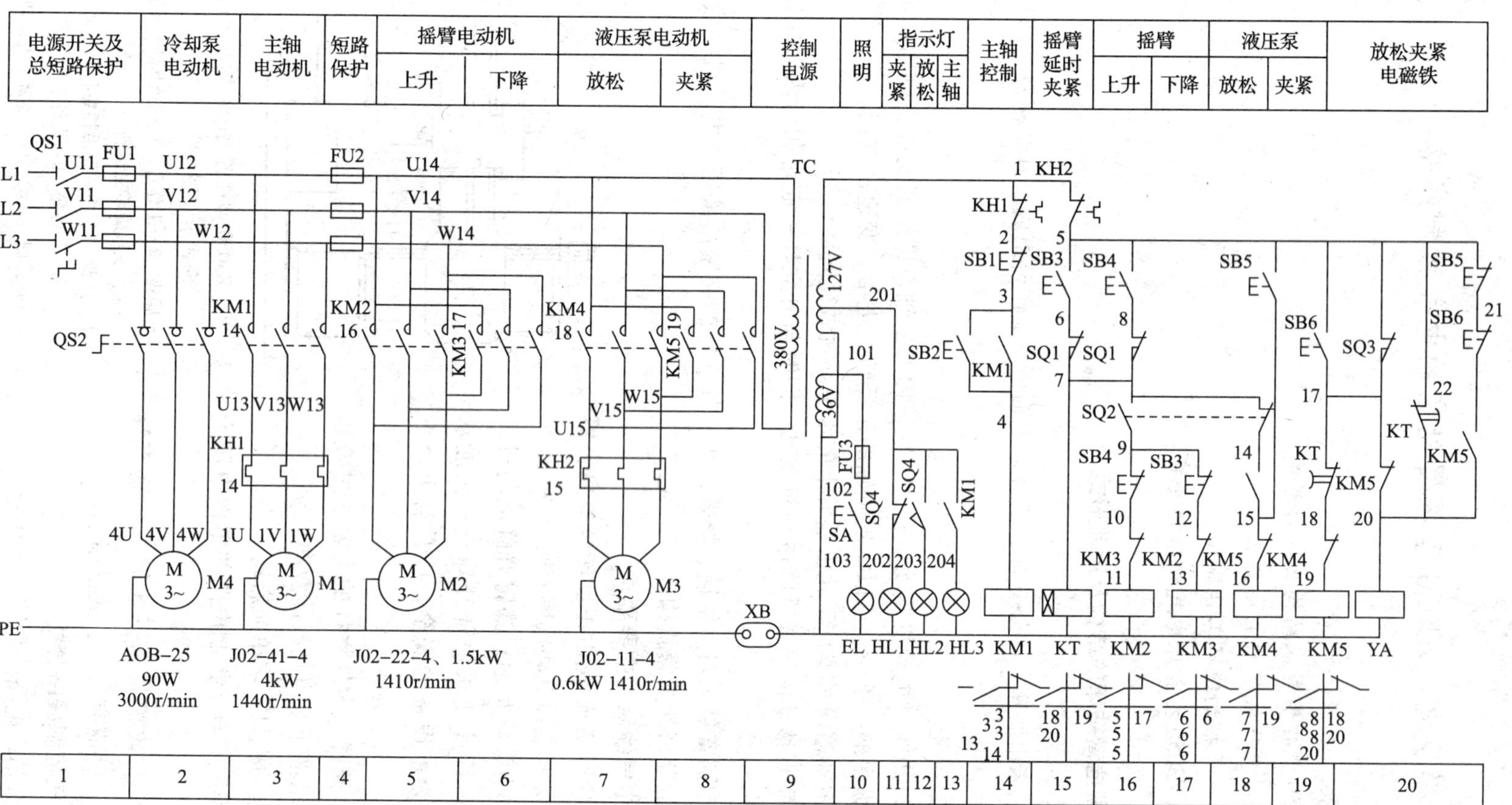

图 7—30　Z3050 摇臂钻床电气原理图

1. 主电路

机床采用380 V、50 Hz三相交流电源供电，并有保护接地措施。组合开关QS1为机床总电源开关。钻床上装有4台电动机：M1为主轴电动机，只需正转；M2为摇臂升降电动机，可正、反转；M3为液压泵电动机，可正、反转；M4为冷却泵电动机，只需正转。

电路中M4容量小，用组合开关QS2进行手动控制且短时工作，故不设过载保护。M1、M3分别由热继电器FR1、FR2作过载保护。FU1为总熔断器，兼作M4、M1的短路保护；FU2作M2和M3及控制变压器一次侧的短路保护。

2. 控制及照明、指示电路

控制、照明和指示电路均由控制变压器TC降压后供电。电压分别为127 V、36 V及6 V。各电气元件明细见表7—19。

表7—19　　　　Z3050型摇臂钻床电气元件明细

代号	名称	型号与规格	数量	备注
M1	主轴电动机	J02-41-4、4 kW、1 440 r/min	1	380 V、50 Hz、T2
M2	摇臂升降电动机	J02-22-4、1.5 kW、1 410 r/min	1	380 V、50 Hz、T2
M3	液压泵电动机	J02-11-4、0.6 kW、1 410 r/min	1	380 V、50 Hz、T2
4M	冷却泵电动机	AOB-25、90 W、3 000 r/min	1	380 V、50 Hz
KM1	交流接触器	CJ0-20B 吸引线圈127 V、50 Hz	1	
KM2～KM5		CJ0-10B 吸引线圈127 V、50 Hz	4	
KT	时间继电器	JJSK2-4 吸引线圈127 V、50 Hz	1	
KH1	热继电器	JR0-40/3、三级、6.4～10 A	1	整定在8.37 A
KH2		JR0-40/3、三级、1～1.6 A	1	整定在1.57 A
QS1	组合开关	HZ2-25/3	1	板后接线
QS2		HZ2-10/3	1	板后接线
SQ1		HZ4-22	1	
SQ2、SQ3	位置开关	LX5-11	2	
SQ4		LX3-11K	1	
TC	控制变压器	BK-150 380 V/127-36-6 V	1	6 V从127 V中抽头
SB1、SB3 SB4	按钮	LA19-11	3	红、绿、黄色各1个
SB2、HL3		LA19-11D 指示灯电压为6 V	1	绿色
SB5、HL1		LA19-11D 指示灯电压为6 V	1	黄色
SB6、HL2		LA19-11D 指示灯电压为6 V	1	绿色
FU1	熔断器	RL1-60/30 配熔体30 A	3	
FU2		RL1-15/10 配熔体10 A	3	
FU3		RL1-15/2 配熔体2 A	1	
YA	电磁铁	MEJ1-3 吸引线圈127 V 50 Hz	1	
EL、SA	机床工作灯	JC2	1	只要灯头部分
	低压灯泡	36 V 40 W	1	

（1）主轴电动机的控制。合上电源开关 QS1，按启动按钮 SB2，接触器 KM1 吸合并自锁，主轴电动机 M1 启动，同时主轴旋转指示灯 HL3 亮。停车时，按停车按钮 SB1，KM1 释放，M1 停止旋转，主轴旋转指示灯 HL3 熄灭。

（2）摇臂升降控制。按摇臂上升（或下降）按钮 SB3（或 SB4），时间继电器 KT 吸合，其瞬时动作的常开触点和延时断开的常闭触点闭合，使电磁铁 YA 和接触器 KM4 同时吸合，液压泵电动机 M3 旋转，使摇臂松开。同时，通过弹簧片压位置开关 SQ2 使 KM4 释放，而使 KM2（或 KM3）吸合，M3 停止旋转，摇臂电动机 M2 正转（或反转），带动摇臂上升（或下降）。

当摇臂上升（或下降）到所需位置时，松开 SB3（或 SB4），KM2（或 KM3）和 KT 释放，摇臂电动机 M2 停止旋转，摇臂停止升降，KT 释放经过 1 ~3 s 延时后，延时闭合的常闭触点闭合，使 KM5 吸合，M3 反向旋转。此时 YA 仍处吸合状态，使摇臂夹紧，同时通过弹簧片压位置开关 SQ3，使 KM5 和 YA 都释放，液压泵停止旋转。在摇臂上升（或下降）过程中，利用组合开关 SQ1 来限制摇臂的升降行程，提供极限保护。

（3）立柱和主轴箱的松开或夹紧控制。立柱和主轴箱的松开或夹紧是同时进行的。按松开按钮 SB5（或夹紧按钮 SB6），接触器 KM4（或 KM5）吸合，液压泵电动机 M3 旋转，使立柱和主轴箱同时松开（或夹紧），同时松开指示灯亮（或夹紧指示灯亮）。

四、钻床电气控制线路的安装步骤

1. 按电气元件明细表配齐电气设备和元件，并检验其质量。
2. 设计控制板尺寸，正确选配导线、接线端子、紧固件等，做好安装前的准备。
3. 在控制板上安装电气元件，并在各电气元件附近做好与电路图上相同代号的标记。
4. 按控制板内布线的工艺要求布线，安装电气控制线路。
5. 选择合理的走向，做好导线通道支持准备，并安装控制板外的所有电气元件。
6. 进行控制箱外部布线，并在导线线头套上与电路图上相同线号的编码套管。
7. 检查所有电路的接线是否正确，连接是否牢固可靠。
8. 检查所有位置开关的安装位置是否正确，能否满足电气控制要求。
9. 检查各传动装置安装情况，并清理周围环境，保证机械传动正常。
10. 检测各电动机及线路的绝缘电阻，做好通电试运转的准备。
11. 接通总电源，检查钻床电源相序是否正确。可先按松开按钮 SB5，若主轴箱和立柱都松开，表示电源相序正确；否则须对换电源线路中的任意两根导线，以改变相序。电源相序正确后，再调试升降电动机 M2 的接线及极限保护是否正确。
12. 通电试运转时，进行各机械装置的细调，使之完全符合工作要求。

练习题

问答题

机床对电气线路的主要要求是什么？

模块十　工厂电气设备维修的原则及方法

知识技能要求

1. 掌握电动机的日常维护和保养方法。
2. 掌握控制设备的日常维护和保养方法。
3. 掌握电气设备维护与检修的一般方法。

电气设备在运行过程中，产生的各种故障会使工业机械不能正常工作，不但影响了生产效率，而且严重时还会造成人身、设备事故。因此，电气设备发生故障后，维修电工应准确、迅速、安全地查出故障，并加以排除。

一、电气设备维修的一般方法

1. 电气设备的日常维护和保养

（1）电动机的日常维护和保养

1）经常检查运行中电动机的负载电流是否正常，用钳形电流表查看三相电流是否平衡，三相电流中的任何一相与其三相平均值相差不允许超过10%。

2）对工作在正常环境条件下的电动机，应定期用兆欧表检查其绝缘电阻；对工作在潮湿、多尘及含有腐蚀性气体等环境条件下的电动机，更应该经常检查其绝缘电阻。三相380 V的电动机及各种低压电动机，其绝缘电阻至少为0.5 MΩ；高压电动机定子绕组绝缘电阻至少为1 MΩ/kV，转子绕组绝缘电阻至少为0.5 MΩ。若发现电动机的绝缘电阻达不到规定要求，应采取相应措施处理，使其符合规定要求，方可继续使用。

3）经常检查电动机的接地装置，使之保持牢固可靠。

4）经常检查电动机的振动、噪声是否正常，有无异常气味、冒烟、启动困难等现象。一旦发现，应立即停止检修。

（2）控制设备的日常维护和保养

1）电气柜的门、盖、锁及门框周边的耐油密封垫均应良好。

2）操纵台上的所有操纵按钮、主令开关的手柄、信号灯及仪表护罩等都应保持清洁完好。

3）检查接触器、继电器等电器的触头系统吸合是否良好，有无噪声、卡住或迟滞现象，灭弧装置是否完好无损等。

4）检查位置开关能否起到位置保护作用。

5）检查各电器的操作机构是否灵活可靠，有关整定值是否符合要求。

6）检查各类指示信号装置和照明装置是否完好。

二、电气设备故障检修的一般方法

1. 检修前进行故障调查

当工业机械发生电气故障后，切忌盲目动手检修。在检修前，通过问、看、听、摸来了解故障发生前的操作情况和故障发生后出现的异常现象，以便根据故障现象判断出故障发生的部位，进而准确地排除故障。

（1）问。询问操作者故障发生前电路和设备的运行状况及故障发生后的症状，该故障是经常发生还是偶尔发生；是否有响声、冒烟、火花、异常振动等征兆；故障发生前有无切削力过大和频繁地启动、停止、制动等情况；有无经过保养检修或改动线路等。

（2）看。察看故障发生前是否有明显的外观征兆。例如，各种信号的状况；熔断器是否熔断；保护电器脱扣是否动作；接线是否脱落；触头是否烧蚀或熔焊；线圈是否过热烧毁等。

（3）听。在线路还能运行和不扩大故障范围、不损坏设备的前提下，可通电试运转，细听电动机、接触器和继电器等电器的声音是否正常。

（4）摸。在刚切断电源后，尽快触摸检查电动机、变压器、电磁线圈及熔断器等，看是否有过热现象。

2. 用逻辑分析法确定并缩小故障范围

分析电路时，通常先从主电路入手，了解工业机械各运动部件和机构采用了几台电动机驱动，与每台电动机相关的电气元件有哪些，采用了何种控制。然后根据电动机主电路所用电气元件的文字符号、图区号及控制要求，找到相应的控制电路。在此基础上，结合故障现象和线路工作原理，进行认真分析排查，即可迅速判定故障发生的可能范围。当故障的可疑范围较大时，可将故障可疑范围分成两部分，来判断故障究竟发生在哪一部分，从而缩小故障范围，提高检修速度。

3. 对故障范围进行外观检查

在确定了故障发生的可能范围后，对范围内的电气元件及连接导线进行外观检查。例如，熔断器的熔体熔断；导线接头松动或脱落；接触器和继电器的触头脱落或接触不良，线圈烧坏致使表层绝缘纸烧焦变色，烧化的绝缘清漆流出；弹簧脱落或断裂；电气开关的动作机构受阻失灵等，这些都能明显地表明故障点的所在。

4. 用试验法进一步缩小故障范围

经外观检查未发现故障点时，可根据故障现象，结合电路图分析故障原因。在不扩大故障范围、不损伤电气和机械设备的前提下，进行直接通电试验，或除去负载（从控制箱接线端子板上卸下负载接线）通电试验，以分清故障是在电气部分还是在机械等其他部分；是在电动机上还是在控制设备上；是在主电路上还是在控制电路上。一般情况下，先检查控制电路，具体做法是：操作某一个按钮或开关时，线路中有关的接触器、继电器将按规定的动作顺序进行工作。若依次动作至某一电气元件时，发现动作不符合要求，即说明该电气元件或其相关电路有问题。再在此电路中进行逐项分析和检查，一般便可发现故障。待控制电路的故障排除恢复正常后，再接通主电路，检查控制电路对主电路的控制效果，观察主电路的工作情况有无异常等。

在通电试验时，必须注意人身和设备的安全。一定要遵守安全操作规程，不得随意触动设备带电部分，要尽可能切断电动机主电路电源，只在控制电路带电的情况下进行检查；如需电动机运转，则应使电动机在空载下运行，以避免工业机械的运动部分发生误动作和碰撞；要暂时隔断有故障的主电路，以免故障扩大，并预先充分估计到局部线路动作后可能发生的不良后果。

5. 用测量法确定故障点

测量法是用常用的测试工具和仪表（如校验灯、验电笔、万用表、钳形电流表、兆欧表等）对电路进行有关参数（如电压、电阻、电流等）的测量，来判断电气元件的好坏、设备的绝缘情况以及线路的通断情况。常用的测量方法有电阻法、短接法、电压法等。

在用测量法检查故障点时，一定要保证各种测量工具和仪表完好，使用方法正确，还要注意防止感应电流、回路电流及其他并联支路的影响，以免产生错误判断。

6．故障修复及注意事项

（1）修复故障的同时，必须进一步分析查明产生故障的根本原因，并加以排除。

（2）故障修复应尽量做到复原。

（3）电气故障修复完毕通电试运行时，应和操作者配合，避免出现新的故障。

三、工业机械电气设备维修的一般要求

1．采取的维修步骤和方法必须正确，切实可行。

2．不得损坏完好的电气元件。

3．不得随意更换电气元件及连接导线的型号、规格。

4．不得擅自改动线路。

5．损坏的电气装置应尽量修复使用，但不得降低其固有的性能。

6．电气设备的各种保护性能必须满足使用要求。

7．绝缘电阻合格，通电试运转能满足电路的各种功能，控制环节的动作程序应符合要求。

8．修理后，电气装置必须满足其质量标准要求，电气装置的检修质量标准有以下 8 个方面：

（1）外观整洁，无破损和炭化现象。

（2）所有的触头均应完整、光洁、接触良好。

（3）压力弹簧和反作用力弹簧应具有足够的弹力。

（4）操纵、复位机构都必须灵活可靠。

（5）各种衔铁运动灵活，无卡阻现象。

（6）灭弧罩应完整、清洁，安装牢固。

（7）整定数值大小应符合电路使用要求。

（8）指示装置能正常发出信号。

练习题

一、填空题（将正确答案写在横线上）

1．电气设备的维修包括__________和__________两个方面。

2．三相 380 V 的电动机及各种低压电动机其绝缘电阻至少为__________。

二、问答题

电气故障检修的一般方法有哪些？

第八单元　照明及动力线路

模块一　常用电光源及照明灯具的安装

知识技能要求

1. 了解常见照明器的种类。
2. 熟练掌握常用电光源及照明灯具的安装方法

一、发光源的种类

电光源按其发光原理分热辐射光源和气体放电光源两类，工厂中常用的白炽灯、卤钨灯属前者；而荧光灯、高压汞灯、高压钠灯、金属卤化物灯和氙灯属后者。选择电光源的依据一是根据光源的特性；二是根据不同场所的照明要求。

1. 白炽灯

白炽灯靠电流加热灯丝至白炽状态而发光。灯丝工作温度越高，灯的光效也越高，但灯丝的蒸发加快，灯的使用寿命因此缩短。

白炽灯泡在额定电压下使用时，使用寿命一般为 1 000 h。电压升高 10% 时，其发光效率提高 17%，而使用寿命则缩短到原来的 28%；反之，如果电压降低 20%，其发光效率降低 37%，但使用寿命却增加 1 倍，故灯泡的供电电压以接近额定值为宜。

白炽灯的最大优点是显色性好，结构简单，使用方便，价格便宜。

2. 卤钨灯

卤钨灯的工作原理与普通白炽灯基本相同，也是利用电流通过钨丝将其加热到炽热状态而产生辐射，不同之处在于卤钨灯泡内除了充入惰性气体外，还充有少量的卤族元素，如氟、溴、碘等，在满足一定温度的条件下，灯泡内能够建立起卤钨再生循环，防止钨沉积在玻璃壳上，使灯泡在整个使用寿命期间保持良好的透明。根据加入的卤族元素的不同，便产生了不同种类的卤钨灯，如碘钨灯、溴钨灯等。

3. 荧光灯（又称日光灯）

荧光灯是一种低气压汞蒸气放电光源，因具有结构简单、光色好、发光效率高、使用寿命长等优点，而广泛应用于车间及办公室。如图 8—1 所示是荧光灯的两种接线图，其工作原理如下：

开关 SA 接通的一瞬间，电路中电流没有通路，线路压降全部加在起辉器 V 两端，起辉器产生辉光放电，其产生的热量使起辉器中的双金属片变形弯曲而与静触片接触成通路，这时有较大的电流通过镇流器 L 与灯丝。灯丝被加热而发射电子，并使汞蒸发。在起辉器电极接通后，辉光放电消失，电极温度迅速下降，使双金属片因温度下降而恢复到原来状态。在双金属片脱离接触的一瞬间，电路呈开路状态，镇流器两端产生一个在数值上比线路电压高的电压脉冲，使灯 EL 点燃。灯点燃后，灯两端的电压仅 100 V 左右，因达不到起辉器放

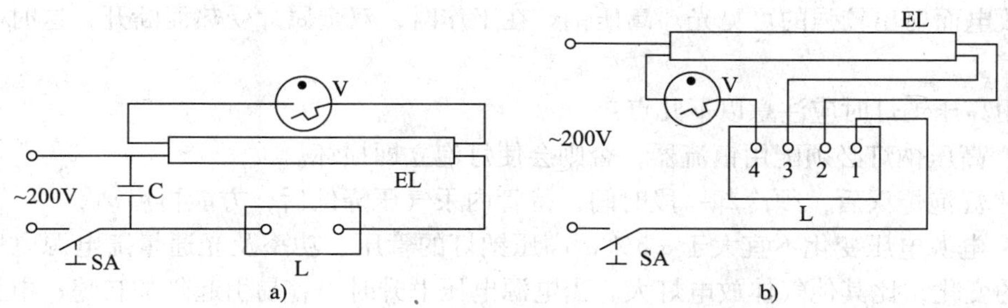

图 8—1　荧光灯接线图

a）典型接线图　b）引用副线圈整流器的接线图

电电压而使起辉器停止工作。镇流器则与灯管串联，起限制灯管工作电流作用。并联于荧光灯电源上的电容器 C，是为了改善功率因数。

4. 高压汞灯

高压汞灯（习惯称高压水银灯）的发光效率高、亮度大，现已广泛使用于车间作一般照明光源。高压汞灯的工作原理如图 8—2 所示。当图中开关 SA 接通后，先在引燃电极 G 与主电极 K1 之间产生辉光放电，然后过渡到主电极 K1 和 K2 之间的弧光放电。弧光放电后，K1 和 G 之间的电压就不足以进行辉光放电，辉光放电停止。而随着主电极的弧光放电，汞就逐渐气化，压力增加，促使弧光放电稳定地进行，所发出的紫外线激励荧光粉而发出可见光。图中 R 的作用是限制灯点燃初始阶段的辉光放电电流，镇流器 L 作用是限制工作电流。

5. 高压钠灯

高压钠灯是一种发光效率高、用电省、透雾能力强的电光源，适用于街道、机场、车站、码头港口、体育馆等场所照明用。高压钠灯主要由灯丝、双金属片热继电器、放电管、玻璃外壳等组成，其电气原理如图 8—3 所示。

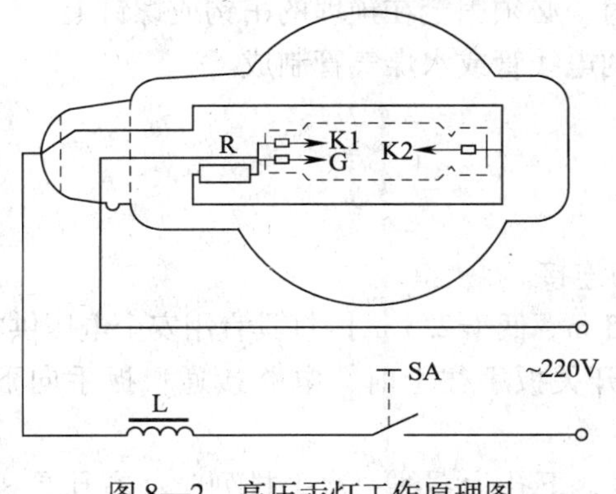

图 8—2　高压汞灯工作原理图

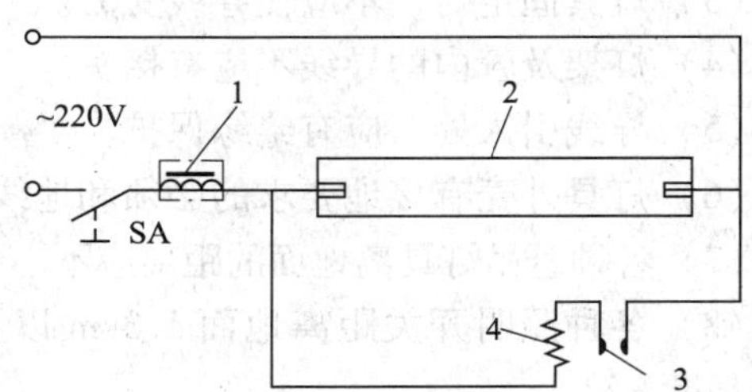

图 8—3　高压钠灯电气原理图

1—镇流器　2—放电管

3—热继电器　4—热电阻

当高压钠灯接入电源后，电流经过镇流器、热电阻、双金属片常闭触头而形成通路，此时放电管内无电流。过一会儿，热电阻发热，使双金属片热继电器断开，在断开瞬间，镇流器线圈产生很高的自感电动势，它和电源电压合在一起加到放电管两端，使管内氙气电离放电，温度升高，继而使汞变为蒸气而放电。当管内温度进一步升高，使钠也变为蒸气状态，并开始放电而射出较强的可见光。高压钠灯在工作时，双金属片受热而断开，这时电流只通过放电臂。

使用高压钠灯时应注意以下几点：

（1）高压钠灯必须配用镇流器，否则会使灯泡立即损坏。

（2）灯泡熄灭后，须冷却一段时间，待管内汞气压降低后，方能再启动。

（3）电源电压变化不宜大于±5%，高压钠灯的管压、功率及光通量随电源电压的变化所引起的变化，比其他气体放电灯大。当电源电压上升时，容易引起灯的自熄；电源电压降低时，光通量将减少，光色变差。

（4）配套的灯具需具有良好的散热条件，且反射光不宜通过放电管，否则将影响使用寿命，容易自熄。

（5）灯泡破碎后要及时妥善处理，防止汞害。

6. 金属卤化物灯

常用的金属卤化物灯有钠铊铟灯及镝灯。它们是在高压汞灯的基础上为改善光色而发展起来的一种新型电光源，不仅光色好，而且发光效率高。其基本原理是在高压汞灯内添加某些金属卤化物，靠金属卤化物的循环作用，不断向电弧提供相应的金属蒸气，金属原子在电弧中受激发而辐射该金属的特性光谱线，选择适当的金属与卤化物并控制它们的比例，就构成了各种不同光色的金属卤化物灯。金属卤化物灯通常都需附加镇流器，其工作特性也基本上和高压汞灯相似。但功率在1 kW以上的钠铊铟灯需设专门的触发电路；而镝灯的额定电压常为380 V。它们的接线均要根据说明书的要求进行。

二、照明灯具的安装

照明灯具按其配线方式、建筑结构、环境条件及对照度的要求不同而有吸顶式、壁式和悬吊式等几种安装方式。

1. 安装时必须遵守的基本原则

（1）灯具安装应牢固，灯具质量超过3 kg时，必须固定在预埋的吊钩或螺钉上。

（2）灯具的悬吊管应由直径不小于10 mm的电线管或水煤气管制成。

（3）灯具固定时，不应使导线受力。

（4）灯架及管内的导线不应有接头。

（5）导线引入处，应有绝缘保护。

（6）灯具外壳有接地要求的必须和地线妥为连接。

（7）各种悬吊灯具离地面的距离应不小于2.5 m。低于2.5 m的灯具宜用安全电压供电。

（8）各种照明开关距离地面1.3 m以上；开关扳手往上时，电路接通；扳手向下时，电路切断。

（9）单相双孔插座垂直排列时，上孔为相线，下孔为零线；水平排列时，右孔是相线，左孔是零线。单相三孔插座安装时，上孔为保护接地（接零），右孔为相线，左孔为零线。接线时，决不允许在插座内将保护接地孔与插座内引进电源的那根零线直接相连，因为一旦电源的零线断开，或者是电源的相线与零线接反时，其外壳等金属部分也将带有与电源相同的电压，这是相当危险的。这种错误接法非但不能保证在故障情况下起到保护安全的作用；相反，在正常情况下也可能引起触电事故的发生。单相三孔插座的正确接法如图8—4a所示。

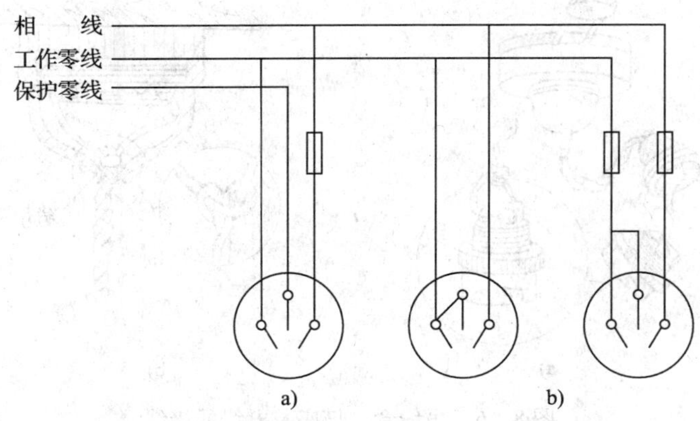

图 8—4　单相三孔插座接线法

a）正确接法　b）不正确接法

（10）特殊灯具（如防爆灯具）的安装应符合有关规定。

（11）相线和零线应严格区分，开关一律控制相线，安装螺口灯座时，相线一律接灯座中心接线端，不允许接错。

（12）接线时，先将导线拧紧，以免松散，再环成圆扣，圆扣的方向需与螺钉拧紧方向一致。

2. 照明灯具安装

（1）吊灯的安装。安装吊灯应用木台（俗称圆木）和吊线盒（俗称先令）两种配件。圆木的大小应按吊线盒或灯具的规格选取。如果吊灯装在顶棚上，则圆木的大小应按吊线盒或灯具的规格选取。如果顶棚是混凝土结构，则应预埋木砖或打洞埋设支撑件，然后用木螺钉将木台固定好；如果是预制件空心楼板，可用弓形板来固定木台。弓形板的制作与安装形式如图 8—5 所示。

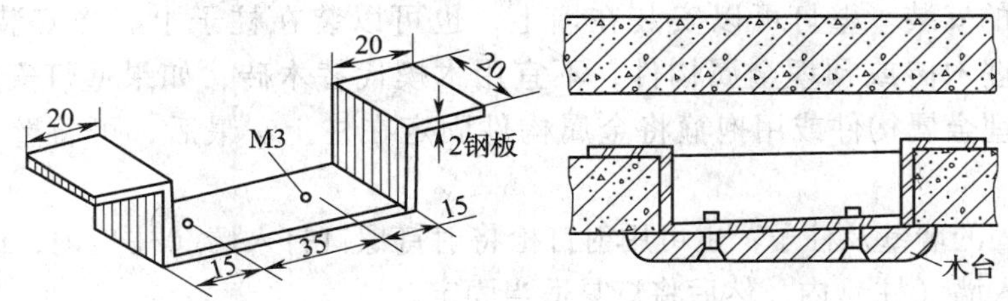

图 8—5　弓形板及其安装

固定直径为 100 mm 以上的木台，必须用两只木螺钉。木台应先刷一道防水漆，再刷白漆，以保持木台在干燥后不变形。安装木台时，应先将木台上的出线孔钻好，然后将电线从木台的出线孔穿出。电线穿越木台时，应套上软质塑料管保护，再将木台安装固定好，最后将吊线盒固定在木台上，将电线接好。由于接线螺钉不能承受灯具的质量，因此吊线盒内的电线应挂在接线片的弯钩上，并将两根电线打一个结，使结扣卡在出线孔处。在灯头座里的电线，基于同样的原因，也要打一个结扣，接线情况如图 8—6 所示。

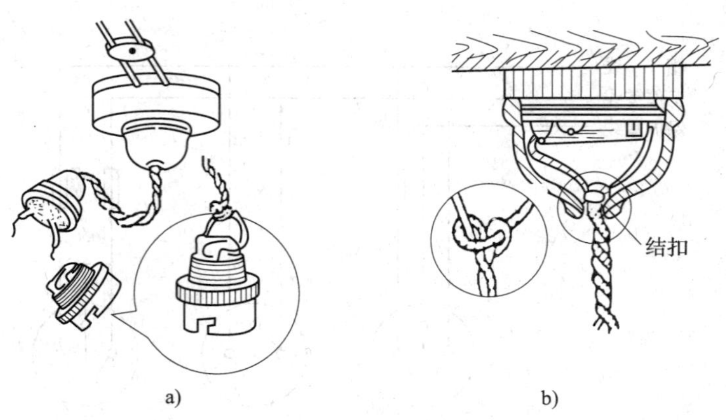

图 8—6　吊线盒、灯座及电线的接线

a）灯座的接线　b）吊线盒的接线

若灯具的质量超过 1 kg，就需要用吊链或钢管来悬挂灯具。安装时，钢管或吊链的一端固定在灯罩上；另一端固定在顶棚的挂钩上。木结构的顶棚，挂钩可以直接将其螺纹拧入顶棚内固定；混凝土结构的顶棚，挂钩应埋设固定，与浇灌混凝土同时进行。对已竣工的水泥楼板，则在现场埋设。其方法大致为：用錾子或电钻将空心楼板钻通，再从上层往下将弯成直角有螺纹的挂钩穿过楼板，用螺母在顶棚下加以固定。如果螺钉是沿预制件的缝隙穿下，则将螺钉弯制成 T 形，由上而下穿过预制件的缝隙再固定。挂钩或螺钉埋设后，应能承受 10 倍灯具的质量。

采用吊链悬挂灯具时，导线应顺吊链而下接到灯头座。如用钢管吊灯具时，导线则应穿入管内，进出管口时，导线均应套入软塑料管保护。

（2）吸顶灯的安装。通常将木台固定在混凝土顶棚的预埋木砖上，或将灯具直接固定在顶棚上。但必须注意，在灯具与木台之间或灯具与木质顶棚之间一定要铺垫石棉板等隔热材料，以免被灯具烘烤而引起火灾，这对附有镇流器的灯具尤为重要。

（3）壁灯的安装。壁灯可以安装在墙上，也可以装在柱子上。当安装在砖墙上时，应在砌墙时预埋木砖或预埋金属构件，不宜用木楔代替木砖；如果壁灯安装在柱上，则可以在柱上预埋金属构件或用抱箍将金属构件固定在柱上。最后，可将壁灯固定在相应的构件上。

对较为坚固的墙壁及柱子，也可用射钉枪将射钉螺钉打入墙（柱）内，或用电锤打孔，把膨胀螺钉嵌入墙（柱）内，然后将灯具适当固定。

3. 照明灯具安装时的注意事项

（1）卤钨灯安装需注意的事项

1）电源电压的变化对灯管使用寿命影响很大，当电压超过额定值的 5% 时，使用寿命将缩短 50%，故电源电压的波动一般不宜大于 ±25%。

2）卤钨灯工作时需水平安装，倾角不得超过 ±4°，否则将严重影响灯管的使用寿命。

3）卤钨灯不允许采用任何人工冷却措施，以保证在高温下的卤钨循环。在正常工作时，灯管壁有近 600℃的高温，所以不能与易燃物接近，安装时一定要加灯罩。使用前要用酒精擦去灯管外壁的油污，避免在高温下形成污点而降低透明度。

4）卤钨灯的灯脚引入线应采用耐高温的导线，电源线与灯线的连接需用良好的瓷接头，灯座与灯脚之间需接触良好。

5）卤钨灯耐振性较差，不应使用在振动性强的场所，也不能作为移动光源使用。

（2）高压汞灯安装需注意的事项

1）高压汞灯要垂直安装；当水平安装时，其亮度要减少7%且容易自灭。

2）高压汞灯的电源电压应尽量保持稳定，当电压降低5%时，灯泡也容易自灭，且再启动点燃时间较长。因此，高压汞灯不宜接在电压波动较大的线路上，也不能用于有迅速点亮要求的场所。

3）高压汞灯的外玻璃壳破碎后虽仍能发光，但大量的紫外线对人体有害，因而需立即更换。

（3）金属卤化物灯安装需注意的事项

1）线路电压与额定值的偏差不宜大于±5%，电源电压的降低不仅会影响光效，而且会造成光色的变化，同时灯的熄灭现象也比高压汞灯严重。

2）无外玻璃壳的金属卤化物灯也和汞灯一样，很强的紫外线将危害人体，灯具应加玻璃罩。若无玻璃罩时，悬挂高度不宜低于4 m。

3）管形镝灯根据使用时置放方向的要求有3种结构形式：水平点燃；垂直点燃，灯头在上；垂直点燃，灯头在下。安装时必须认清方向标记，正确使用，且灯轴中心的偏离应不大于±15°。要求垂直点燃的灯，若水平安装，会有灯管爆裂的危险，而灯头方向调错，则光色将会偏绿。

练习题

一、选择题（将正确答案的代号写在括号内）

1. 白炽灯是通过给灯内（　　）丝通电加高温至白炽状态向四周辐射发光而得名的。

A. 铜　　B. 铅　　C. 铝　　D. 钨

2. 荧光灯的工作原理是（　　）。

A. 辉光放电　　B. 电流热效应　　C. 电流的磁效应　　D. 光电效应

3. 属于气体放电光源的照明灯是（　　）。

A. 白炽灯　　B. 磨砂白炽灯　　C. 卤钨灯　　D. 照明高压汞灯

4. 卤钨灯的工作原理与白炽灯原理相同，其灯丝材料是（　　）。

A. 钨　　B. 溴　　C. 碘　　D. 铜

5. 当高压钠灯接入电源后，电流经过镇流器、热电阻、双金属片常闭触头而形成通路，此时放电管内（　　）。

A. 电流极大　　B. 电流较大　　C. 电流较小　　D. 无电流

6. 工厂电气照明按供电方式可分为（　　）种。

A. 2　　B. 3　　C. 4　　D. 5

二、绘制电路图

1. 画出荧光灯配电感镇流器的原理电路图。

2. 画出电子镇流器荧光灯的原理电路图。

模块二　照明线路的导线连接及绝缘层恢复

知识技能要求

1. 掌握照明线路导线连接的基本要求。
2. 掌握照明线路导线的连接及照明线路导线绝缘层的恢复方法。

一、导线连接的基本要求

1. 连接牢靠，接头电阻小，力学强度高。
2. 防止接头的电化腐蚀。
3. 绝缘性能好。

二、导线的连接

在配线过程中，当导线不够长或要分接支路时，就要将导线与导线连接（指明配线）。常用导线的线芯有单股、7 股和 19 股多种，连接方法随芯线的股数不同而异，主要有铰接、焊接、压接及螺栓连接等。

导线连接前，先剥去其绝缘层，再用砂布把导线表面清除干净，对已镀锡的导线，不必刮去其镀层。

1. 单股铜导线的直线连接

（1）把两线头的芯线成 X 形相交，互相绞绕 3 圈。

（2）扳直两线头。

（3）将每个线头在芯线上紧贴并绕 5 圈，用钢丝钳切去余下的芯线，并钳平芯线末端，如图 8—7a 所示。

2. 单股铜导线的 T 字分支连接

将支路芯线与干线芯线十字相交，使支路芯线根部留出约 15 mm，然后将支线按顺时针方向在干线上粗绕 2 ~3 圈，再用钳子紧密绕 5 圈，剪去余长，钳平末端即可，如图 8—7b 所示。

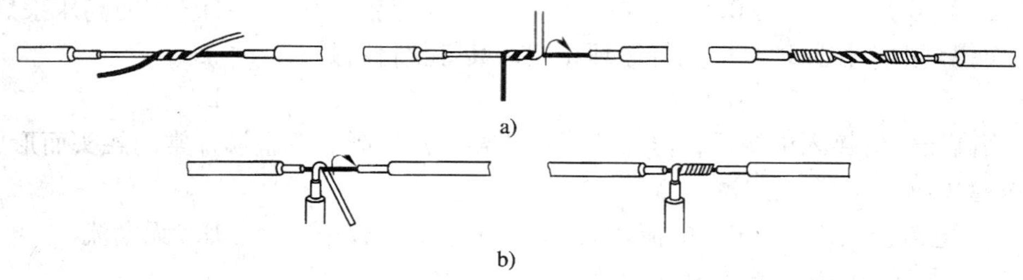

图 8—7　单股铜导线的连接

a）直线连接　b）T 字分支连接

3. 7 股铜导线的直线连接

（1）将剖去绝缘层的芯线头散开并拉直，再把靠近绝缘层的 1/3 线段的芯线绞紧，然后把余下 2/3 芯线头分散成 30°伞状，并逐根拉直，如图 8—8a 所示。

（2）把两个伞状线头隔根对叉，一直插到每股导线的中心部位接触，并拉平两端芯线，如图 8—8b 所示。

（3）把一端 7 股芯线按 2、2、3 根分成 3 组，接着把第一组 2 根芯线扳起，垂直于芯线，再顺时针缠绕 5 圈，将余下的芯线向右扳直，如图 8—8c 所示。

（4）采用同样的方法，把第二组、第三组的芯线分别扳直，并紧压前面芯线缠绕至结束，如图 8—8d 所示。

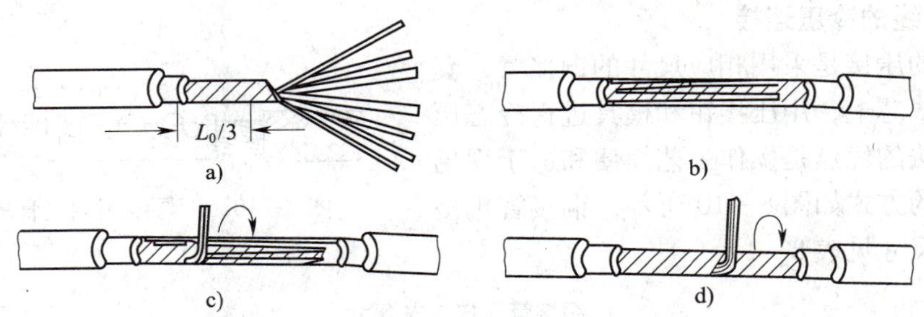

图 8—8　7 股铜导线的直线连接

a）分散芯线　b）隔根对叉　c）、d）芯线缠绕

（5）按同样方法缠绕另一边芯线。

4. 7 股铜芯线的 T 字分支连接

（1）将分支线端解开、拉直、擦净。再把近绝缘层 $L_0/8$ 的芯线绞紧，$7L_0/8$ 的芯线分成 2 组，一组 4 根，另一组 3 根，并排齐。然后用旋具把干线的芯线撬分 2 组，把支线中 4 根芯线的一组插入干线中间，而把 3 根芯线的一组支线放在干线前面，朝右顺时针紧紧缠绕 4 ~ 5 圈，钳平线端，如图 8—9a 所示。

（2）把左边 4 根芯线的一组按逆时针方向缠绕 4 ~ 5 圈，钳平线端，如图 8—9b 所示。

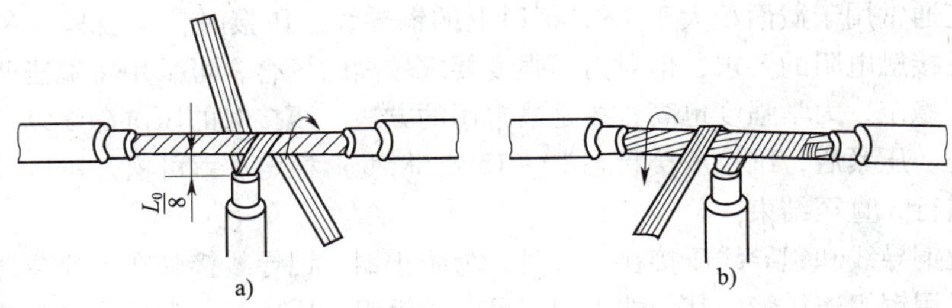

图 8—9　7 股铜心线的 T 字分支连接

a）芯线分组插入　b）芯线缠绕

5. 19 股铜芯导线的直线连接

其连接方法与 7 股芯线的基本相同。芯线太多可剪去中间的几根芯线。连接后，在连接处尚需进行锡焊，以增加其力学强度和改善导电性能。

6. 19 股铜芯导线的 T 字分支连接

该连接方法与 7 股芯线也基本相同，只是将支路导线的芯线分成 9 根和 10 根，并将 10 根芯线插入干线芯线中，各分两次左右缠绕。

7. 铜芯导线接头处的锡焊

（1）电烙铁锡焊。对截面 10 mm² 及以下的铜芯导线接头，可用 150 W 电烙铁进行锡焊。锡焊前，接头上均须涂一层无酸焊锡膏，待电烙铁烧热后，即可锡焊。

（2）浇焊。对截面 16 mm² 及其以上铜芯导线接头，应用浇焊法。浇焊时，应先将焊锡放在化锡锅内，用喷灯或电炉熔化，使表面呈磷黄色，焊锡即达到高热，然后将导线接头放在锡锅上面，用勺子盛上熔化的锡，从接头上面浇下。刚开始浇时因接头较冷，锡在接头上不会有很好的流动性，应继续浇下去，使接头温度提高，直到全部焊牢为止。最后用抹布轻轻擦去焊渣，使接头表面光滑。

8. 铜导线的冷压连接

铜导线的压接是采用相应尺寸的铜接管，套在被连接的线芯上，用压接钳和模具进行冷态压接。这种方法的优点是操作工艺简便和适于现场施工。压接的方式如图 8—10 所示，铜接管规格及其压接的尺寸见表 8—1。

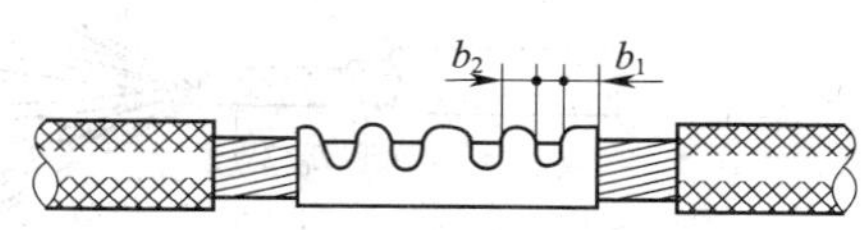

图 8—10 铜导线用铜接管的压接

表 8—1 铜接管压接工艺尺寸

铜接管规格	压坑间距/mm		铜接管规格	压坑间距/mm	
	b_1	b_2		b_1	b_2
QT－16	3	4	QT－120	4	5
QT－25	3	4	QT－150	4	6
QT－35	3	4	QT－185	4	6
QT－50	3	4	QT－240	4	6
QT－70	3	5	QT－300	5	7
QT－95	3	5	QT－400	5	7

压接工艺通常用于截面积大于 16 mm² 以上的铜导线。压接时，一般只要在每端压一个坑，就能满足接触电阻的要求，但对力学强度要求较高的场合，可采用每端压两个坑。这时接触电阻小而稳定，力学强度也高，故是最常用的方法。压接时的压坑深度以控制上、下模具接触到为止。压紧后，维持压接状态 10～15 s，待变形稳定后就可松开钳口，再压接第二个坑。依次进行，直至结束。

当需要把铜导线和铝导线压接在一起时，为防止铜、铝导线接触在一起会发生电化腐蚀作用，必须采用铜铝连接管，其一端为铜，另一端为铝。压接时，铜导线与连接管的铜端压接，铝导线与铝端压接。

9. 导线出线端子的装接

对截面 10 mm² 及以下单股导线，可直接接线，在导线的端部弯一圆圈，弯曲方向应与螺钉拧紧方向一致，以防拧紧螺钉时，线头圆圈松开。也可采用铜制 QT 型、UT 型、IT 型等多种形式裸压接头装接，这主要用于机床电力传动及控制装置的内部接线。

对截面 10 mm² 以上多股铜线，由于线粗、载流大，为避免接触面小而产生高热，也需要装接线端子（俗称接线鼻子或接线耳）。铜接线端子可采用锡焊和压接两种方法，其中压接工艺尺寸如图 8—11 所示和

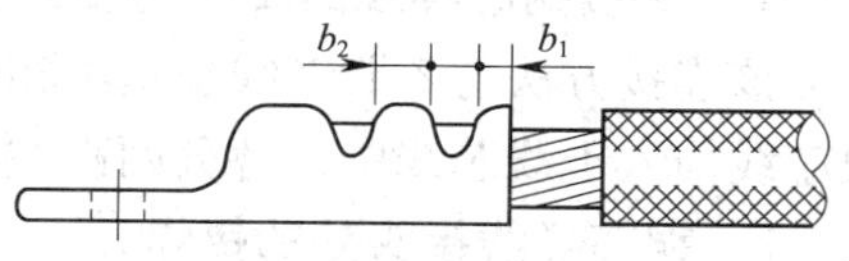

图 8—11 接线端子的压接工艺

见表 8—1。

三、导线绝缘层的恢复

导线的绝缘层破损或连接以后，均需恢复绝缘。恢复后的绝缘强度不应低于原有绝缘层。通常用黄蜡带、涤纶薄膜带和黑胶布带作为恢复绝缘的材料，黄蜡带和黑胶布带的规格以 20 mm 宽较适中，包缠也方便，具体操作方法如下：

1．将黄蜡带从导线左边完整的绝缘层上开始包缠，包缠两根带宽后进入无绝缘层的芯线部分，如图 8—12a 所示。包缠时，黄蜡带与导线保持约 55°的倾斜角，每圈压叠带宽的 1/2，如图 8—12b 所示。

2．包缠一层黄蜡带后，将黑胶布带接在黄蜡带的尾端，按另一斜叠方向包缠一层黑胶布，也要每圈压叠带宽的 1/2，如图 8—12c、d 所示。

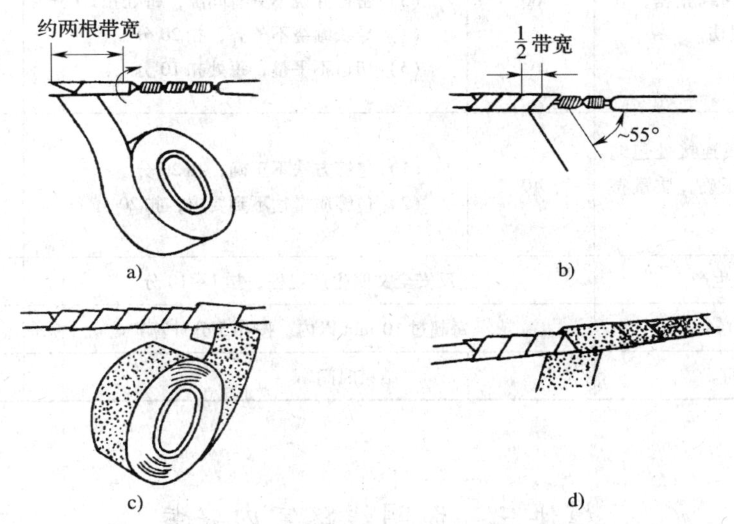

图 8—12　绝缘带的包缠

a）开始包缠　b）叠带　c）、d）缠黑胶布带

当用绝缘带包缠时，要注意不能过疏，更不允许露出芯线，以免发生触电或短路事故。

实训与指导

实训：截面 4 mm^2 单铜芯绝缘电线的直接连接及其绝缘层恢复

实训指导：

1．准备工作

铜芯绝缘电线（BV－4 mm^2 或自定）2 m，绝缘带 1 卷，黑胶布带 1 卷，塑料胶带 1 卷，电工通用工具 1 套，绝缘鞋和工作服 1 套。

2．操作工艺

（1）剥削电线绝缘层，两头绝缘剥削长度掌握在 150 mm。

（2）芯线连接。先在距两头绝缘层 30～40 mm 处 45°相交互绞，然后扳直两线头垂直缠绕。注意要紧贴线芯缠绕，末端要用钢丝钳加力拧紧并钳平毛刺。

（3）恢复绝缘。确认导线连接处平整无毛刺后，按照操作步骤和工艺方法在连接部位缠两层绝缘胶布带，一定要保证胶布和线芯之间要紧密接触，严密不能露出线芯和毛刺。

3．评分标准

单铜芯绝缘电线的直接连接及其绝缘层恢复的评分标准见表 8—2。

表 8—2　　评分标准

项目内容	配分	评分标准		扣分	得分
导线连接：正确剖削导线，连接方法正确，导线缠绕紧密，切口平整，线芯不得损伤	60	（1）剖削绝缘导线方法不正确，扣 20 分 （2）缠绕方法不正确，扣 20 分 （3）密排并绕不紧有间隙，每处扣 20 分 （4）导线缠绕不整齐，扣 20 分 （5）切口不平整，每处扣 10 分			
恢复绝缘：在导线连接处包缠两层绝缘带，方法正确，质量符合要求	40	（1）包缠方法不正确，扣 20 分 （2）包缠质量达不到要求，扣 20 分			
安全与文明生产	违反安全文明生产规程，扣 1～10 分				
定额时间 30 min	每超过 10 min 以内，按扣 5 分计算				
开始时间		结束时间		评分	

模块三　照明线路室内安装

知识技能要求

1．了解照明线路室内安装的基本要求。

2．掌握照明线路室内安装的基本技能。

目前室内线路常用的配线方式有塑料护套线配线、线管配线、线槽配线和桥架配线等。选择配线方式时，应根据室内环境的特征和安全要求等因素决定。

一、塑料护套线配线

塑料护套线是一种具有塑料保护层的双芯或多芯绝缘导线，具有防潮、线路造价低和安装方便等优点，可以直接敷设在墙壁、空心板及其他建筑物表面。此种方式广泛用于室内电气照明线路及小容量生活、生产等配电线路的明线安装。

使用铝片线卡或塑料线卡作为导线的支持物，铝片线卡的规格有 0 号、1 号、2 号、3 号和 4 号等，号码越大，长度越长，在照明线路中通常用 0 号和 1 号铝片线卡。塑料线卡的常用规格有6 mm、8 mm、10 mm 等，常用槽口形状有方形、圆形等。按固定的方式划分，线卡的形状有铁钉（或水泥钉）固定式和黏结剂固定式两种。

1. 配线方法

塑料护套线的配线方法见表 8—3。

表 8—3　　塑料护套线的配线方法

配线方法	配线步骤	图示
定位并画线	（1）确定各用电器具的安装位置和线路方向 （2）用弹线袋画线，采用铝片线卡支持护套线时，每隔 150 ~ 200 mm 画出固定线卡的位置 （3）在距开关、插座和灯具圆木 50 ~ 100 mm 处都需设置线卡的固定点	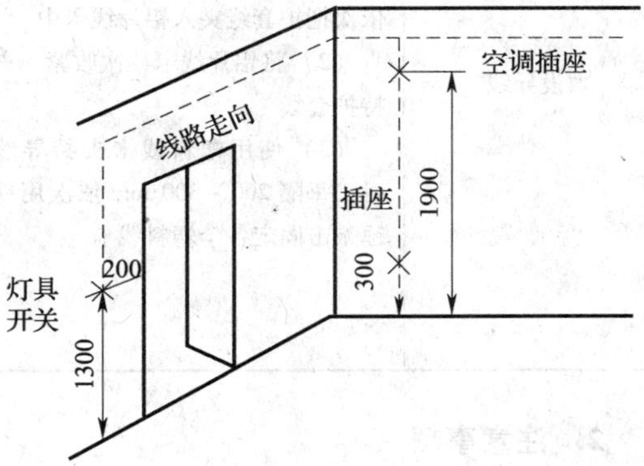 空调插座 线路走向 插座 1900 300 200 灯具开关 1300
钻孔并安装木榫	在铁钉不可直接钉入的墙壁上配线时，必须先钻孔（使用冲击钻或小型电锤）安装木榫（或成形胀块），以确保线路安装紧固	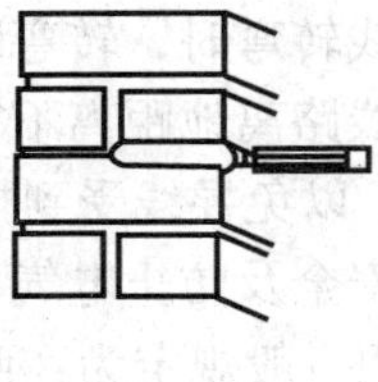
固定线卡	（1）在木结构上可用铁钉固定铝片线卡；在抹灰浆的墙上每隔 4 ~ 5 档，或在进入圆木和转角处需用铁钉在木榫上固定铝片线卡，其余的可用铁钉直接将铝片线卡钉在灰浆中 （2）在砖墙和混凝土墙上可用带水泥钉的塑料线卡直接固定，也可用木榫和环氧树脂黏结剂固定铝片线卡	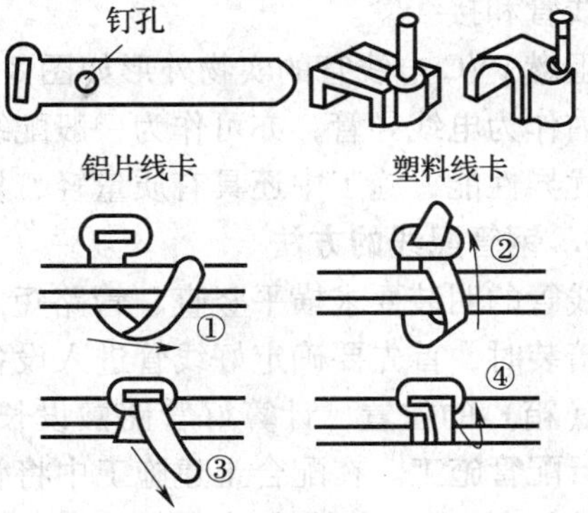 钉孔 铝片线卡 塑料线卡 ①②③④ 铝片线卡夹持导线步骤

续表

配线方法	配线步骤	图　示
敷设导线	（1）把护套线一端固定，然后按住固定端，勒直并收紧护套线，依次把护套线夹入铝片线卡中 （2）将铝片线卡依次收紧，夹持护套线 （3）使用塑料线卡夹持导线时，每隔 200～300 mm 依次用铁锤敲击固定各个塑料线卡	150~200 300

2. 注意事项

（1）使用塑料护套线配线时，铜芯截面大于 0.5 mm^2，铝芯截面大于 1.5 mm^2。

（2）护套线不可在线路上直接连接，可通过瓷接头、接线盒或借用其他电器的接线柱连接。

（3）护套线转弯时，转弯圆度要大，以免损伤导线，转弯前、后应各用一个线卡支持。

（4）护套线路离地距离不得小于 0.15 m，穿越楼板即离地低于 0.15 m 处，应加钢管或硬塑料管保护，以免导线受到损伤。

（5）为了安全及防止电气火灾，应选用国标塑料或橡胶绝缘保护层的铜芯电线，家庭配线电线截面积一般规定为：照明、插座用线选用 2.5 mm^2，空调用线不得小于 4 mm^2。

二、线管配线

线管配线有耐潮、耐腐、导线不易受机械损伤等优点，适用于室内外照明和动力线路的配线。所用管材有钢管和塑料管两种；安装形式有明装和暗装，其中，暗装需要在土建时预埋好线管和接线盒。

阻燃 PVC 电线管的实物外形如图 8—13 所示，广泛应用于建筑工程混凝土内、楼板间或墙内作为电线导管，亦可作为一般配线导管及邮电通信用管等。它具有耐腐蚀、阻燃、绝缘等优异性能，施工中还具有质量轻、易弯曲、安装方便、施工快捷等优点。

1. 钢管配线的方法

线管的明装要求横平竖直、管路短、弯头少。暗装时，首先要确定好线管进入设备器具盒（箱）的位置，计算好管路敷设长度，再进行配管施工。在配合土建施工中将管与盒（箱）按已确定的安装位置连接起来，并在管与管、管与盒（箱）的连接处，焊上接地跨接线，使金属外壳连成一体，如图 8—14 所示。

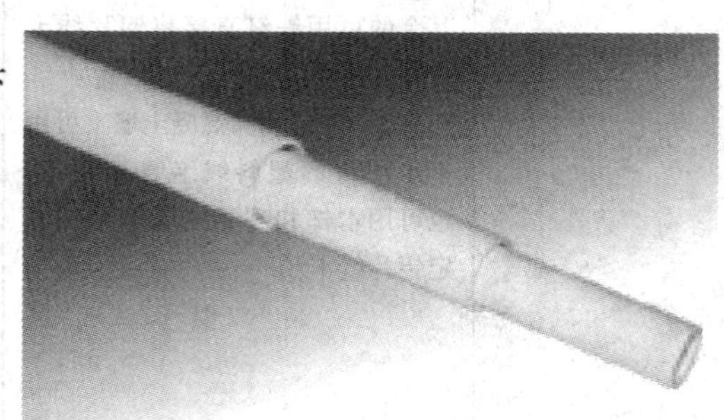
图 8—13　阻燃 PVC 电线管

（1）线管的连接

1）钢管与钢管连接。钢管与钢管之间的连接，无论是明装管还是暗装管，最好采用管箍连接，如图 8—15 所示。管口毛刺必须清除，避免损伤导线。

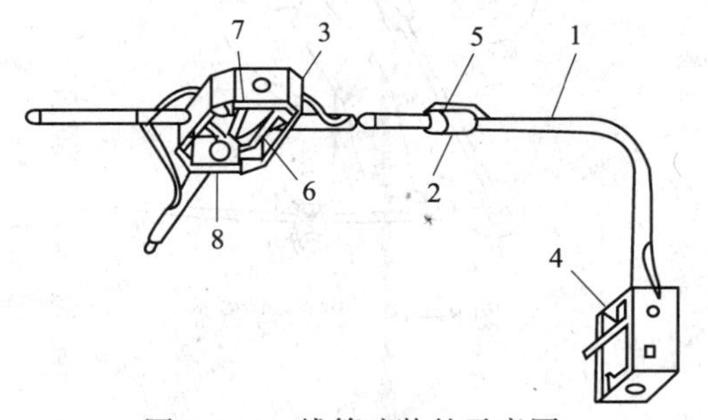

图 8—14　线管暗装的示意图

1—线管　2—管箍　3—灯位盒　4—开关盒

5—跨接接地线　6—导线　7—接地导线　8—锁紧螺母

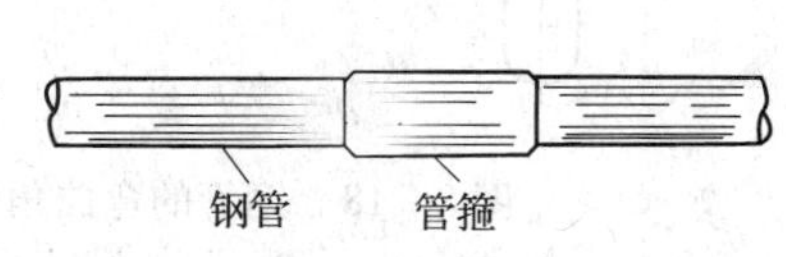

图 8—15　管箍连接钢管

2）钢管与接线盒的连接。钢管的端部与各种接线盒连接时，应在接线盒内外各加一个薄形螺母（或锁紧螺母），如图 8—16 所示。

（2）弯管及其工艺

1）弯管的用具。钢管的弯曲通常用专用的弯管器。常用弯管器有手动弯管器及电动弯管器，手动弯管器外形如图 8—17 所示。

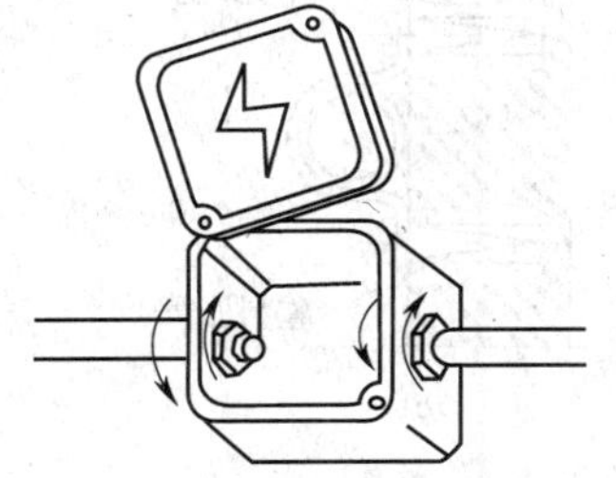

图 8—16　钢管与接线盒的连接

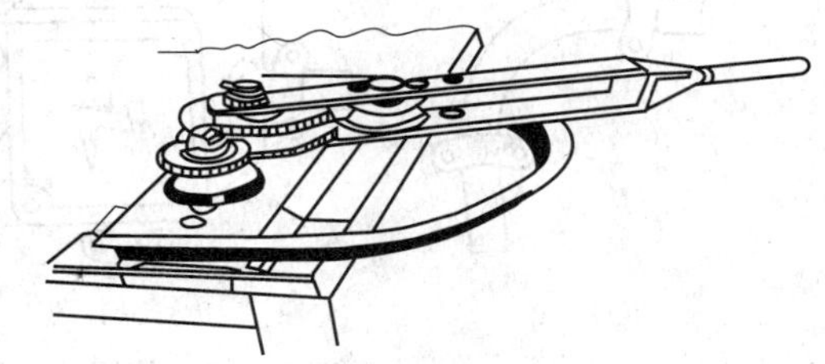

图 8—17　手动弯管器

2）弯管工艺。线管的敷设应尽量减少弯曲，以方便穿线。管子的弯曲角度应不小于 90°。明管敷设时，管子的曲率半径 $R \geqslant 4d$（d 为管子外径）；暗管敷设时，管子的曲率半径 $R \geqslant 6d$，夹角 $\theta \geqslant 90°$。钢管的弯曲角度如图 8—18 所示。

常用弯管工具有扳管弯管器，如图 8—19 所示和滑轮弯管器，如图 8—20 所示。弯曲壁薄且直径较大的线管时，管内应灌满沙子。若采用热弯曲，管内则应灌满干沙并在管的两端塞上木塞。为防止有缝管在弯曲时裂开，弯管时接缝面应放在弯曲面的侧面，图 8—21 所示为有缝管的弯曲。

（3）线管的固定

1）线管明线敷设。线管明线敷设时应采用管卡支持，在线管进入开关、灯座、插座和接线盒孔前 300 mm 处和线管弯头两边，都需要管卡固定，如图 8—22 所示。

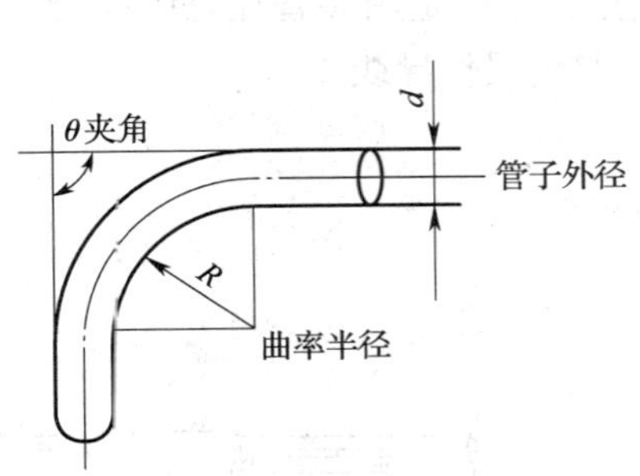

图 8—18　钢管的弯曲角度

图 8—19　扳管弯管器

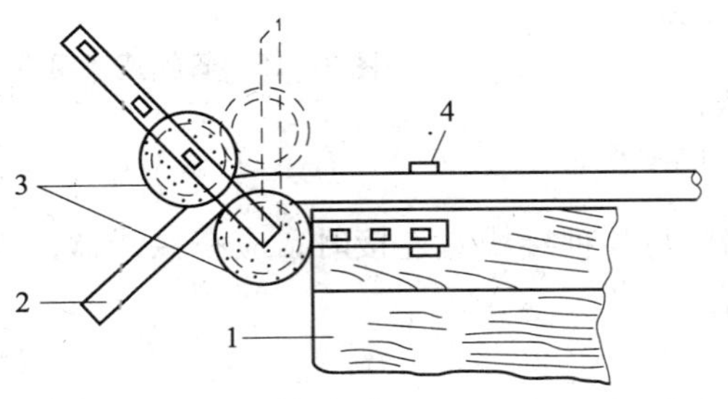

图 8—20　滑轮弯管器

1—作业台　2—管子　3—铁滑轮　4—掐子

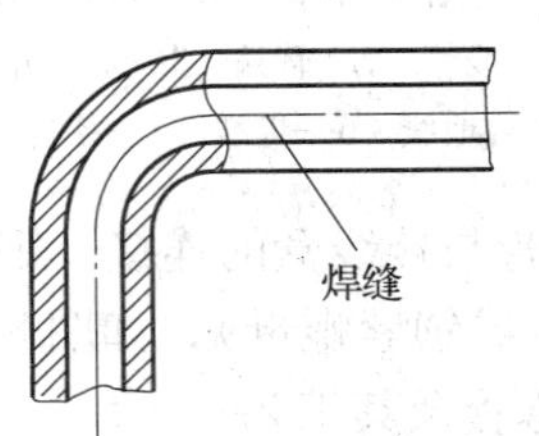

图 8—21　有缝管的弯曲

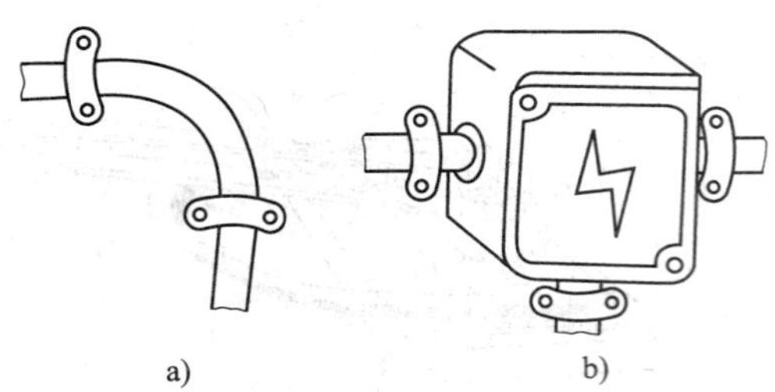

a)　　b)　　c)

图 8—22　使用管卡固定钢管

a）线管用管卡支持　b）接线盒孔前　c）线管弯头两边

2）线管在墙内暗线敷设。线管在砖墙内暗线敷设时，一般在土建砌砖时预埋，否则应先在砖墙上留槽或开槽，然后在砖缝里打入木榫并用铁钉固定。厂房地面采用线管暗敷的方式如图 8—23 所示。

（4）扫管穿线

1）穿线前先清扫线管，用压缩空气或在钢丝上绑以擦布，将管内杂质和水分清除。

2）导线穿入线管前，应在线管口套上护圈；截取导线并剖削两端导线绝缘层。做好导

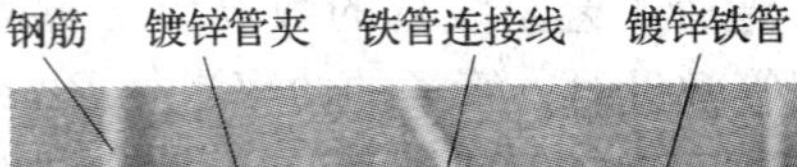

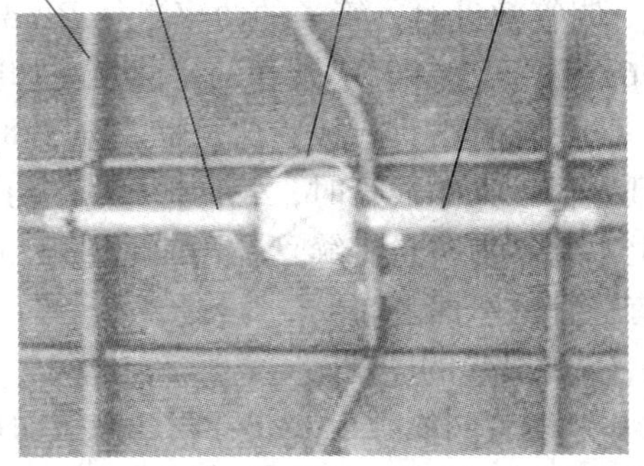

图 8—23　厂房地面采用线管暗敷

线的标记，之后将所有导线按如图 8—24 所示方法与钢丝引线缠绕。一个人将导线送入导管，另一个人在另一端慢慢牵拉，直到穿入完毕，如图 8—25 所示。

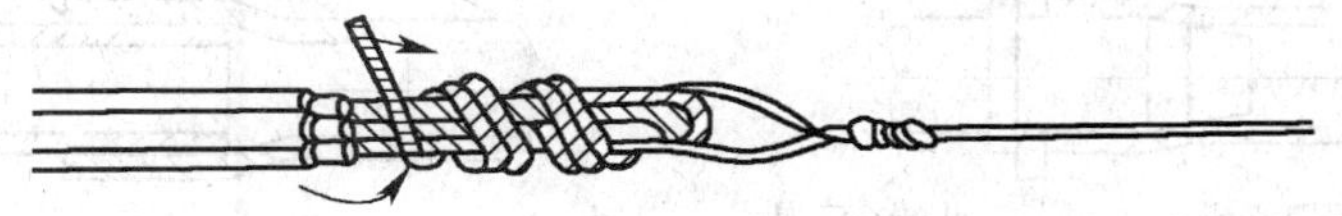

图 8—24　导线与引线的缠绕

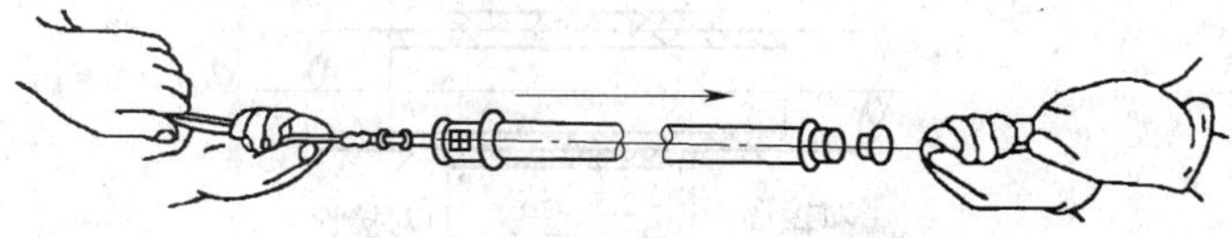

图 8—25　导线穿入管内的方法

（5）钢管配线的要求

1）潮湿场所和直埋于地下的电线保护管，应采用厚壁钢管。

2）干燥场所的电线保护管，钢管的内壁、外壁均应做防腐处理。

3）直埋于土层内的钢管外壁均应做防腐处理，直埋于土层内的钢管外壁均应做沥青防腐。设计有特殊要求时，应按设计规定进行防腐处理。

4）钢管不应有折扁、裂缝，管内应无铁屑和毛刺，切断口应平整、管口光滑。

2．硬塑料管的连接

（1）加热连接法

1）直接加热连接法。直径为 ϕ50 mm 及以下的塑料管可用直接加热连接法。连接前先将管口倒角，如图 8—26a 所示。然后用喷灯、电炉等热源对插接段加热软化后，趁热插入外管如图 8—26b 所示。同时在调到两管的轴心一致时，迅速入水浸湿使其冷却硬化。

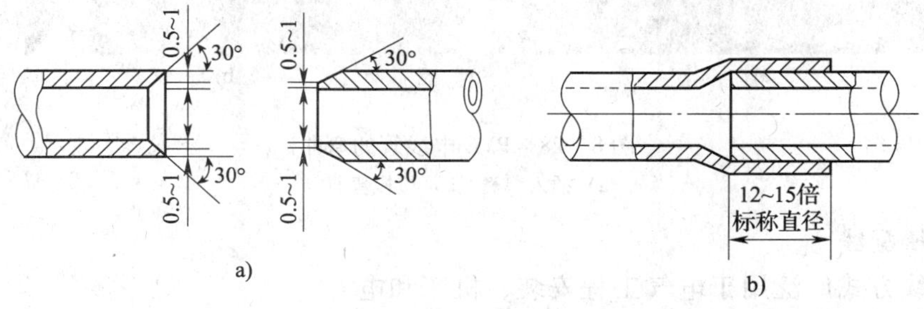

图 8—26　塑料管的直接加热连接

a）管口倒角　b）塑料管直接对插

2）模具胀管法。直径为 ϕ65 mm 及以上的塑料管的连接，可用模具胀管法。如图 8—27a 所示，待塑料管加热软化后，将加热的金属模具趁热插入外管头部，然后用冷水冷却到 50℃左右，退出模具。在接触面上涂黏合剂，再次稍微加热后两管对插，插接到位后用水冷却硬化，连接完成。完成上述工序后，可用相应的塑料焊条在接口处圆周焊接一圈，以提高力学强度和防潮性能，如图 8—27b 所示。

（2）套管连接法。将两根塑料管在接头处加专用套管完成，如图 8—27c 所示。

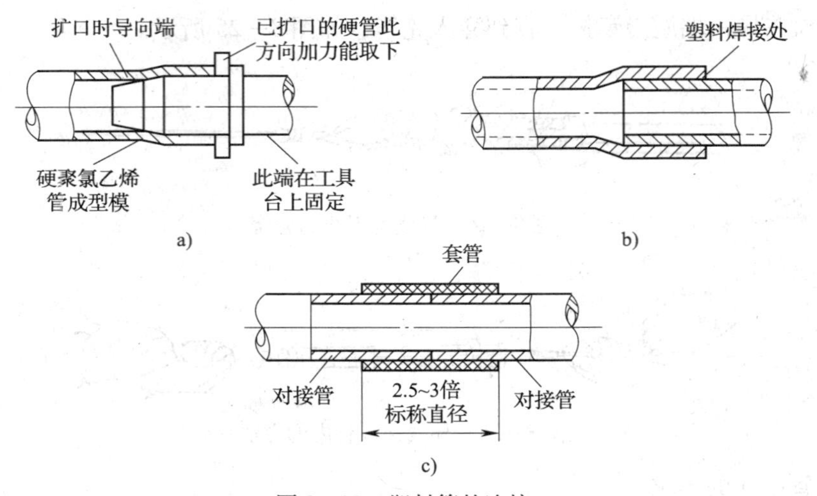

图 8—27 塑料管的连接

a）胀管插接 b）接口焊接 c）套管连接

（3）PVC 电线管的弯曲。PVC 管的弯曲必须符合图样的要求，如图 8—28 所示。使用工具弹簧深入 PVC 管后，两手直接缓慢用力弯曲，弯曲定形后取出弹簧。采用 PVC 胶及接头明配时，弯曲半径不宜小于管外径的 6 倍。当两个接线盒中间只有一个弯曲时，其弯曲半径不宜小于外径的 4 倍；暗配时，弯曲半径不应小于管外径的 10 倍。

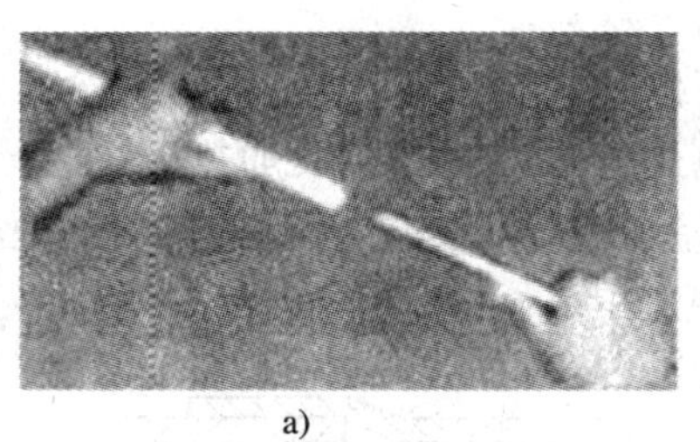

a)

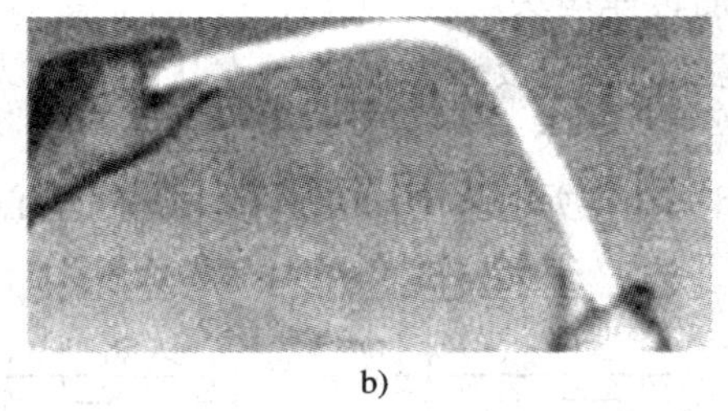

b)

图 8—28 PVC 电线管的弯曲

a）插入弹簧 b）缓慢弯曲

三、线槽配线

线槽配线方式广泛用于电气工程安装、机床和电气设备的配电板或配电柜等的明装配线，也适用于电气工程改造时更换线路以及各种弱电、信号线路在吊顶内的敷设。常用的塑料线槽材料为聚氯乙烯，由槽底和槽盖组合而成，电气板配线常用线槽的实物外形如图 8—29 所示。线槽具有安装维修方便、阻燃等特点。可根据敷设线路的情况选用合适的线槽规格，线槽配线的方法见表 8—4。

室内照明线路线槽明敷设方式如图 8—30 所示。

图 8—29 塑料线槽

表 8—4　　　　　　　　　　　　　　　　　线槽配线的方法

配线方法	配线步骤	图　示
定位并画线	（1）确定各用电器具的安装位置和线路方向 （2）用弹线袋画线，每隔 400 ~ 500 mm 画出固定线槽底的位置 （3）在距开关、插座和灯具圆木 50 ~ 100 mm 处都需设置线槽槽底的固定点	电灯 开关 配电箱 插座
钻孔并安装塑料胀管	在设置的各个固定点处钻孔（使用冲击钻或小型电锤），并安装塑料胀管，以确保线路安装坚固	自攻螺钉 线槽底 自攻螺钉 塑料胀管 预钻孔
铺设槽底	铺设线槽槽底同时安装各用电器具的明装接线盒。注意：槽底接缝与槽盖接缝应尽量错开	50　50 槽盖接缝 槽底接缝 50　50 墙体或顶棚 50
敷设导线并扣紧槽盖	采取边敷设边扣槽盖的方法进行。注意：槽盖接缝处应是用锉刀锉平，处理得严丝合缝	槽盖 50 墙体　槽底 槽底和槽盖外拐角方法 槽盖分支接头方法

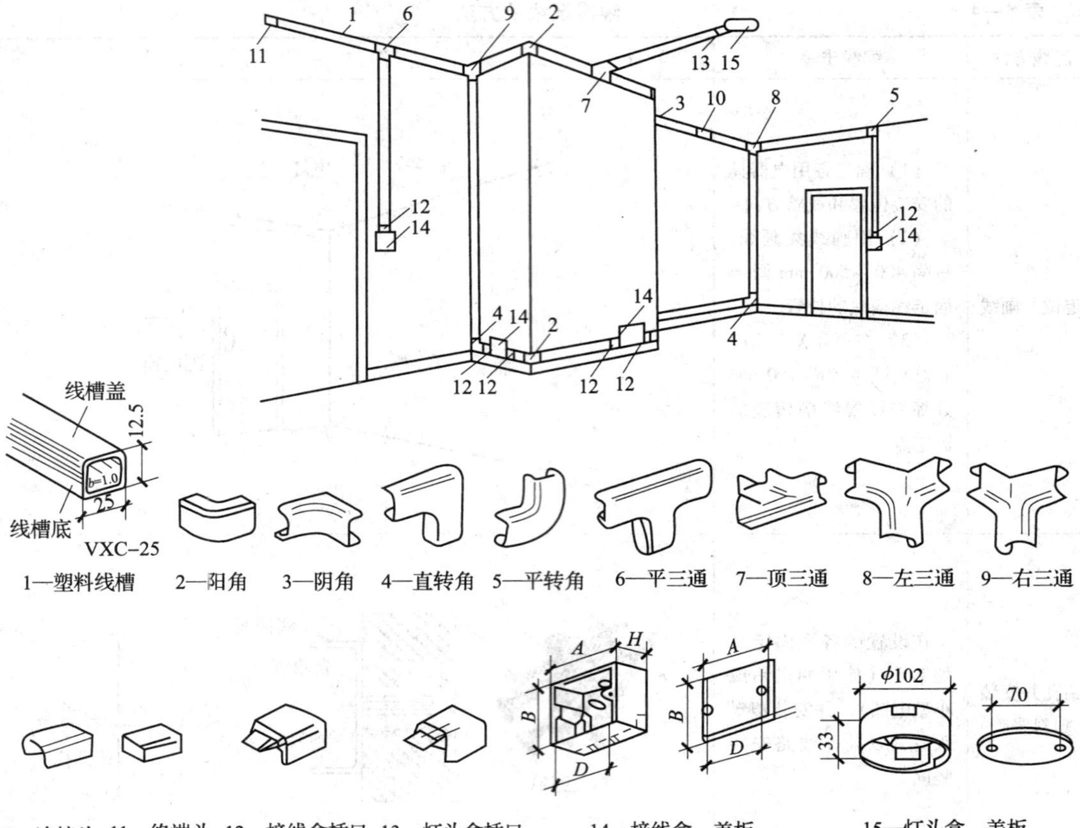

1—塑料线槽 2—阳角 3—阴角 4—直转角 5—平转角 6—平三通 7—顶三通 8—左三通 9—右三通

10—连接头 11—终端头 12—接线盒插口 13—灯头盒插口 14—接线盒、盖板 15—灯头盒、盖板

图 8—30 室内照明线路线槽明敷方式

四、桥架配线

桥架配线由于其零部件标准化、通用化，架空安装及维修较方便，因此广泛应用于工业电气设备、厂房照明及动力、智能化建筑的自动控制系统等场所。桥架多由 1.5 mm 厚的轻型钢板冲压成形并进行镀锌或喷塑处理。它的规格型号种类繁多，但结构大致相仿。桥架上面配盖，并配有托盘、托臂、二通、三通、四通弯头、立柱、变径连接头等辅件，如图 8—31 所示。

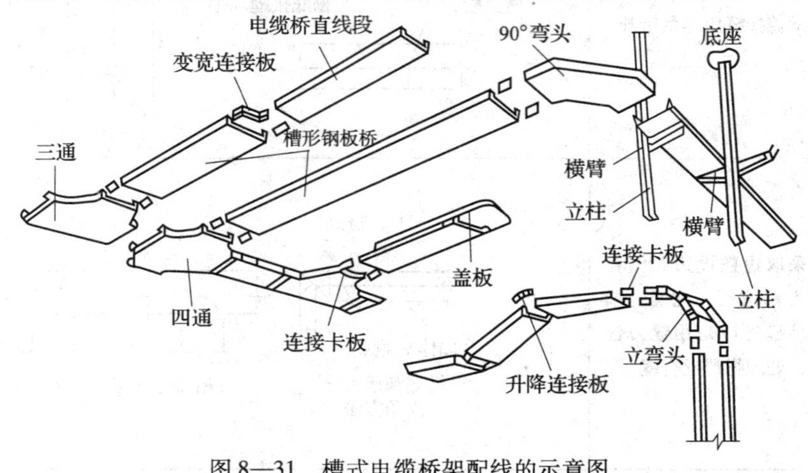

图 8—31 槽式电缆桥架配线的示意图

桥架配线的安装形式很多，主要有悬空安装、沿墙或柱安装、地坪支架安装等。如图 8—32 所示为桥架配线的组合安装形式。

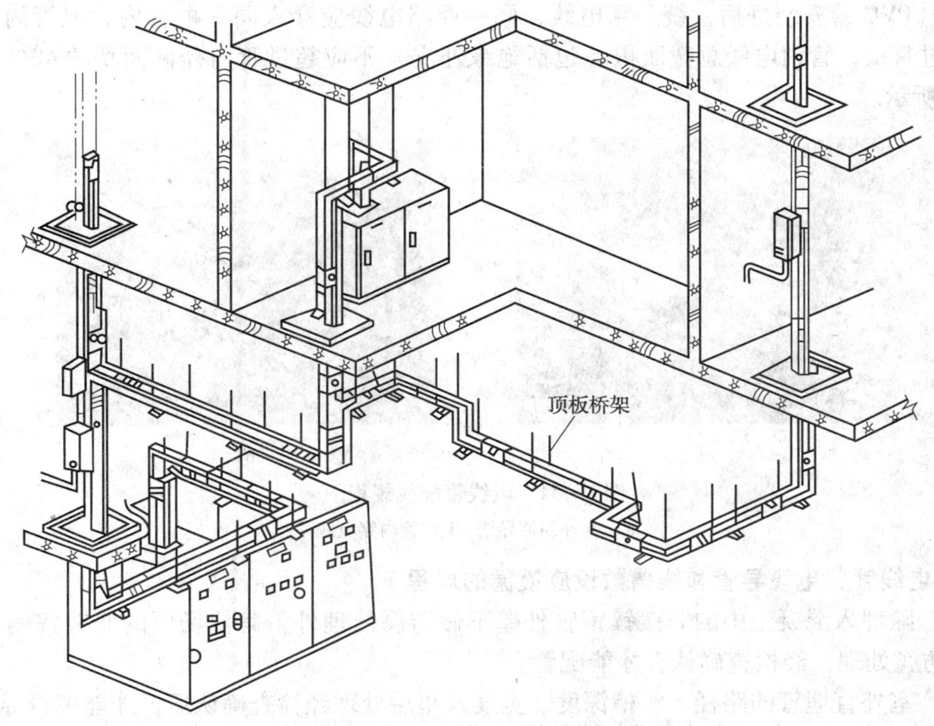

图 8—32　桥架配线的组合安装示意图

五、质量检验

1. PVC 电线管配线应遵循的规程

（1）配线时执行强电走上，弱电走下，横平竖直，避免交叉，美观实用的原则。电线与暖气、热水、煤气管之间的平行距离应不小于 300 mm，交叉距离应不小于 100 mm。电线管与水管交叉尽量做到电线管在水管之上，如图 8—33a 所示。

（2）暗盒与线管必须通过锁紧螺母连接。室内布线穿管敷设时，不应该有电线外露（除现浇混凝土楼顶面可采用护套线外）。正确的安装工艺如图 8—33b 所示。

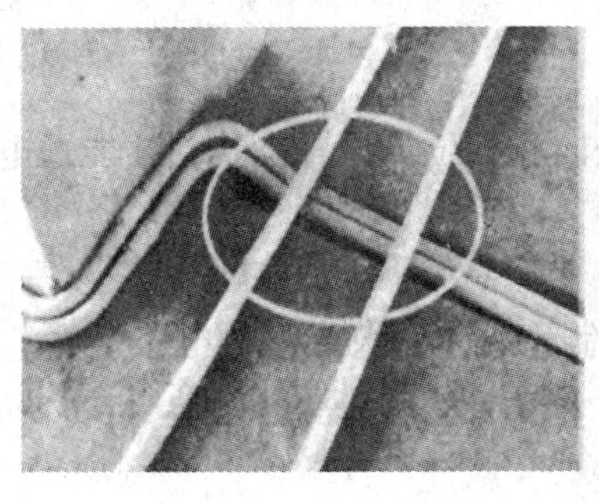

a)

b)

图 8—33　电线管安装规程图

a）线管与水管交叉　b）暗盒与线管连接

（3）接线盒外预留导线长度应适宜。穿入配管导线的接头应设在接线盒内，线头要留有余量 150 mm，接头搭接应牢固，绝缘带包缠应均匀紧密，如图 8—34a 所示。

（4）PVC 管安装好后，统一穿电线，同一回路电线应穿入同一根管内，但管内总根数不应超过 8 根，管内电线总截面积（包括绝缘外皮）不应超过管内径截面积的 40%，如图 8—34b 所示。

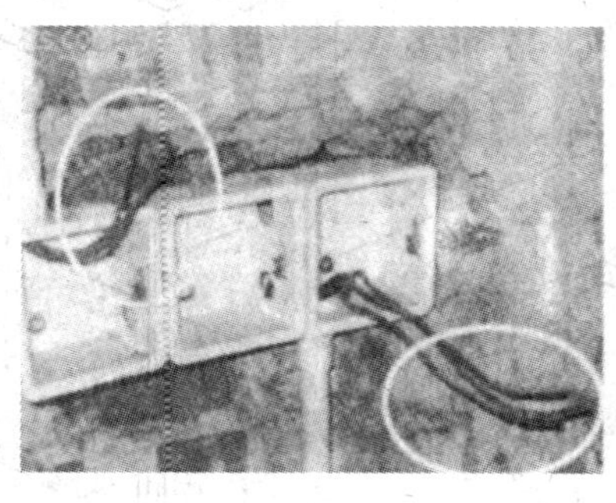

a)

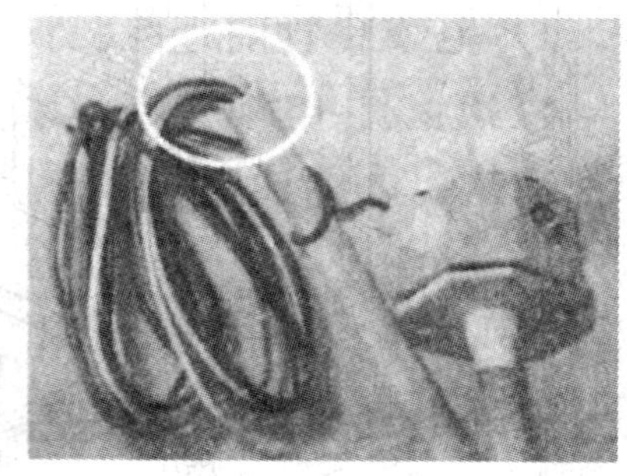

b)

图 8—34　电线管配线规程图

a）盒外预留导线　b）管内穿电线

2. 电线管、电缆导管和线槽敷设应遵循的规程

（1）除埋入混凝土中的非镀锌钢管外壁不做防腐处理外，其他场所的非镀锌钢管内外壁均做防腐处理，经检查确认，才能配管。

（2）室外直埋管的路径、沟槽深度、宽度及垫层处理经检查确认后，才能埋设导管。

（3）现浇混凝土板内配管在底层钢筋绑扎完成，上层钢筋未绑扎前敷设，且检查确认后才能绑扎上层钢筋和浇筑混凝土。

（4）在梁、板、柱等部位明配管的导管套管、埋件、支架等检查合格后，才能配管。

（5）顶棚和墙面的喷浆、涂油漆或贴壁纸等基本完成，才能敷设线槽、槽板。

3. 电缆穿管及线槽敷线应遵循的规程

（1）接地（PE）或接零（PEN）及其他焊接施工完成，经检查确认，才能穿入电线或电缆及线槽内敷线。

（2）与导管连接的柜、屏、台、箱、盘安装完成，管内积水及杂物应清理干净，经检查确认，才能穿入电线、电缆。

（3）电缆穿管前，绝缘测试合格，才能穿入导管。

（4）电线、电缆交接试验合格，且对接线去向和相位等检查确认，才能通电。

实训与指导

实训：用护套线装接一个插座和一个开关控制一盏单管荧光灯的电路

实训指导：

1. 准备工作

护套线（BLV—2 × 2.5 mm^2）15 m，护套线配套卡钉（与护套线配套）40 个，拉线开关（自定）1 只，单管荧光灯及灯具（～220 V，40 W）1 套。配线板［500 mm ×（600 ～ 2 000 mm × 25 mm）］1 块。单相交流电源（～220 V，50 A）1 处。电工通用工具 1 套，万

用表1块（自定），黑胶布1卷，透明胶布1卷，圆珠笔、纸张等。绝缘鞋和工作服等1套。

2. 操作工艺

（1）根据要求画出荧光灯灯具电路图，如图8—35所示。

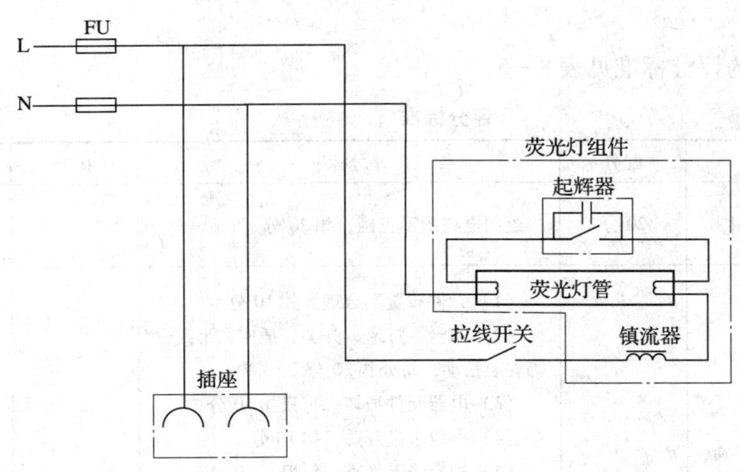

图8—35　护套线装接单管荧光灯电路图

（2）根据线路负载大小选配合适截面的导线，并备齐所用工具材料等，如电工工具、缘胶布、手锤、木螺钉、木榫、冲击钻及合金钻头、弹线袋、线卡等。

（3）定位画线，确定荧光灯、开关及插座的安装位置，规划好线路的走向，用弹线袋按照横平竖直的原则画线，并按要求画出固定铝片线卡（钢精扎片）的位置。

（4）固定钢精扎片。在已画好的固定点上用铁钉固定钢精扎头。拐弯处、木台处均需先凿孔，安装木榫，后安装钢精扎片。

（5）放线。可按照前述要求放线。

（6）敷设线路。按照电路图，确定各段需敷设护套线的根数和长度，留一定余量截取导线，并用事先固定好的钢精扎片把导线夹持固定好。

（7）安装木台和圆木，在开关插座的安装位置先下木榫安装木台，在荧光灯架的安装处先装圆木，注意要先在木台和圆木后面用电工刀和麻花钻刻好过线槽和穿线孔，并把导线穿入再固定木台和圆木。

（8）安装荧光灯架、插座和开关

1）荧光灯架的安装。先在圆木上装挂线盒，引出软线和挂链，并用挂链把灯架两端钩好，软线穿入灯架过线孔，并于灯架内将两引线相连接，同时缠上绝缘胶布，再装好灯管。

2）插座的安装。把木台上引出的线头用电工刀把护套绝缘层剥掉，用剥线钳把芯线绝缘剥去，并穿入插座底座穿线孔，用木螺钉把插座固定在木台上，两线分别接到两接线柱上（L、N），盖好盖即可。

3）开关的安装同2）项。

（9）检查绝缘及线路。荧光灯架内接头一定要缠绝缘胶布，如根据需要加装接线盒，那么盒内线头也要有绝缘处理，然后用万用表电阻挡检查线路是否有短路和断路现象（在开关闭合切断电路的情况下分别测量）。

（10）通电试灯。上述步骤全部进行完毕，并确认线路无故障后，可通电试灯，并用万用表做交流电压的测量，看插座两极有无 220 V 交流电压。

3. 评分标准

装接荧光灯灯具的评分标准见表 8—5。

表 8—5　　评分标准

项目内容	配分	评分标准		扣分	得分
安装设计：正确绘制电路图	20 分	绘制电路图不正确，扣 20 分			
线路的安装：元件布置正确、合理，接线正确、美观	80 分	（1）元件布置不合理，扣 10 分 （2）木台、灯座、开关、插座和吊线盒等安装松动，每处扣 20 分 （3）电器元件损坏，每只扣 10 分 （4）火线未进开关，扣 10 分 （5）护套线不平直，每根扣 10 分 （6）线芯剖削有损伤，每处扣 10 分 （7）护套线转角不符合要求，每处扣 10 分 （8）卡、钉安装不符合要求，每处扣 10 分			
通电试验	安装线路错误，造成短路、断路故障，每通电 1 次扣 50 分，扣完 100 分为止				
安全与文明生产	违反安全与文明生产规程，扣 1～10 分				
额定时间 60 min	每超过 10 min 以内，按扣 5 分计算				
开始时间		结束时间		评分	

模块四　车间动力线路安装

知识技能要求

1. 掌握车间动力线路的线管配线。
2. 掌握绝缘子配线。
3. 掌握车间动力线路的配线原则及安装操作技能。

车间动力线路通常包括车间动力电源线路及设备电源线路，动力线路的技术要求与照明线路基本相同。动力线路的敷设也有明、暗两种，其中车间动力电源线路一般采用绝缘子架设的明配线，而设备用电源线常用管道穿线的线管配线。随着国民经济的发展以及工厂文明建设的需要，现已越来越多地采用桥架敷设和电缆敷设。

一、线管配线

把绝缘导线穿在线管内敷设称为线管配线。这种配线具有耐潮、耐腐，导线不易遭受机械损伤，安全可靠等优点，但安装维修不便且造价较高。

明管配线时，要求线管横平竖直、整齐美观；暗管配线时，只要求管路短、弯头少、便于施工、维修。线管配线的工艺大致为：

1. 线管选择

线管选择包含线管类型和线管直径两项内容。

潮湿和有腐蚀气体的场所内明敷或埋地一般采用管壁较厚的水煤气管；干燥场所内明敷或暗敷，以及照明一般采用管壁较薄的电线管；腐蚀性较大的场所一般采用硬塑料管。选择线管直径的依据主要是根据导线的截面积和根数。一般要求穿管导线的总截面（包括绝缘层）不超过线管内径截面的40%。

2. 落料

落料前，应检查线管质量，有裂缝、瘪陷等均不能应用。然后根据线路弯曲转角情况确定每个线段由几根线管接成一个线段。

3. 弯管

弯管在线管改变方向时可将管子弯曲，以满足敷设的需要。为了便于线管穿线，弯管时应尽量减少弯头的数量，同时使弯头尽量平缓，弯曲角度在90°以上。另外，管子的弯曲半径在明配管时应不小于管子直径的6倍；暗配管时不应小于10倍。对于管壁较薄而直径较大（大于50 mm）的线管，弯曲时，管内要灌满沙，两端用木塞堵住；有缝管弯曲时，应将接缝处放在弯曲的侧边或背面，以防管子弯扁、裂开；硬塑料管弯曲时，可采用热弯法，先将塑料管用电炉或喷灯加热至柔软状态，然后放到木坯具上弯曲成形；为加速成形弯头的硬化，还可浇水冷却。对于不同材料，不同直径的管子可采用不同的弯管器，直径小于50 mm的钢管及黑铁管，可选用管弯管器；直径在50~100 mm之间的线管可用滑轮弯管器；直径大于100 mm的管子，可采用电动或液压的顶管机进行弯管。

值得注意的是，在采用灌沙弯曲管子时，所用的沙子必须烘干后使用，否则在加热时，管内的水分蒸发形成高压，沙子可能因从管口喷出伤人或管子爆裂引起伤害事故。

4. 锯管

因所需线管的长度不同，所以必须将线管按实际需要用钢锯或锯割机切断。割锯时应使管口平整，并锉去毛刺和锋口。

5. 套螺纹

为了使各段线管之间或线管与接线盒之间连接起来，需要在管子端部进行套螺纹。套螺纹时，可将线管夹持在管钳或台钳上，用套螺纹绞板进行。套螺纹完成后，必须清扫管口，去毛刺、倒棱，保持管口光滑，以免割破导线的绝缘层。

6. 线管连接

（1）钢管与钢管连接。无论是明配管或暗配管，最好采用管箍连接。为了保证连接处的密封性，管子的牙扣部分，应顺螺纹方向缠上麻丝，涂上白漆或专用塑料薄膜带，然后用管子钳把管子互相拧紧，当钢管直径大于32 mm时，也可用管口对焊来连接，但必须使两管的端面吻合。

（2）钢管与接线盒的连接。可在接线盒内、外各用一只薄形螺母锁紧。

（3）硬塑料管连接。可用插入法或套接法，如图8—36所示。

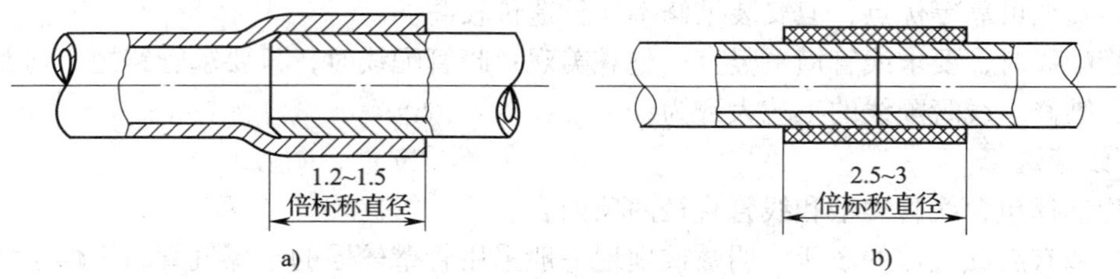

图8—36　硬塑料管的连接

a）插入法　b）套接法

1）插入法连接时，先将连接的两根管子的管口分别倒成内侧角和外侧角，然后用汽油或酒精把管子的插接段的油污杂物擦干净，接着将阴管插接段（长度为1.2～1.5倍的管子标称直径）放在电炉或喷灯上加热至145℃左右，呈柔软状态后，将阳管插入部分涂一层胶黏剂（过氧乙烯胶）后迅速插入阴管，并立即用湿布冷却，使管子恢复原来硬度。

2）套接法连接是用套筒套在需要连接的两根管子的连接部位而成。工序为先清洗连接部位，再套接，最后用焊接法焊牢。也可用黏结剂用套筒将两根管子粘接而成。

7. 管子接地

线管配线的钢管必须可靠接地。为此，在钢管与钢管、钢管与配电箱及接线盒等连接处均应做系统接地（接零），管路中如有接头，在接头处也必须焊上跨接线。

8. 管子的固定

当线管明敷设时，为使配管整齐美观，管路应沿建筑物水平或垂直敷设。并采用支架或管卡固定，管卡可安装在术结构或木榫上，两管卡之间的距离应参照有关规定。

当线管在混凝土内暗敷设时，可用铁丝将管子绑扎在钢筋上，同时用碎石或垫块垫高15 mm以上，使管子埋入混凝土层，也可用钉子将线管固定在模板上。如在砖墙内暗敷，一般在土建砌砖时预埋，否则需要在砖墙上留槽或开槽，然后在砖缝里打入木榫，绑扎在钢丝的一端，牵引钢丝，将导线穿过线管。当管路较长或弯头较多，引线有困难时，可从管的两端同时穿入钢丝引线，引线端弯成小钩，如图8—37所示。当钢丝引线在管中相遇时，用手转动引线使其钩在一起，然后把一根引线拉出，再将导线牵引入管。穿线过程中，应一端有人拉，另一端有人送，互相配合，始终保持导线顺畅不紊乱。

图8—37　管两端穿入带钩钢丝引线

9. 线管配线时的注意事项

线管配线时，应注意管内导线不准有接头或绝缘破损情况，也不准在钢管内穿单根导线，管内导线最小截面铜芯线截面不小于1 mm²，铝芯线不小于2.5 mm²。线管超过下列长度时，必须加装接线盒。

（1）无弯曲转角时，不超过45 m。

（2）有1个弯曲转角时，不超过30 m。

（3）有 2 个弯曲转角时，不超过 20 m。

（4）有 3 个弯曲转角时，不超过 12 m。

在混凝土内敷设的线管，必须使用壁厚大于 3 mm 的电线管。当电线管的外径超过混凝土厚度的 1/3 时，不准将电线管埋在混凝土内，以免影响混凝土的强度。

二、绝缘子配线

在动力线路中，绝缘子配线的工序和照明线路相似。不同的是，因动力线路容量大、导线粗，所以绝缘子为蝶式绝缘子。固定时不用木螺钉，而用配套的串钉。

绝缘子通常都固定在角钢支架上。角钢的规格视所用绝缘子尺寸而定，一般采用等边角钢，尺寸在 40 mm×40 mm 以上，以保证一定的力学强度。

固定角钢支架的方式，取决于建筑物支撑面的形状、固定点的距离以及线路受力等情况。常见的有三种，安装在墙上、安装在桁架上或安装在柱子上，如图 8—38 所示。

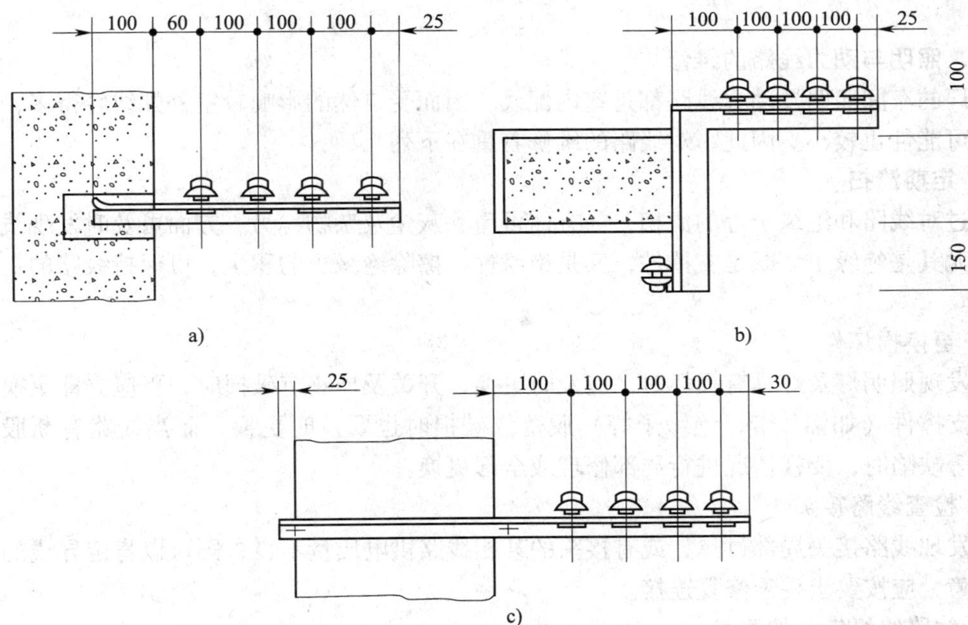

图 8—38　角钢支架的安装方式

a）在墙上　b）在桁架上　c）在柱上

其余的工作如放线、敷线等均与照明线路相同。各类安全距离，导线的最小截面等，均可参照有关规定。

练习题

一、选择题（将正确答案的代号写在括号内）

1. 穿管配线的安全技术要求是：明配于潮湿场所和埋于地下的钢管，均应使用壁厚不小于（　　）mm 的厚壁管。

A. 1　　B. 1.5　　C. 2　　D. 2.5

2. 在建筑物的侧面或斜面配线时，必须将导线绑扎在瓷绝缘子的（　　）。

A. 下方　　B. 右方　　C. 中间　　D. 上方

二、问答题

车间瓷绝缘子配线的安全技术要求有哪些？

模块五　照明及动力线路的维护与检修

知识技能要求

1. 掌握照明与动力线路的维修方法。
2. 熟悉信号装置的故障现象并能进行维修。
3. 能进行接地装置的检测与维修。

一、照明与动力线路的维修

工厂的车间照明及动力线路都是室内配线，因而受自然的影响较室外配线轻得多，发生故障的可能性也较小。因此，对线路的维修着重在下列几项：

1. 定期清扫

通过对线路和绝缘子等的清扫，一方面可清除灰尘及杂物；另一方面可及时发现线路的缺陷。尤其是绝缘子，既是支撑件，又是绝缘件，擦除绝缘子的积尘，可保持线路的良好绝缘状态。

2. 更换损坏件

当发现照明灯及灯具有损坏时，应及时更换；开关及插座有破损时，更应立即更换。若线路的支撑件（如铝片卡、绝缘子等）脱落或破损时也要及时更换；而当线路有断股、绝缘破损等缺陷时，要视情况进行局部修理或全部更换。

3. 检查线路接头

当发现线路接头局部过热，或有接头的某相线路供电质量不良，则可以肯定导线的接头处有故障，应按要求妥善修复连接。

4. 线路绝缘电阻的测量

若线路的电源保护机构经常过载跳闸或烧断熔体，就要怀疑电源线路绝缘不良，这时可用兆欧表，进行绝缘电阻的测量。测量前，必须使线路上的所有用电设备断开；测量后，必须放电，以防电击。

上述所有维修工作，必须有严格的安全措施，在确保断开电源的情况下进行。

二、信号装置的故障和维修

在电气控制系统中，通常要设置信号装置，用以表明系统的运行状态。信号装置的种类很多，常用的有灯光信号和音响信号。信号装置由电源设备、连接导线、开关和负载4部分组成，只要其中一部分出现故障，整个装置就不能正常工作。在检修信号装置时，应根据不同的故障现象，参照电路图，分析故障原因及故障范围，借助仪表进行修复。

现将信号装置常见故障与维修方法列于表8—6中，供检修时参考。

表 8—6　　信号装置常见故障与维修方法

故障现象	产生原因	维修方法
信号灯不亮，音响器不响	（1）灯泡坏或电阻坏 （2）灯头内引线断线或灯头与电阻接触不良 （3）灯座或开关处接线松动 （4）音响器损坏 （5）音响器引线断线 （6）线路中有断路或短路故障 （7）控制变压器损坏 （8）熔断器熔断	（1）更换灯泡或电阻 （2）查清原因加以紧固 （3）查清原因加以紧固 （4）更换音响器 （5）更换引线 （6）检查线路在断路、短路处重接或更换新线 （7）更换变压器 （8）检查熔体熔断原因并更换
信号灯忽亮忽熄或忽亮忽暗，音响器忽响忽停或声音忽大忽小	（1）接线处接触不良 （2）熔芯接触不良 （3）控制接头接触不良 （4）电源电压不正常 （5）变压器故障	（1）查清原因，加以紧固 （2）查清原因，加以紧固 （3）检查更换 （4）查清原因，清除电压不正常现象 （5）检修或更换变压器
拒撤信号	（1）控制触头熔焊，使信号回路无法断开 （2）线路有碰线故障，使电压窜入信号装置中 （3）控制信号装置的电气元件拒绝动作	（1）检查触头熔焊原因并更换 （2）检查并更换新线 （3）检修有关线路
误发信号	（1）控制信号装置的电气元件误动作 （2）线路中有短路或断路故障，使信号装置失误	（1）检修或更换有关的电气元件 （2）检查并更换有关线路

三、接地装置的检测与维修

接地是利用大地为电力系统正常运行、发生故障和遭受雷击等情况下提供对地电流的回路，是保证设备和人身安全的重要环节，因此必须严格保证接地装置在正常状态。

1. 定期检查

（1）工作接地的接地电阻每隔半年或一年检查一次。保护接地每隔一年或两年检查一次。接地电阻增大时，不可勉强使用，应及时修复。

（2）对接地装置的每个连接点，尤其是螺钉压接的连接点应每隔半年或一年检查一次，发现松动，随即拧紧。采用电焊连接的连接点也应定期检查焊点是否完好。

（3）接地线的支点有松动或脱落的要重新固定好。

（4）接地体与接地干线有严重锈蚀的，应及时修复或更换，不可勉强继续使用。

2. 常见故障排除方法

（1）连接点松散或脱落。容易出现松脱的情况有：移动电工具的接地支线与金属外壳（或插销）间的连接处；具有振动的设备接地线的连接处。发现松动或脱落，应及时拧紧或重新接妥。

（2）遗漏接地或接错位置。在设备维修或更新后重新安装时，因疏忽而把接地线线头漏接或接错位置，发现后应及时更正。

（3）接地线局部电阻增大。引起电阻增大的原因有：连接点的接触面存在氧化层或存在污垢；连接点或跨接过渡线存在轻度松散。解决办法是清除氧化层及污垢，重新拧紧螺钉。

（4）接地体的接地电阻增大。一般是因接地体严重锈蚀或接地体与接地干线之间接触不良所引起的。解决办法是更换接地体或重新把连接处接妥。

四、车间动力线路、照明线路及信号装置检修的步骤

1. 导线与建筑物是否有摩擦，绝缘和支持物是否有损坏和脱落。

2. 车间裸导线各相的弛度和线间距离是否保持相同。

3. 车间裸导线的防护网（板）与裸导线的距离有无变动。

4. 明敷设电线管及塑料线槽等是否有被碰裂、碰伤等现象，铁管的接地是否完好。

5. 铁管或塑料管的防水弯头有无脱落或出现导线蹭管口现象。

6. 敷设在车间地下的塑料管线路，其上方有无重物积压。

7. 对于三相四线制照明回路及零线回路，各连接点的接触情况是否良好，是否有腐蚀或脱开现象。

8. 各种仪表和指示灯是否完整，指示是否正确。

9. 开关箱和箱门等有无破损，户外开关箱有无进水等；铁制开关箱的外壳应可靠接地。

10. 车间配电盘及开关箱总开关、分开关所控制负荷标志应清楚、准确。

11. 照明灯具上所装的灯泡功率是否超过额定功率；灯具各部件有无松动、脱落等。

12. 室外灯具有无单独的熔丝保护；露天场所的照明灯是否采用防水灯口；室外灯具的控制箱有无漏雨。

实训与指导

实训：检修车间照明线路故障

故障现象：某车间三相四线制供电，部分电灯不亮。

实训指导：

1. 准备工作

车间电路图（视具体情况而定）1 张，排除故障所用材料（与所设置故障相配套）若干，电工通用工具 1 套，万用表（自定）1 块，兆欧表（自定）1 台，圆珠笔 1 支，绝缘鞋、工作服等 1 套。

2. 操作工艺

（1）调查研究，熟悉故障现象，经询问，部分灯不亮。

（2）分析故障现象，确认故障的大致范围，可能是线路断路或短路。

（3）经检查，不亮灯支路熔丝未断，用验电笔测试，显示无电；用万用表测其他亮灯支路电压均为 220 V。

（4）进一步分析故障，相电压正常，说明零线正常，上述故障可能是由于相线断线引起的。

（5）查找故障点。经检查电气控制箱中有一相接线端螺钉松动，确认此处为故障。

（6）修复故障点。切断电源开关，紧固故障处螺钉。

（7）通电试验。闭合电源开关，试灯。

3. 评分标准

检修车间照明线路故障的评分标准见表8—7。

表8—7　　　　评分标准

<table>
<tr><th>项目内容</th><th>配分</th><th colspan="2">评分标准</th><th>扣分</th><th>得分</th></tr>
<tr><td>调查研究：对每个故障现象进行调查研究</td><td>5</td><td colspan="2">排除故障前不进行调查研究，扣5分</td><td></td><td></td></tr>
<tr><td rowspan="2">故障分析：在电气控制线路图上分析故障可能的原因，思路正确</td><td>15</td><td colspan="2">（1）错标或标不出故障范围，每个故障点，扣5分</td><td rowspan="2"></td><td rowspan="2"></td></tr>
<tr><td>10</td><td colspan="2">（2）不能标出最小的故障范围，每个故障点，扣5分</td></tr>
<tr><td rowspan="4">正确使用工具和仪表，找出故障点并排除故障</td><td>15</td><td colspan="2">（1）实际排除故障中思路不清楚，每个故障点扣5分</td><td rowspan="4"></td><td rowspan="4"></td></tr>
<tr><td>15</td><td colspan="2">（2）每少查出1处故障点，扣10分</td></tr>
<tr><td>20</td><td colspan="2">（3）每少排除1处故障点，扣10分</td></tr>
<tr><td>20</td><td colspan="2">（4）排除故障方法不正确，每处扣10分</td></tr>
<tr><td>其他</td><td></td><td colspan="2">（1）排除故障时产生新的故障后不能自行修复，每处扣25分；已经修复，每处扣12.5分
（2）损坏电动机，扣25分</td><td></td><td></td></tr>
<tr><td>安全与文明生产</td><td colspan="3">违反安全文明生产规程，扣1～10分</td><td></td><td></td></tr>
<tr><td>额定时间60 min</td><td colspan="3">每超过10 min以内，按扣5分计算</td><td></td><td></td></tr>
<tr><td>开始时间</td><td></td><td>结束时间</td><td></td><td>评分</td><td></td></tr>
</table>

模块六　常用电气线路的导线规格选择

知识技能要求

1. 熟练掌握导线及用电器规格的选择方法。
2. 能对简单线路的导线进行选择。

在配线的过程中，了解导线及用电器的规格，使用范围做到合理选用，这是保证线路正常运行的重要依据，也是保证线路安全运行所必需的。

一、电动机负荷线的选择

一般按电动机的额定电流选取，习惯上1 kW按2 A电流计算，即2 A/kW，10 kW电动机20 A电流。电流确定后，按敷设方式、环境温度、导线材质、绝缘条件等，对照导线长期连续允许最大载流量的表格选取，或者参照电动机保护设备及管线选择表直接选取，见表

8—8，如10 kW电动机可选用4 mm²的绝缘铝线。通常10 kW以下的电动机一律选用2.5 mm²的导线，因为除了载流量这个因素外，还得考虑导线的力学强度。因此，工程上规定了各种用途导线的最小截面，见表8—8。

二、照明装置负荷线的选择

同样按装置的额定电流选取，习惯上1 kW按5 A电流计算，即5 A/kW。因为照明装置一般为单项设备，电流确定后，同样按电动机选择导线的方法进行选取。但是，一般的照明装置容量较小，因此民用建筑中照明装置的线路都选用2.5 mm²的导线，只有在每户的进户总线上可选用4～6 mm²的导线；而工业建筑或公共事业的照明线路则选用4～6 mm²的导线，总线一般选用10～16 mm²的导线，当然这也要根据实际负荷的大小来选取。

三、一般电器负荷的选择

家用电器通常指电热装置、热水器、空调装置、办公机械设备等，它们一般均由插头插座连接。因此，民用建筑中插座的导线都选用4～6 mm²的导线，而工业建筑中插座的导线都选用6～10 mm²的导线，甚至使用16 mm²的导线，同样也由实际负荷的大小来确定。

四、常用电动机启动保护设备及管线选择

常用电动机启动保护设备及管线选择见表8—8。

表8—8　　常用电动机启动保护设备及管线选择

电动机				选用熔断器				铁壳开关	QC8	QC10	QC12	低压断路器	25℃	30℃	35℃
型号	功率/kW	额定电流/A	启动电流/A	RCIA	RL1	RM10	RT0	HH3或HH4	磁力启动器等级（标一）			D25－20	BLV导线截面/mm²（标一）		
				额定电流/A				额定电流/A	热元件额定电流/A			热脱扣器额定电流/A	钢管直径/mm（标G）		
1	2	3	4	5	6	7	8	9	10	11	12	13	14	15	16
Y 801－4	0.55	1.6	10	10/5	15/4	15/6	50/10	15/5	2/6 2.4	2/6 2.4	2/H 2.4	3	2.5 G15	2.5 G15	2.5 G15
Y 801－2	0.75	1.9	13	10/6	15/6	15/6	50/10	15/6	2/6 2.4	2/6 2.4	2/H 2.4	3			
Y 801－4		2.1	14												
Y 90S－6		2.3	14												
Y 802－2	1.1	2.6	18	10/10	10/10	15/10	50/10	15/10	2/6 3.5	2/6 3.5	2/H 3.5	4.5			
Y 90S－4		2.7	18												
Y 90L－6		3.2	19												
Y 90S－2	1.5	3.4	24	15/10	15/10	15/10	50/10	15/10	2/6 5	2/6 5	2/H 5	4.5			
Y 90L－4		3.7	24												
Y 100L－6		4.0	24												

续表

电动机				选用熔断器				铁壳开关	QC8	QC10	QC12	低压断路器	25℃	30℃	35℃
型号	功率/kW	额定电流/A	启动电流/A	RCIA	RL1	RM10	RT0	HH3 或 HH4	磁力启动器等级（标一）			D25－20	BLV 导线截面/mm²（标一）		
				额定电流/A				额定电流/A	热元件额定电流/A			热脱扣器额定电流/A	钢管直径/mm（标 G）		
1	2	3	4	5	6	7	8	9	10	11	12	13	14	15	16
Y 90L－2	2.2	4.7	33	15/15	15/15	15/15	50/15	15/15	2/6	2/6	2/H	6.5	2.5	2.5	2.5
Y 100L1－4		5.0	35						7.2	7.2	7.2		G15	G15	G15
Y 112M6		5.6	34												
Y 132S8		5.8	32												
Y 100L－2	3.0	6.4	45	15/15	60/20	60/20	50/20	15/5	2/6	2/6	2/H	10			
Y 100L2－4		6.8	48						11	11	11				
Y 132S－6		7.2	47												
Y 132M－8		7.7	43												
Y 112M－2	4.0	8.2	57	30/20	60/25	60/25	50/30	30/20	2/6	2/6	2/H	10			
Y 112M－4		8.8	62						11	11	11				
Y 132M1－6		9.4	61												
Y 132M1－8		9.9	59												
Y 132S1－2	5.5	11	78	30/30	60/35	60/35	50/30	30/30	3/6	3/6	3/H	15			
Y 132S－4		12	81						16	16	16				
Y 132M2－6		13	82												
Y 160M2－8		13	80												
Y 132S2－2	7.5	15	105	60/40	60/50	60/45	50/40	60/40	3/6	3/6	3/H	20	2.5	2.5	2.5
Y 132M－4		15	108						24	24	22		G15	G15	G15
Y 160M－6		17	111												4
Y 160L－6		18	97												G20
Y 160M1－2	11	22	153	60/60	100/80	60/60	50/50	60/60	4/6	4/6	4/H	30	4	4	6
Y 160M－4		23	158						33	35	32		G20	G20	G20
Y 160L－6		25	160												
Y 180L－8		25	151												
Y 160M2－2	15	29	206	100/80	100/80	100/80	100/60	60/60	4/6	4/6	4/H	40	10	10	10
Y 160L－4		30							45	35	45		G25	G25	G205
Y 180L－6		32								4/6					4
Y 200L－8		34								45					G25

续表

电动机				选用熔断器				铁壳开关	QC8	QC10	QC12	低压断路器	25℃	30℃	35℃
型号	功率/kW	额定电流/A	启动电流/A	RCIA	RL1	RM10	RT0	HH3 或 HH4	磁力启动器等级（标一）			D25－20	BLV 导线截面/mm^2（标一）		
				额定电流/A				额定电流/A	热元件额定电流/A			热脱扣器额定电流/A	钢管直径/mm（标 G）		
1	2	3	4	5	6	7	8	9	10	11	12	13	14	15	16
Y 160L－2	18.5	36	249	100/80	10/80	10/80	100/80	—	4/6	4/6	4/H	50	16	16	16
Y 180M－4		36	251						45	45	45		G25	G25	G25
Y 200L1－6		38	245												
Y 225S－8		41	248												
Y 180M－2	22	42	295	100/100	100/100	100/80	100/80	—	5/6	5/6	5/H	50	16	10	25
Y 180L－4		43	298						57	50	63		G25	G25	G32
Y 200L2－6		45	290											25	
Y 225M－8		48	280											G32	
Y 200L1－2	30	57	398	—	—	200/	200/	—	5/6	5/6	5/H	60	25	25	35
Y 200L－4		57	398			160	120		86	72	63		G32	G32	G40
Y 225M－6		60	387												
Y 250M－8		43	378												
Y 200L2－2	0. 75	70	489	—	—	200/	200/	—	6/6	6/6	2/H	80	35	35	50
Y 225S－4		70	489			160	120		86	100	2. 4		G40	G40	G50
Y 250M－6		72	468												
Y 280S－8		79	472												
Y 225M－2	1. 1	84	587	—	—	200/	200/	—	6/6	6/6	6/H	100	50	50	70
Y 225M－4		84	589			160	150		125	100	85		G50	G50	G70
Y 280S－6		85	555												
Y 280M－8		93	559												
Y 315S－10		98	637												
Y 250M－2	1. 5	103	719	—	—	200/	200/	—	7/6	7/6	7/H	120	70	70	70
Y 250M－4		103	718			200	200		125	150	160		G70	G70	G70
Y 280M－6		105	682									140			
Y 315S－8		109	709												
Y 315M－10		120	780												

续表

电动机				选用熔断器				铁壳开关	QC8	QC10	QC12	低压断路器	25℃	30℃	35℃
型号	功率/kW	额定电流/A	启动电流/A	RCIA	RL1	RM10	RT0	HH3 或 HH4	磁力启动器等级（标一）			D25－20	BLV 导线截面/mm²（标一）		
				额定电流/A				额定电流/A	热元件额定电流/A			热脱扣器额定电流/A	钢管直径/mm（标 G）		
1	2	3	4	5	6	7	8	9	10	11	12	13	14	15	16
Y 280S－2	2. 2	140	981	—	—	350/	400/	—	7/6	7/6	7/H	170	95	95	95
Y 280S－4		140	978			260	250		176	150	160		G70	G70	G70
Y 315S－6		142	923							—					
Y 315M1－8		148	962											120	120
Y 315M3－10		160	1 040											G70	G70

注：大于 75 kW 的电动机设备及管线选择，可参考其他有关资料。

五、铜芯绝缘导线长期连续允许最大载流量

铜芯绝缘导线长期连续允许最大载流量见表 8—9。

表 8—9　铜芯绝缘导线长期连续允许最大载流量

导线截面/mm²	线芯结构			导线明敷设允许电流/A				橡胶绝缘导线多根同穿在一根管内时允许负荷电流/A													
	股数	单芯直径/mm	成品外径/mm	25℃		30℃		25℃						30℃					
				橡胶	塑料	橡胶	塑料	穿金属管			穿塑料管			穿金属管			穿塑料管		
								2 根	3 根	4 根	2 根	3 根	4 根	2 根	3 根	4 根	2 根	3 根	4 根
1. 0	1	1. 13	4. 4	21	19	20	18	15	14	12	13	12	11	14	13	11	12	11	10
1. 5	1	1. 37	4. 6	27	24	25	20	20	18	17	17	16	14	19	17	16	16	15	13
2. 5	1	1. 76	5. 0	35	32	33	30	28	25	23	25	22	20	26	23	22	23	21	19
4	1	2. 24	5. 5	45	42	42	39	37	33	30	33	30	25	35	31	28	31	28	24
6	1	2. 73	6. 2	58	55	54	51	49	43	39	43	38	34	46	40	36	40	36	32
10	7	1. 33	7. 8	85	75	79	70	68	60	53	59	52	46	64	56	50	55	49	43
16	7	1. 68	8. 8	110	105	103	98	86	77	69	76	68	60	80	72	65	71	64	56
25	19	1. 28	10. 6	145	138	135	128	113	100	90	100	90	80	106	94	84	94	84	75
35	19	1. 51	11. 8	180	170	168	159	140	122	110	125	110	98	131	114	103	117	103	92
50	19	1. 81	13. 8	230	215	215	201	175	154	137	160	140	123	163	144	128	150	131	115
70	49	1. 33	17. 3	285	265	266	248	215	193	173	195	175	155	201	180	162	182	163	145
95	84	1. 20	20. 8	345	320	322	304	260	235	210	240	215	195	241	220	197	224	201	182
120	133	1. 08	21. 7	400	375	374	350	300	270	245	278	250	227	280	252	229	260	234	212
150	37	2. 24	22. 0	470	430	440	402	340	210	280	320	290	265	318	290	262	299	271	248
185				540	490	504	458	385	355	320	360	330	300	359	331	299	336	308	280
1. 0	1	1. 13	4. 4	21	19	20	18	14	13	11	12	11	10	13	12	10	11	10	9
1. 5	1	1. 37	4. 6	27	24	25	20	19	17	16	16	15	13	18	16	15	15	14	12
2. 5	1	1. 76	5. 0	35	32	33	30	26	24	22	24	21	19	24	22	21	21	20	18
4	1	2. 24	5. 5	45	42	42	39	35	31	28	31	28	25	33	29	26	26	26	23
6	1	2. 73	6. 2	58	55	54	51	47	41	37	41	36	32	44	38	35	35	34	30

续表

导线截面/mm²	线芯结构			导线明敷设允许电流/A				橡胶绝缘导线多根同穿在一根管内时允许负荷电流/A											
	股数	单芯直径/mm	成品外径/mm	25℃		30℃		25℃						30℃					
				橡胶	塑料	橡胶	塑料	穿金属管			穿塑料管			穿金属管			穿塑料管		
								2 根	3 根	4 根	2 根	3 根	4 根	2 根	3 根	4 根	2 根	3 根	4 根
10	7	1. 33	7. 8	85	75	79	70	65	57	50	56	49	44	61	53	47	52	46	41
16	7	1. 68	8. 8	110	105	103	98	82	73	65	72	65	57	77	68	61	67	61	53
25	19	1. 28	10. 6	145	138	135	128	107	95	85	95	85	75	100	89	80	89	80	70
35	19	1. 51	11. 8	180	170	168	159	133	115	105	120	105	93	124	107	98	112	98	87
50	19	1. 81	13. 8	230	215	215	201	165	146	130	150	132	117	154	136	121	140	123	109
70	49	1. 33	17. 3	285	265	266	248	205	183	165	185	167	148	192	171	154	173	156	138
95	84	1. 20	20. 8	345	320	322	304	250	225	200	230	205	185	234	210	187	215	192	173
120	133	1. 08	21. 7	400	375	374	350	285	266	230	265	240	215	266	248	215	248	224	201
150	37	2. 24	22. 0	470	430	440	402	320	295	270	305	280	250	299	276	252	285	262	234
185				540	490	504	458	380	340	300	355	375	180	355	317	280	331	289	261

六、铝芯绝缘导线长期连续允许最大载流量

铝芯绝缘导线长期连续允许最大载流量见表 8—10。

表 8—10　　铝芯绝缘导线长期连续允许最大载流量

导线截面/mm²	线芯结构			导线明敷设允许电流/A				橡胶绝缘导线多根同穿在一根管内时允许负荷电流/A											
	股数	单芯直径/mm	成品外径/mm	25℃		30℃		25℃						30℃					
				橡胶	塑料	橡胶	塑料	穿金属管			穿塑料管			穿金属管			穿塑料管		
								2 根	3 根	4 根	2 根	3 根	4 根	2 根	3 根	4 根	2 根	3 根	4 根
2. 5	1	1. 76	5. 0	27	25	25	23	21	19	16	19	17	15	20	18	15	18	13	14
4	1	2. 24	5. 5	35	32	33	30	28	25	23	25	23	20	26	23	22	23	22	19
6	1	2. 73	6. 2	45	42	42	39	37	34	30	33	29	26	35	32	28	31	27	24
10	7	1. 33	7. 8	65	61	61	55	52	46	40	44	40	35	49	43	37	41	37	33
16	7	1. 68	8. 8	85	79	79	75	66	59	52	58	52	46	62	55	49	54	49	43
25	7	2. 11	10. 6	110	103	103	98	86	76	68	77	68	60	80	71	64	72	64	56
35	7	2. 49	11. 8	138	130	129	121	106	94	83	95	84	74	90	88	78	89	79	69
50	19	1. 81	13. 8	175	165	163	154	133	118	105	120	108	95	124	110	98	112	101	89
70	19	2. 14	16. 0	220	205	206	192	165	150	133	153	135	120	154	140	124	143	126	112
95	19	2. 49	18. 3	265	250	248	234	200	180	160	184	165	150	187	168	150	172	154	140
120	37	2. 01	20. 0	310	285	290	266	230	210	190	210	190	170	215	196	177	196	177	159
250	37	2. 24	22. 0	360	325	336	303	260	240	220	250	227	205	241	224	206	234	212	192
185				420	380	392	355	295	270	250	282	255	232	275	252	233	263	238	216
2. 5	1	1. 76	5. 0	27	25	25	23	20	18	15	18	16	14	19	17	14	17	15	13
4	1	2. 24	5. 5	35	32	33	30	27	24	22	24	22	19	25	22	21	55	21	18

续表

导线截面/mm²	线芯结构			导线明敷设允许电流/A				橡胶绝缘导线多根同穿在一根管内时允许负荷电流/A											
	股数	单芯直径/mm	成品外径/mm	25℃		30℃		25℃						30℃					
								穿金属管			穿塑料管			穿金属管			穿塑料管		
				橡胶	塑料	橡胶	塑料	2根	3根	4根	2根	3根	4根	2根	3根	4根	2根	3根	4根
6	1	2.73	6.2	45	42	42	39	35	32	28	31	27	25	33	30	26	29	25	23
10	7	1.33	7.8	65	59	61	55	49	44	38	42	38	33	46	41	36	39	36	31
16	7	1.68	8.8	85	80	79	75	63	56	50	55	49	44	59	52	47	51	46	41
25	7	2.11	10.6	110	105	103	98	80	70	65	73	65	57	75	66	61	68	61	53
35	7	2.49	11.8	138	130	129	121	100	90	80	90	80	70	94	84	75	84	75	65
50	19	1.81	13.8	175	165	163	154	125	110	100	114	102	90	117	1 003	94	106	95	84
70	19	2.14	16.0	220	205	206	192	155	143	127	145	130	115	145	133	119	135	121	107
95	19	2.49	18.3	265	250	248	234	190	170	152	175	158	140	177	159	142	163	148	131
120	37	2.01	20.0	310	285	290	266	220	200	180	200	185	160	206	187	168	187	173	154
150	37	2.24	22.0	360	325	336	303	250	230	210	240	215	185	234	215	196	224	201	182
185				420	380	392	355	285	255	230	265	235	212	266	238	215	247	219	198

七、导线规格选用的总体原则

1. 进户线采用铜芯导线，普通住宅的截面积不应少于 10 mm²，中档住宅为 16 mm²，高档住宅为 25 mm²。

2. 分支回路采用铜芯导线，截面不应小于 2.5 mm²。原来在照明线路还可采用 1.5 mm²的铜芯导线；但据最新的相关规定，随着照明灯具的发展，2000 年后，城市装修即使是照明线路也必须选用不小于 2.5 mm²的铜芯导线。

3. 厨房卫生间电源插座线路用 2.5 mm²的铜芯导线。

4. 空调线路宜选择 4 mm²铜芯导线。

大功率电器如果使用截面偏小的导线，往往会造成导线过热、发烫，甚至烧融绝缘层，引发电气火灾或漏电事故。因此，在电气安装中，选择合格、适宜的导线规格非常重要。

根据用电设备的性质和容量选择常用用电器及导线规格，除了上述具体原则外，还要根据具体情况综合确定，如力学强度、导线的跨度、作业环境、经济条件等。

练习与实训

练习题

问答题

车间照明有哪些要求？

实训与指导

实训一：导线的选择

设计要求：某居民楼一层用电器主要有白炽灯、荧光灯、电风扇及电加热器等，设计功率为 10 kW，功率因数取 0.75。现采用单相交流 220 V 供电，供电线路的长度为 100 m。试为该供电线路选配绝缘导线（设敷设方式为沿墙明敷，常温工作）。

实训指导：

1. 训练目标

掌握选取导线的方法，能根据供电要求选择导线。

2. 训练准备

提前查阅有关导线选择方面的内容，准备好《电工手册》等工具书。

3. 训练注意事项

选择导线时，要同时满足经济条件、力学强度和电压损失等的要求。

4. 训练操作步骤

（1）导线型号选择。供电线路为居民室内供电，参考关于常用导线用途的说明，选择 BV 型铜芯塑料导线。

（2）按发热条件选择导线横截面积。根据设计功率计算负荷电流，即：

$$I = \frac{P}{U\cos\varphi} = \frac{10 \times 10^3\ \text{W}}{220\ \text{V} \times 0.75} = 61\ \text{A}$$

式中，P 为设计功率；U 为线路电压；$\cos\varphi$ 为功率因数。

然后，从表 8—11 查得截面积为 10 mm^{2}的 BV 型铜芯导线，允许载流量为 75 A。

（3）按电压损失校验。按规定照明线路的允许电压损失为 $5\% U_e$，即：

$$\Delta U_{允} = 5\% U_e = 5\% \times 220\ \text{V} = 11\ \text{V}$$

套用电压损失计算公式，即：

$$\Delta U = \frac{2\rho l P}{SU\cos\varphi} = \frac{2 \times 0.017\,5 \times 100\ \text{m} \times 10 \times 10^3\ \text{W}}{10\ \text{kV}\cdot\text{A} \times 220\ \text{V} \times 0.75} = 21.2\ \text{V}$$

可见，$\Delta U_{允}$不符合规定，要重新选择导线的横截面积，应使 $\Delta U < \Delta U_{允}$，即：

$$\frac{2\rho l P}{SU\cos\varphi} < \Delta U_{允}$$

由上式得 $$S > \frac{2\rho l P}{\Delta U_{允} U\cos\varphi} = \frac{2 \times 0.017\,5 \times 100\ \text{m} \times 10 \times 10^3\ \text{W}}{11\ \text{V} \times 220\ \text{V} \times 0.75} = 19.3\ \text{mm}^2$$

参考表 8—11，选取绝缘导线截面积为 25 mm^{2}的 BV 型铜芯导线。

表 8—11　　500 V 单芯绝缘导线的允许载流量

导线截面积/mm^2	橡胶绝缘导线允许载流量/A		聚氯乙烯绝缘导线允许载流量/A	
	铜芯	铝芯	铜芯	铝芯
0.75	18		16	
1.0	21		19	
1.5	27	19	24	18
2.5	33	27	32	25
4	45	35	42	32
6	58	45	55	42

续表

导线截面积/mm^2	橡胶绝缘导线允许载流量/A		聚氯乙烯绝缘导线允许载流量/A	
	铜芯	铝芯	铜芯	铝芯
10	85	65	75	59
16	110	85	105	80
25	145	110	138	105
35	180	138	170	130
50	230	175	215	165
70	285	220	265	205
95	354	265	325	250

5．小结。本训练的重点是让学员牢固地掌握按发热条件选择导线截面积的方法，在满足力学强度和电压损失等要求的前提下，尽可能选择截面积较小的导线，以降低线路成本。

实训二：增容换装的导线选择

某住户原来装有3 A电能表，现因添了空调器（800 W）、电冰箱（120 W）、彩色电视机（80 W）等电器需换装10 A电能表和全部导线（从进户穿管线到各用电器及插座）。试分析应如何选择导线。

实训指导：

1．分析

（1）从用途看。全部为普通型固定敷设方式。

（2）从环境看。普通室内环境干燥，无腐蚀，无振动。为美观起见，采用暗敷，但散热条件稍差，进户穿管线应选耐气候性好的导线。

（3）从电压、电流看。民用住户，单相220 V。按电表容量10 A计算，用户允许总功率为：

$$P = UI = 10 \times 220 = 2\ 200\ \text{W}$$

（4）从经济指标及发展看。综合上述3点选用铜芯线，价格适中。

2．选用

（1）进户线。BV型铜芯聚氯乙烯绝缘电线（单芯）截面积为1.5 mm^2（其长期连续负荷允许载流值为24 A），长期工作温度为65℃。也可选用截面积为2.5 mm^2（32 A）。

（2）户内干线。选用截面积为1.5 mm^2的BVV型二芯平行护套线（长期连续负荷允许载流量为19 A，长期工作温度为65℃，最低敷设温度不低于−15℃），足以满足使用要求。

（3）各用电器支线。从理论上讲，各用电器支线截面积应按用电器功率$P=IU$计算，求出I值后再选用。由于住户内干线、支线实际差别不大，为方便起见，确定支线与干线选用同种线，仍选用截面积为1.5 mm^2的BVV型二芯平行护套线。

实训三：为一台移动式机械的电动机（$P=3$ kW）选配电缆。

实训指导：根据经验公式估计，380 V/220 V异步电动机工作电流$I=(1.8 \sim 2.2)P=(1.8 \sim 2.2) \times 3$ A，取2倍即6 A。适当放点余量，查手册选用截面积为0.5（或0.75）mm^2的YQW型通用橡套电缆，电压等级为交流500 V及以下，三芯，长期连续载流量为9 A（12 A）。

第九单元　电子技术与操作

模块一　半导体管及其简单应用

知识技能要求

1. 掌握二极管的结构和工作原理。
2. 掌握三极管的结构和工作原理。
3. 掌握单相整流及滤波电路的工作原理。
4. 掌握简单稳压电路的工作原理。
5. 掌握单管三极管放大电路的性能及用途。
6. 能够对半导体管简单电路进行安装与调试。

一、半导体与 PN 结

1. 半导体

导电能力介于导体与绝缘体之间的材料称为半导体。纯净的半导体称本征半导体。在纯净的半导体中加入某些五价元素，就形成了主要由自由电子导电的电子型半导体（N 型半导体）；而加入某些三价元素，就形成了主要由空穴导电的空穴型半导体（P 型半导体）。

2. PN 结

利用扩散法或合金法把 P 型半导体和 N 型半导体结合在一起。在交接面处会因多数载流子浓度不同而进行扩散，形成一个“PN”结。PN 结有一个内电场，由 N 区指向 P 区。当 PN 结处于正向偏置（P 区电位高于 N 区电位）时，内电场被削弱，在 PN 结内形成较大的扩散电流（PN 结正向导通）；而当 PN 结处于反向偏置时，内电场被加强，漂移越过 PN 结的电流很小，此电流称为反向漏电流（PN 结反向截止）。PN 结加正向电压导通，加反向电压截止的现象，称为 PN 结的单向导电性。

二、半导体二极管

把 PN 结加上相应的封装和电极引出线，就成为了半导体二极管（简称二极管）。其图形符号及文字代号如图 9—1 所示。

1. 二极管的伏安特性

二极管的电压、电流关系曲线——伏安特性曲线如图 9—2 所示。由图中可以看出，整个曲线大致可分成两个部分，正向特性部分和反向特性部分。在正向特性部分中，有一个二极管承受正向电压而未导通的部分，称为死区（硅二极管死区电压约为 0.5 V，锗二极管约为 0.2 V）。导通后二极管两端的管压降（硅二极管约为 0.7 V，锗二极管约为 0.3 V）。在反向特性部分有一个二极管承受反向电压处于截止状态的反向截止区和反向击穿区。

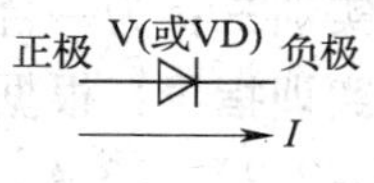

正极　V(或VD)　负极

I

图 9—1　二极管图形符号及文字代号

2. 二极管的主要参数

（1）最大正向电流。在规定的散热条件及二极管长期运行时允许通过的最大正向电流平均值。

（2）反向击穿电压。它是指二极管所能承受的最高反向电压。超过此值二极管将被击穿。

（3）最高反向工作电压。一般为反向击穿电压的1/2～2/3。

3. 二极管的简易判别

（1）好坏的判断。用万用表 R×100′Ω 或 R×1 k′Ω 挡测量二极管的正、反向电阻，如果正向电阻为几十至几百欧，反向电阻在200 k′Ω以上，可以认为二极管是好的。万用表的黑表笔接二极管正极、红表笔接负极时测得的为正向电阻，反之则为反向电阻，如图9—3所示。

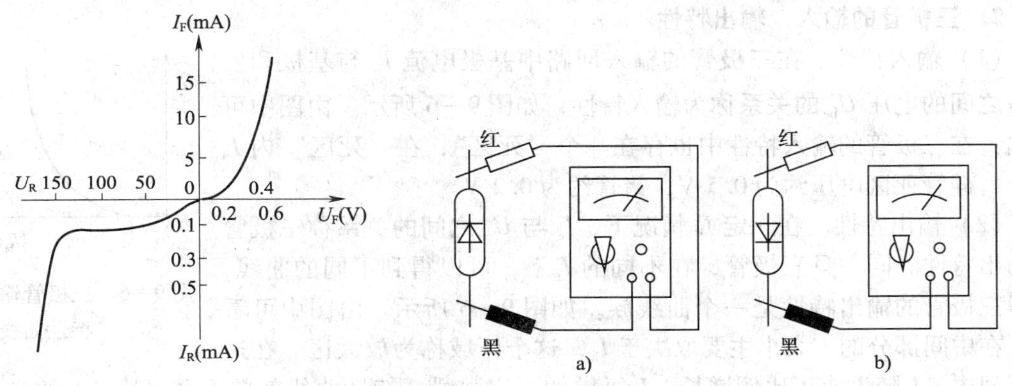

图9—2　二极管伏安特性曲线

图9—3　二极管的电阻测量

a）正向电阻测量　b）反向电阻测量

（2）极性的判断。用万用表测出二极管的正向电阻（阻值较小）时，黑表笔所接的为二极管正极。

（3）半导体材料的判断。当测得二极管正向电阻时，指针指示在标度尺3/4左右，为锗二极管；指示在2/3左右，为硅二极管（用万用表欧姆挡 R×100 或 R×1 k）。

三、半导体三极管

半导体三极管（简称三极管）是一种具有两个 PN 结（发射结、集电结），3个电极（集电极 c、基极 b、发射极 e）的半导体器件。根据 PN 结的组合方式不同，有 PNP 和 NPN 两种类型，其图形符号及文字代号如图9—4所示。

1. 三极管的电流放大作用

把三极管接在电路中，如图9—5所示。让发射结处于正向偏置状态、集电结处于反向偏置状态，通过实验，可得到：

$$I_e = I_b + I_c (\text{且 } I_e \approx I_c) \tag{9—1}$$

三极管基极输入的微小基极电流 I_b 能引起集电极电流 I_c 的较大变化，按规定电流放大系数为：

$$\frac{\Delta I_c}{\Delta I_b} = \beta \tag{9—2}$$

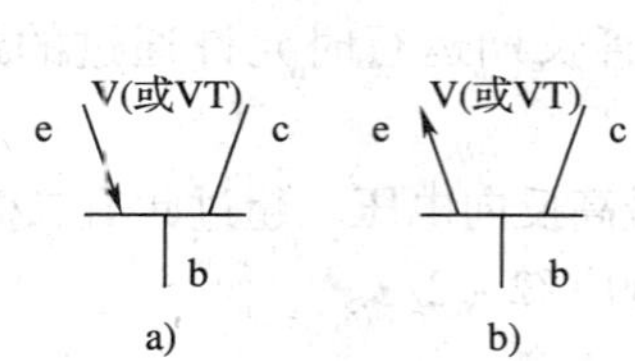

图 9—4　三极管图形符号、极性
a）PNP　b）NPN

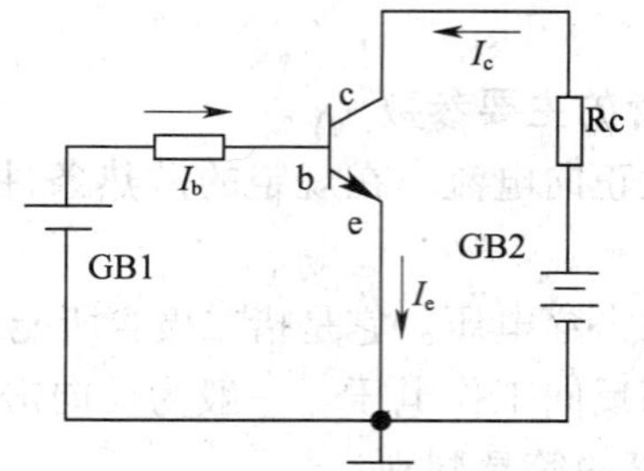

图 9—5　三极管放大状态

可得到三极管中电流间的相互关系为：

$$I_c = \beta I_b + I_e = I_c + I_b = (1+\beta) I_b \qquad (9—3)$$

2. 三极管的输入、输出特性

（1）输入特性。在三极管的输入回路中基极电流 I_b 与基极和发射极之间的电压 U_{be} 的关系称为输入特性，如图 9—6 所示。由图中可看出：在三极管的输入特性中也存在一个“死区”，在“死区”内 I_b 极小，硅管死区电压约为 0.5 V，锗管约为 0.2 V。

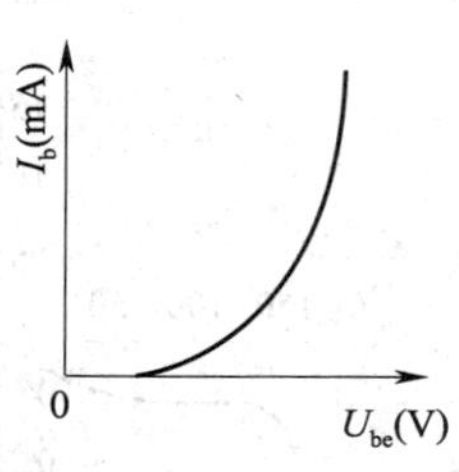

图 9—6　三极管输出特性曲线

（2）输出特性。在一定 I_b 情况下，I_c 与 U_{ce} 之间的关系称三极管的输出特性。同一只三极管，在不同的 I_b 下，可以得到不同的曲线，使得三极管的输出特性是一个曲线族，如图 9—6 所示。由图中可看出，在中间部分的 I_c 大小主要取决于 I_b，这个区域称为放大区。在这个区间内，I_c 随 I_b 成正比例增长，I_b 每增加一定数量，特性曲线就向上移一次，I_c 的变化比 I_b 的变化大得多，即：

$$\Delta I_c = \beta \Delta I_b \qquad (9—4)$$

在 $I_b = 0$ 时，$I_c \neq 0$，此时的 I_c 叫穿透电流。在 $I_b = 0$ 以下的区域称为截止区，在此区域内三极管无放大作用；在曲线族左侧的阴影区称为饱和区，在此区域内三极管处于饱和导通状态（无放大作用）。

3. 三极管的主要参数

（1）直流参数

1）共发射极直流放大倍数 $\beta = I_c / I_b$。

2）集电极—基极反向截止电流 I_{cb0} $I_e = 0$ 时，基极和集电极间加规定的反向电压时的集电极电流。

3）集电极—发射极反向截止电流，即（穿透电流）$I_b = 0$ 时，集电极—发射极间如规定的反向电压时的集电极电流。

（2）交流参数

1）共发射极交流放大倍数 $\beta = \Delta I_c / \Delta I_b$。其中 ΔI_b 是 I_b 的变化量，ΔI_c 是 I_c 的变化量。

2）共基极交流放大倍数

$$\alpha = \Delta I_c / \Delta I_e \approx 1$$

（3）极限参数

1）集电极最大允许电流 I_{cm}。

2）集电极—发射极击穿电压 U_{ce0}。基极开路时，加在集电极—发射极之间的最大允许电压。

3）集电极最大容许耗散功率 P_{cm}。集电极电流 I_c 会使管子温度上升，三极管因受热而引起的参数变化不超过允许值的功耗就是 P_{cm}。三极管的实际耗散功率 $P_c = U_{ce}I_c$，使用时必须使 $P_c < P_{cm}$。

4. 三极管的简易测试

（1）管脚与管型的判断。用万用表 R×100 Ω 或 R×1 kΩ 挡分别测量各管脚间电阻，必有一只管脚与其他两脚阻值相近，这只管脚就是基极。以黑表笔接基极，如果测得与其他两只管脚的电阻都小，则为 NPN 型三极管；反之则是 PNP 型三极管。找出基极后，分测基极对另外两管脚的电阻，阻值较小的那个是集电极，另一个就是发射极。

（2）三极管好坏的大致判断。用万用表测量集电极与发射极间的反向电阻值来估算穿透电流 I_{ce0} 的大小。如果反向电阻值偏小，说明该三极管质量不太好。

5. 三极管的型号

国产三极管的型号由 5 个部分组成：

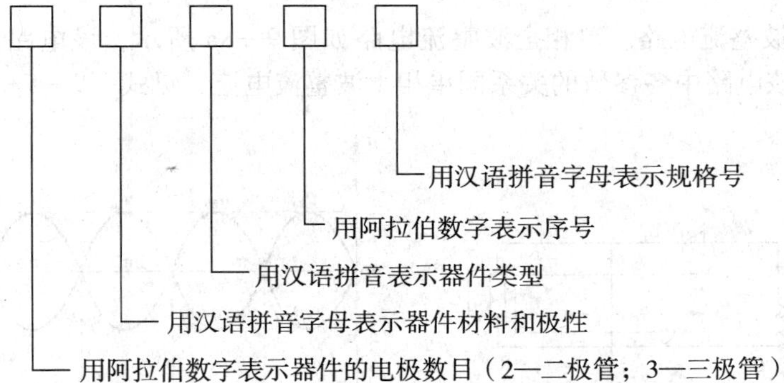

示例：3AG11C 为 PNP 型锗材料的高频小功率三极管，设计序号为 11，规格号为 C。

四、单相整流及滤波电路

把交流电变换成直流电的过程叫做整流。用于整流的设备叫做整流器。一个整流器主要由整流变压器、整电流电路和滤波电路 3 部分组成。

1. 单相整流电路

其形式有单相半波、单相全波、单相桥式和倍压整流等。

（1）单相半波整流电路。单相半波整流电路如图 9—7a 所示，电路的有关波形图如图 9—7b 所示。该电路的参数有下列关系：

$$U_L = 0.45U_2 \qquad (9—5)$$

$$I_F = I_L \frac{0.45U_2}{R_L} \qquad (9—6)$$

$$U_{RM} = 2\sqrt{2}U_2 \qquad (9—7)$$

式中 I_F——流过二极管的平均电流；

U_{RM}——二极管承受的最高反向电压；

U_L——整流后输出的直流电压；

U_2——变压器次级输出交流电压。

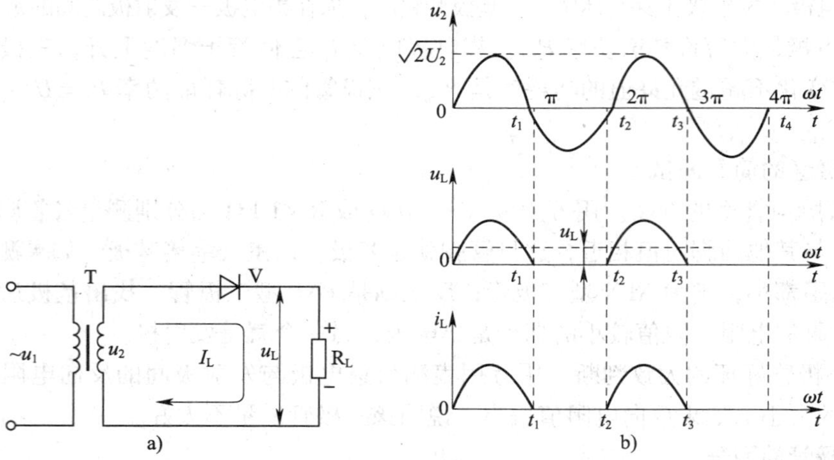

图 9—7　单相半波整流电路

a）电路图　b）波形图

（2）单相全波整流电路。单相全波整流电路如图 9—8a 所示，该电路各有关波形图如图 9—8b 所示。该电路中各参数的关系同单相半波整流电流，见式（9—5）~式（9—7）。

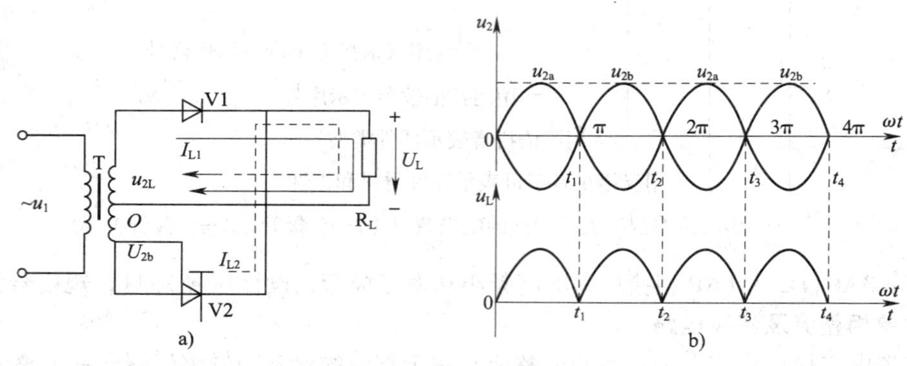

图 9—8　单相全波整流电路

a）电路图　b）波形图

（3）单相桥式整流电路。单相桥式整流电路如图 9—9 所示，整流后在负载上得到的电压波形与全波一样。该电路参数有下列关系：

$$U_L = 0.9U_2 \quad (9—8)$$

$$I_F = \frac{1}{2}I_L \frac{0.45U_2}{R_L} \quad (9—9)$$

$$U_{RM} = 2\sqrt{2}U_2$$

（4）单相倍压整流电路。在某些需要高电压但电流小的直流设备中，可采用倍压整流来提高输出电压。如图 9—10 所示为 3 倍压整流电路。该电路参数中有下列关系：

$$U_L = 3\sqrt{2}U_2 \quad (9—10)$$

$$U_{RM} = 2\sqrt{2}U_2$$

在倍压整流电路中，R_L 越大，倍压效果越好。

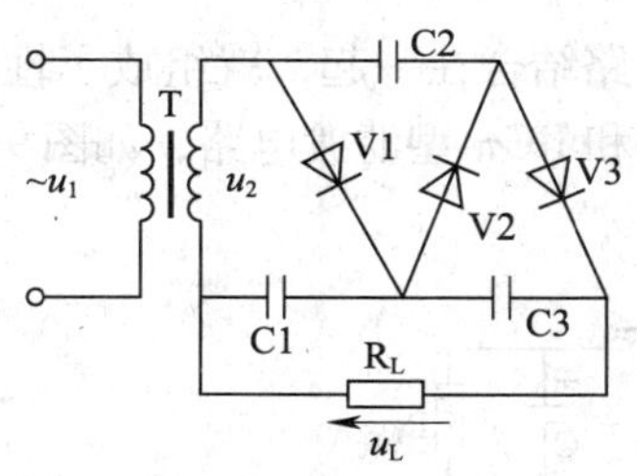

图 9—9　单相桥式整流电路

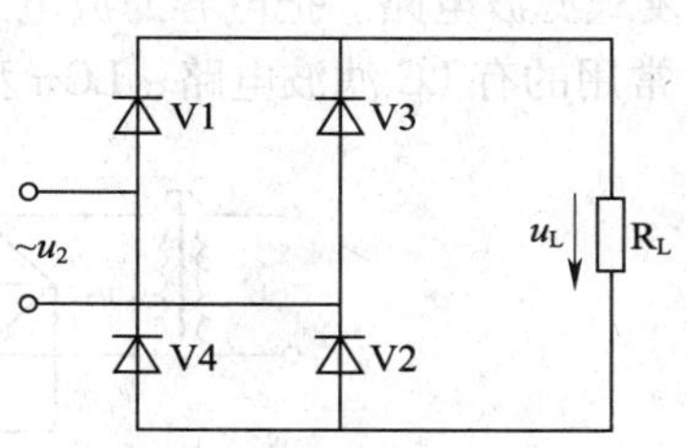

图 9—10　3 倍压整流电路

2. 滤波电路

把脉动的直流电变为平滑的直流电，保留脉动压的直流部分，尽量滤除它的交流成分，称之为滤波。具有这种功能的电路叫做滤波电路。常用的滤波电路有电容滤波电路、电感滤波电路、复式滤波电路和电子滤波电路。

（1）电容滤波电路。电容滤波电路如图 9—11 所示。把一个大容量的电解电容器并接到整流输出端，利用电容器充、放电特性，可使输出电压平均值 U_L 得到提高，并且脉动系数减小。此电路只适用负载电流较小并保持不变的场合。

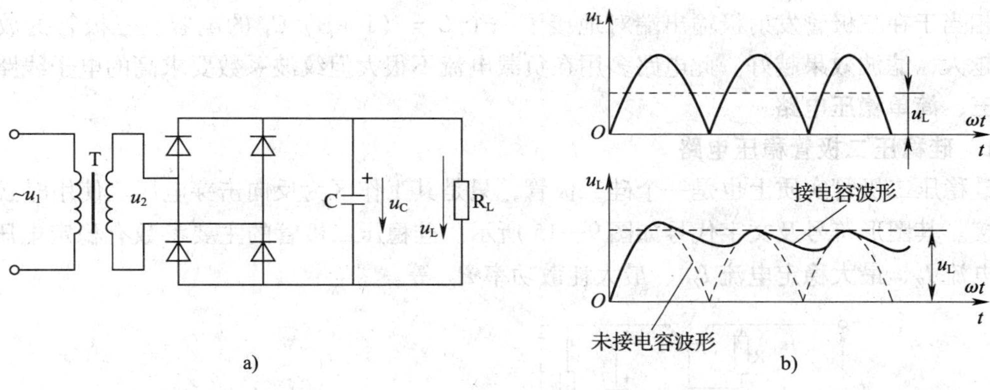

图 9—11　电容滤波电路及波形

a）电路图　b）波形图

（2）电感滤波电路。把一个电感元件 L 串接在整流负载 R_L 前，如图 9—12 所示。利用电感元件对交变电流的“阻碍”作用，使流过电感元件电流的变化变慢，达到减小脉动电流的脉动系数。电感滤波电路适用于负载电流较大且经常变化的场合。

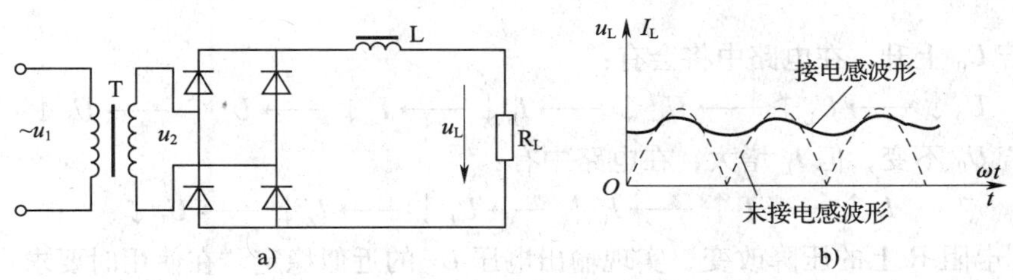

图 9—12　电感滤波电路

a）电路图　b）波形图

（3）复式滤波电路。把电容滤波电路和电感电路结合在一起，就组成了性能较好的复式滤波电路。常用的有 LC 滤波电路、LCπ 型滤渡电路和 RCπ 型滤渡电路，如图 9—13 所示。

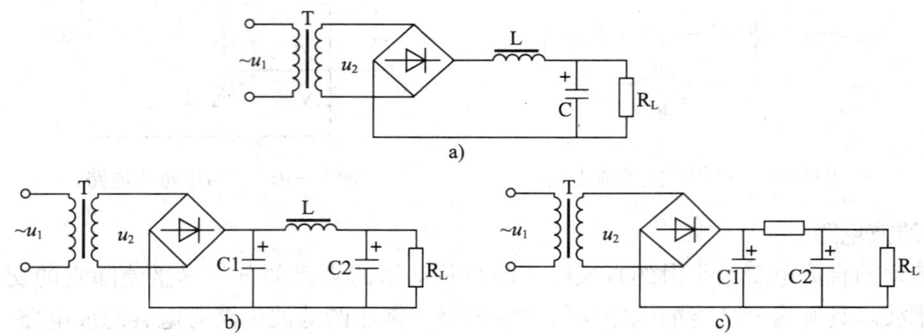

图 9—13　复式滤波电路

a）LC 滤波电路　b）LCπ 型滤波电路　c）RCπ 型滤波电路

（4）电子滤波电路。利用三极管集电极电流主要由基极电流控制，几乎不受集—射极电压影响这一原理，可以组成一个电子滤波器，如图 9—14 所示。图中 C_1 接在三极管基极上，相当于在三极管发射极输出端对地接了一个 $C=(1+\beta)C_1$ 的电容。三极管的放大倍数 β 越大，滤波效果越好。此电路多用在负载电流不很大但纹波系数要求高的电子线路中。

五、简单稳压电路

1．硅稳压二极管稳压电路

硅稳压二极管实质上也是一个硅二极管，只是其工作区为反向击穿电压。使用时必须反向连接。其图形符号及文字代号如图 9—15 所示。硅稳压二极管的主要参数有稳定电压 U_Z、稳定电流 I_Z、最大稳定电流 I_{ZM}、最大耗散功率 P_{ZM} 等。

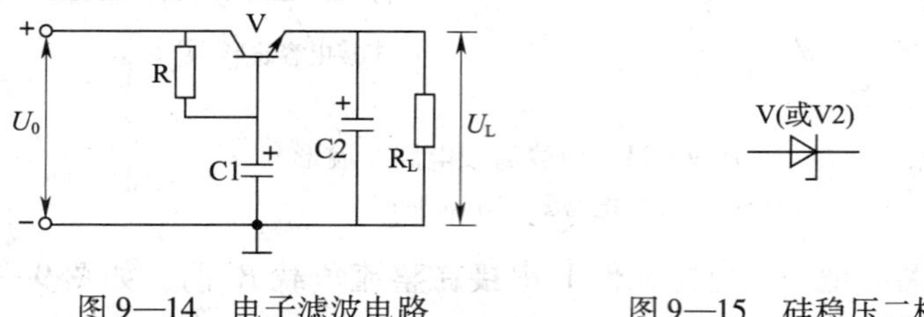

图 9—14　电子滤波电路　　　　图 9—15　硅稳压二极管

把硅稳压二极管按如图 9—16 所示接在电路中，就组成一个简单的稳压电路。其稳压过程如下：

（1）若 U_0 上升，在电路中将会有：

$$U_0\downarrow \longrightarrow U_L\uparrow \longrightarrow U_{be}\downarrow \longrightarrow I_b\downarrow \longrightarrow I_c\downarrow \longrightarrow U_{ce}^{*}\uparrow \longrightarrow U_L\downarrow$$

（2）若 U_0 不变，但 I_L 增大，在电路中有：

$$I_L\uparrow \longrightarrow I\uparrow \longrightarrow I_R\uparrow \longrightarrow U_L\downarrow \longrightarrow I_Z\downarrow \longrightarrow U_L\downarrow$$

即利用电阻 R 上的压降改变，实现输出电压 U_L 的近似稳定。在使用时要求：

$$I_{ZM}\geqslant 2I_{LM} \tag{9—11}$$

式中　I_{LM}——负载电流最大值。

2. 简单串联型稳压电路

如图 9—17 所示为简单三极管串联型稳压电路。图中 U_z 为稳压二极管向三极管 V2（调整管）基极提供的一个稳定直流电压，叫做基准电压。并且有 $U_{be}=U_z-U_L$、$U_L=U_0-U_{ce}$。

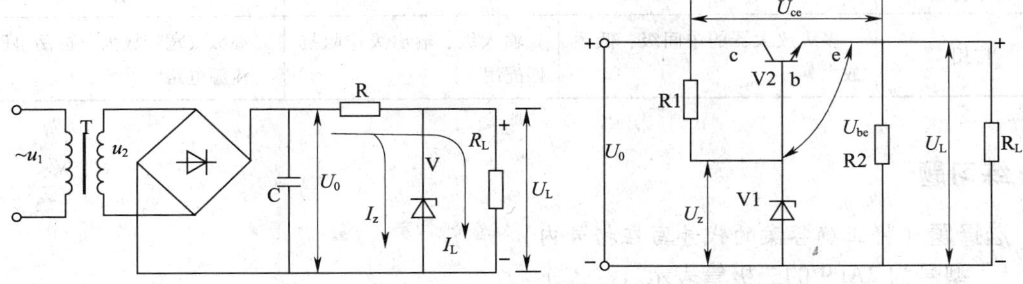

图 9—16 硅稳压管稳压电路　　图 9—17 简单三极管串联型稳压电路

当电网交流电压升高引起整流输出电压 U_0 上升时，稳压电路的稳压过程如下：

$$U_0\downarrow \longrightarrow U_L\uparrow \longrightarrow U_{be}\downarrow \longrightarrow I_b\downarrow \longrightarrow I_c\downarrow \longrightarrow U_{ce}\uparrow \longrightarrow U_L\downarrow$$

当 U_0 减小时，该电路的稳压过程与上述过程正好相反。

若 U_0 不变，因 R_L 减小而引起 I_L 增大，导致稳压电路输出 U_L 减小时，稳压电路的稳压过程如下：

$$R_L\downarrow \longrightarrow I_L\uparrow \longrightarrow U_L\downarrow \longrightarrow U_{be}\downarrow \longrightarrow I_b\uparrow \longrightarrow I_c\uparrow \longrightarrow U_{ce}\downarrow \longrightarrow U_L\uparrow$$

当 R_L 增大而导致 U_L 增高时，该电路的稳压过程与上述过程正好相反。

六、单管三极管放大电路的性能及用途

根据输出信号与输入信号公共端的不同，单管三极管放大电路有 3 种接线方式：共发射极放大电路、共基极放大电路和共集电极放大电路，如图 9—18 所示。这 3 种放大电路的性能及用途见表 9—1。

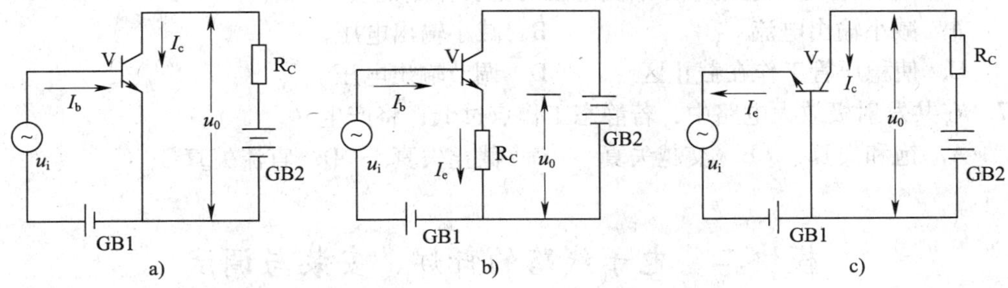

图 9—18 放大器中三极管的 3 种接线方式

a）共发射极电路　b）共集电极电路　c）共基极电路

表 9—1　　**三极管 3 种接线的性能比较**

名　称	共发射极电路	共集电极电路	共基极电路
输入电阻	较小（几百欧到几千欧）	大（几百千欧）	最小（几十欧）
输出电阻	较大（几十千欧到几千千欧）	最小（几十欧）	最大（几百千欧）
电压放大倍数	大（几十到几百倍）	小（小于 1 并接近于 1）	较大（几百倍）

续表

名　称	共发射极电路	共集电极电路	共基极电路
电流放大倍数	大（β为几十到一、二百）	大（几十到一、二百）	小（α小于1并接近于1）
频率特性	差	好	好
应用	多级放大器的中间级、低频放大	输入级、输出级作阻抗匹配用	高频或宽带放大，振荡电路及恒流源电路

练习题

选择题（将正确答案的代号写在括号内）

1. 型号为2AP9的二极管表示（　　）

A. N型材料整流管　　B. N型材料稳压管

C. N型材料开关管　　D. N型材料普通管

2. 在NPN型三极管放大电路中，如将其基极与发射极短路，三极管所处的状态是（　　）。

A. 截止　　B. 饱和　　C. 放大　　D. 无法判定

3. 锗低频小功率三极管的型号为（　　）。

A. 3ZD　　B. 3AD　　C. 3AX　　D. 3DD

4. 下面型号中，表示稳压管型号的是（　　）。

A. 2PA1　　B. 2CW54　　C. 2CK84A　　D. 2CZ50

5. 硅稳压管加正向电压时，（　　）。

A. 立即导通　　B. 超过0.3 V导通

C. 超过死区电压导通　　D. 超过1 V导通

6. 在硅稳压管稳压电路中，限流电阻的主要作用是（　　）。

A. 减小输出电流　　B. 减小输出电压

C. 使稳压管工作在截止区　　D. 调节输出电压

7. 在共发射极放大电路中，若静态工作点过低，将产生（　　）。

A. 饱和失真　　B. 交越失真　　C. 截止失真　　D. 直流失真

模块二　电子线路的钎焊、安装与调试

知识技能要求

1. 了解钎焊的材料。
2. 掌握钎焊操作方法及要求。
3. 掌握绕组线头的焊接。
4. 掌握电子器件的性能、参数及用途。
5. 掌握简单电子线路的工作原理、安装与调试。
6. 掌握钎焊技能。

一、钎焊材料

电烙铁是烙铁钎焊的热源。常用的规格有 25 W、45 W、75 W、100 W 和 300 W 等。焊接弱电元器件时用 25 W 和 45 W 两种，焊接强电元器件时要用 45 W 以上的电烙铁。

1．焊料

焊料是指焊锡或纯锡，常用的有锭状和丝状两种。丝状的通常在中心包着松香，便于使用。常用的焊锡丝实物外形如图 9—19 所示。

图 9—19　焊锡丝

2．焊剂

焊剂主要有松香、松香酒精溶液、焊膏和盐酸等。

二、钎焊操作方法及要求

1．用电工刀或砂布先清除连接线端氧化层，并在焊接处涂上适量的焊剂。

2．将含有焊锡的烙铁头，先蘸一些焊剂；然后对准焊接点下焊，烙铁头停留时间要根据焊件的大小而定。

3．焊接要求。焊接点必须焊牢焊透，锡液必须充分渗透。焊接表面要光滑并有光泽，不能有虚假焊点和夹生焊点。

三、单相桥式整流滤波电路的安装与调试

1．操作准备

（1）工具：螺钉旋具、电工刀、尖嘴钳、验电笔、剥线钳、电烙铁等。

（2）仪表：MF47 型万用表。

（3）器材：该电路所需元器件见表 9—2。

表 9—2　　单相桥式滤波电路所需元器件

序号	符号	名称	型号规格	数量
1	S	开关		1
2	T	变压器	BK50 220 V/18 V	1
3	VD1 ~ VD4	二极管	2CZ11K	4
4	C1 ~ C2	电容器	100 μF、50 V	2
5	R	电阻	51 Ω	1
6	FU1	熔断器	JWS - 120	1
7	FU2	熔断器	BX0. 05 A	1
8	R_L	负载电阻	1 kΩ	1

2．操作步骤

（1）单相桥式滤波电路。单相桥式滤波电路如图 9—20 所示。

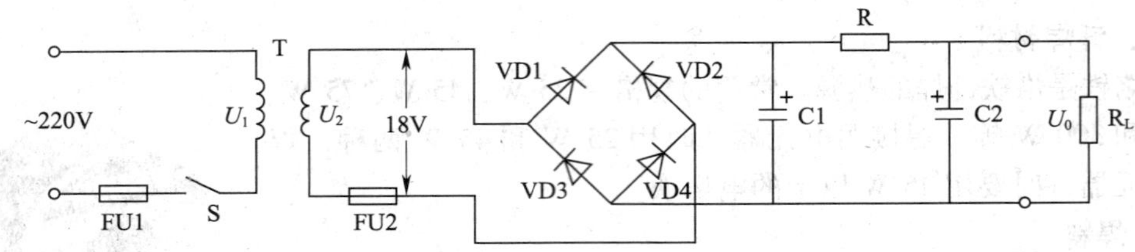

图 9—20　单相桥式滤波电路

（2）安装

1）配齐元器件，并用万用表测试其性能和质量的好坏。

2）在 5 mm × 200 mm × 300 mm 的通用敷铜印制电路板上安装电源变压器、电源开关、熔断器、接线柱等。

3）清除元器件引脚处氧化层；用线径为 ϕ 0.1 mm × 16 股的绝缘软线作为电源的连接线，剥去其端部 3 ~ 5 mm 的绝缘层、氧化层；氧化层处必须搪锡。

4）实验板背面连线要走直线，连线与连线之间不能跨越。如图 9—21 所示是单相桥式整流滤波电路在实验板上的布线示意图。

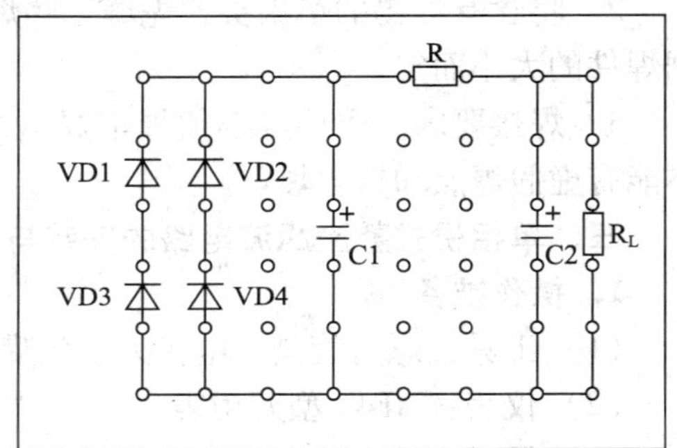

图 9—21　实验板上的布线图

5）按照电路图从左至右将元器件焊在敷铜板上。

6）焊接后检查有无虚焊、漏焊。若有虚、漏焊，应做重焊和补焊处理。

（3）调试

1）接通电源，用万用表直流 50 V 挡量程测量电路空载输出电压。测量时，红表笔接输出端正极，黑表笔接输出端负极，空载输出电压应为 22 V。

2）若输出电压不稳定，则应检查电源电压是否波动。输出电压应随电源电压的上升而上升，随电源电压的下降而下降。

①若输出电压为 16 V 左右，则说明滤波电容脱焊或已损坏。

②若输出电压为 8 V 左右，则说明除滤波电容脱焊或已损坏外，整流桥有一个桥臂脱焊或有一只二极管断路。

③若输出电压为 0 V，变压器又无异常发热现象，则是电源变压器一次或二次绕组已断开或未接好，或是熔断丝已断，也可能电源与整流桥未接好。

④若接通电源后，熔断丝立即熔断，则是电源变压器一次或二次绕组已短路，或是整流桥中有一只二极管反接，或是滤波电容短路。此时应立即切断电源，查明原因。FU1 熔断为一次侧短路；FU1、FU2 熔断为二次侧短路；FU2 熔断的主要原因是 C1 短路，二极管 VD 反接等。

（4）注意事项

1）不可把二极管和滤波电容器的极性接反，否则二极管和电容器会被烧坏。

2）焊接元器件时，可用镊子捏住焊件的引线，这样既方便焊接又有利于元器件散热。焊接时要防止虚焊和漏焊。

3）操作时要注意安全。

3. 质量检验与验收

按电路图正确接线，布局合理，无虚焊、漏焊，调试正常，达到以上要求为合格。

四、绕组线头的焊接

1. 操作准备

（1）工具：螺钉旋具、电工刀、尖嘴钳、验电笔、剥线钳、电烙铁等。

（2）器材：各类焊锡、焊锡丝、焊剂及导线若干。

2. 操作步骤

（1）绕组线头的焊接

1）清除绕组连接线头的绝缘和导线表面的氧化层，按连接要求进行接头、涂焊剂。

2）焊接时，在接头处与绕组间要用纸板隔开，防止焊锡流入绕组缝隙。

3）将线头连接处置于水平状态下再下焊接，这样锡液就能充分填满接头上所有空隙，如图 9—22 所示。焊接后的接头两端含锡要丰满光滑，不可有毛刺。

图 9—22　绕组线头的焊接方法

4）焊接后要清除残留的焊剂，恢复绝缘。

（2）桩头接头的焊接方法

1）剥去线段的绝缘层和清除芯线表面的氧化层，多股芯线清除氧化层后要拧紧。

2）清除接线耳内的脏物和氧化层，涂焊剂。

3）将线头镀锡后塞进涂有焊剂的接线耳套管中后下焊。

4）焊接后，为避免出现焊锡夹生现象，在焊锡未充分凝固时，不要摇动接线耳、线头或清除残留焊剂。

3. 质量检验与验收

导线连接规范，焊接后焊点圆润、光泽，无虚假焊和夹生焊，达到以上要求为合格。

五、单相整流稳压电源的安装与调试

1. 电路分析

如图 9—23 所示为单相整流型稳压电源电路。图中 VD1 ~ VD4 组成桥式整流电路。C1 是滤波电容。通过电阻 R1 和稳压管 VZ 为三极管 VT 提供一个基本稳定的电压，称为基准电压。三极管 VT 起调节电压的作用，故称调整管。电阻 R2 为三极管 VT 的集电极电阻。电阻 R3 是内部负载电阻，以保证稳压电源输出端断开时，输出电压仍在稳定范围之内。

该电路工作原理：当负载不变，电源电压 U_1 增大时，变压器二次电压也会随之增大，输出电压 U_0 也有增大的趋势，此时三极管 VT 的基极与发射极之间的电压 U_{be} 却会减小

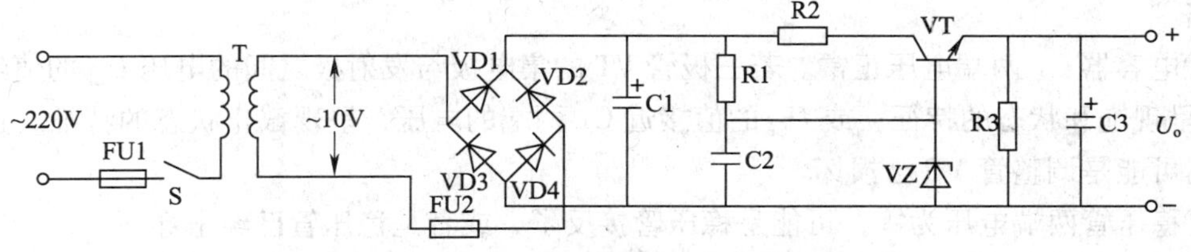

图 9—23　单相整流稳压电源电路

（因为 $U_{be}=U_Z-U_0$），基极电流 I_b、集电极电流 I_c 也随之减小，而集电极与发射极之间的电压 U_{ce}相应增加（因为 R2 上的电压减小了），所以输出电压 U_0 又随着 U_{ce}的增加而减小（$U_0=U_2-U_{ce}$）。可见输出电压 U_0 不随输入电压 U_1 的变化而变化。

2. 操作准备

（1）工具：螺钉旋具、电工刀、尖嘴钳、验电笔、剥线钳、电烙铁等。

（2）仪表：MF47 型万用表。

（3）器材：电路所需元器件见表 9—3。

表 9—3　　单相整流稳压电源电路所需元器件

序号	符号	名称	规格与型号	件数
1	S	电源开关	KDC－A04－3B	1
2	T	变压器	BK50、220 V/10 V	1
3	FU1	熔断器	JWS－120	1
4	VD1～VD4	二极管	2CZ11K	4
5	C1	电容器	220 μF、16 V	1
6	C2	电容器	10 μF、10 V	1
7	C3	电容器	220 μF、10 V	1
8	R1	电阻	300 Ω、1/4 W	1
9	R2	电阻	24 Ω、1 W	
10	R3	电阻	1 kΩ、1/4 W	1
11	VT	三极管	3DG130	1
12	VZ	稳压管	2CW54	1
13	FU2	熔断器	BX0. 2A	1

3. 操作步骤

（1）安装步骤。安装方法同本实施任务的（3）。

（2）调试。按电路图自左至右进行检查。

1）先用万用表交流挡测试变压器二次侧电压 U_2（约为 10 V）。然后再用万用表直流挡测试电容器 C1 两端的电压（约为 12 V），接着再测试稳压管两端的电压（约为 6 V），最后测试输出电压（约为 5. 5 V）。

2）故障分析

①电容器 C1 两端电压与正常值有很大的偏差，若为 9 V 左右，则可能是 C1 脱焊或断路；若为 4. 5 V 左右，则可能是在 C1 脱焊或断路的情况下，整流桥中有某一个二极管脱焊或断路。

②电容器 C1 两端电压正常。若三极管 VT 的集电极与发射极之间的电压 U_{CE}的值约等于 0 V，呈现饱和状态的特征；或 U_{CE}的值接近 C1 两端的电压，呈现截止状态的特征。这一现象说明可能是调整管 VT 已损坏。

③稳压管两端电压为零，可能是稳压管接反了，或者是稳压管已经击穿。

（3）在输出端接一个 1 000 Ω 的负载电阻，然后用万用表 50 V 交流电压挡测试变压器

二次电压 U_2，再用万用表50 V 直流电压挡测试电容器 C1 两端的电压 U_{C1}、稳压管两端电压 U_Z、输出电压 U_0，并与空载时的 U_2、U_{C1}、U_Z、U_0 作比较。

（4）注意事项

1）二极管、电解电容器应正向连接，稳压管应反向连接；三极管的 b、c、e 3 个极不能接错。

2）不可出现虚假焊接与漏焊现象。

3）测量电压时，必须选择适宜的量程而且注意交流与直流的区别，测直流时正、负极不能接错。

4）操作时注意安全。

4. 质量检验与验收

按电路图正确接线，布局合理，无虚焊漏焊，调试正常，测试方法数据正确，达到以上要求为合格。

练习题

一、选择题（将正确答案的代号写在括号内）

1. 焊接强电元件要用（　）W 以上的电烙铁。

A. 25　　B. 45　　C. 75　　D. 100

2. 绕组接头焊接后要（　　）。

A. 清除残留焊剂　　B. 除毛刺

C. 涂焊剂　　D. 恢复绝缘

3. 焊接电子元器件要用（　）W 及以下的电烙铁。

A. 25　　B. 45　　C. 75　　D. 100

二、问答题

1. 如何选用钎焊焊接工具？

2. 如何焊接电子元器件？

第十单元　维修电工的基本钳工技能

模块一　钳工基本操作

知识技能要求

1. 掌握划线与冲眼的基本方法与要领。
2. 掌握锯削的基本方法与要领。
3. 掌握锉削的基本方法与要领。

一、划线与冲眼

根据图样或实物的尺寸要求，用划线工具准确地在工件表面上划出加工界限线的操作称为划线。划线的作用是确定各加工面的加工位置和余量，使加工时有明确的尺寸界限；在板料上划线下料，可以做到正确排料，合理使用材料。

1．划线工具及使用方法

划线工具如图 10—1 所示。划针是在工件上直接划出加工线的工具，由工具钢或弹簧钢丝制成，直径为 3 ~ 5 mm，尖端磨成 15° ~ 20°的尖角，并经淬火处理。划针的用法如图 10—2 所示，划线时，划针尖要紧贴导向工具，上端向外倾斜 15° ~ 20°，向划线方向倾斜约 45° ~ 75°，并尽量做到一次划成。

划线工具还有划线盘、划线平台和样冲。样冲也称中心冲，是在划好线的工件上冲小眼的工具。冲眼的作用是固定已划好的线条或在划圆、划圆弧或钻孔时作定中心用。样冲的尖端要磨成 45° ~ 60°，并需经淬火处理。

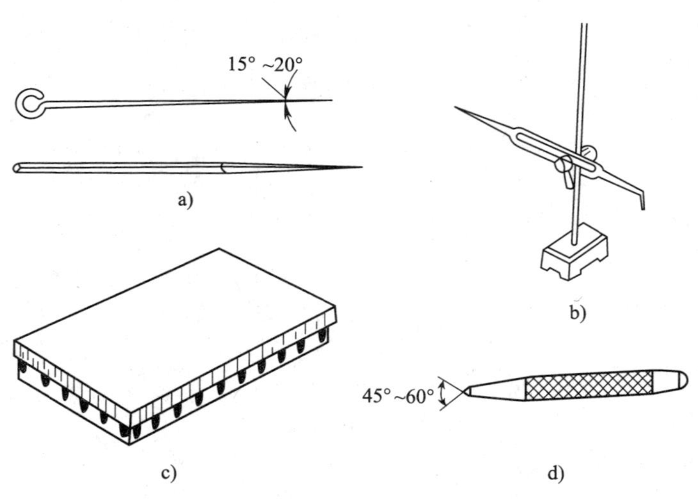

图 10—1　划线工具

a）划针　b）划线盘　c）划线平台　d）样冲

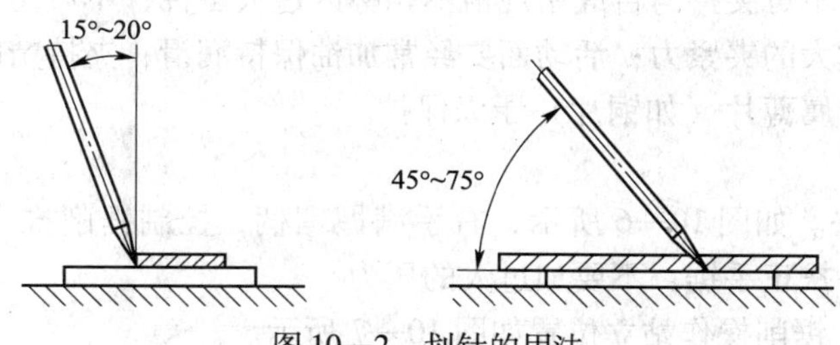

图 10—2　划针的用法

2. 冲眼

冲眼方法如图 10—3 所示。在放置样冲时要看准位置，先将样冲外倾使尖端对正线的正中，然后再将样冲直立，用手锤敲击样冲冲眼；同时手要放在工件上，不要悬空。

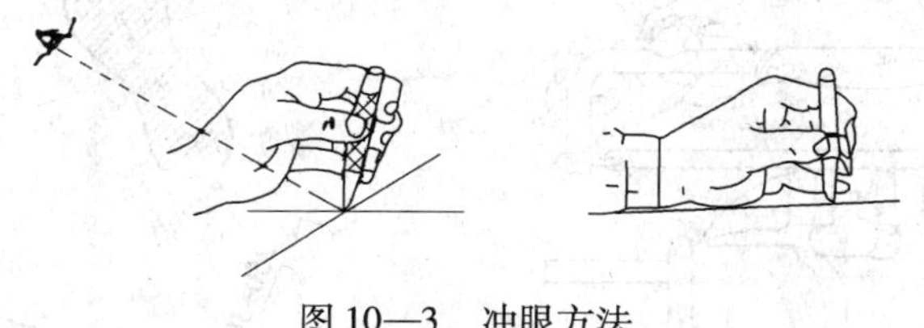

图 10—3　冲眼方法

二、锯削

用手锯分割原材料或加工工件的操作称为锯削。

1. 锯削工具的选用和安装

常用的锯削工具是手锯，如图 10—4 所示。手锯由锯弓和锯条组成。锯弓用来张紧锯条，分固定式和可调式两种，常用的是可调式。锯条根据锯齿齿距的大小分为粗齿、中齿和细齿 3 种，常用的锯条长度为 300 mm。锯削工件时，应根据所锯材料的软硬、厚薄来正确选用锯条，粗齿锯条适宜锯削软材料或锯缝长的工件；细齿锯条适宜锯削硬材料、管子、薄板料及角铁。

安装锯条时，锯齿的齿尖方向要向前，不能装反；锯条的张紧程度要适当。若安装过紧，锯条会因受力而失去弹性，锯削时稍有弯曲就会崩断；若安装过松，锯削时锯条不但容易弯曲以致折断，而且锯缝易歪斜。

2. 台虎钳

台虎钳又称台钳，是用来夹持工件的夹具，有固定式和回转式两种，如图 10—5 所示。台虎钳的规格以钳口的宽度表示，有 100 mm，125 mm 和 150 mm 等规格。在安装台虎钳时，必须使固定钳身的工作面处于钳台边缘以外，钳台的高度为 800 ~ 900 mm。

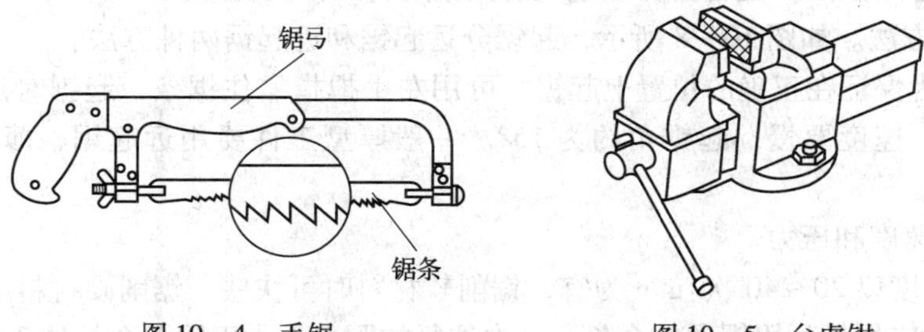

图 10—4　手锯　　　　图 10—5　台虎钳

使用台虎钳时，不可夹持与台虎钳规格不相称的过大工件；不可用钢管接长摇柄，或用锤子敲击摇柄施加过大的夹紧力；活动面要经常加油保持润滑；夹持精度较高的工件时，应在钳口两边垫放软金属薄片（如铜片）予以保护。

3. 锯削姿势

（1）手锯的握法。如图 10—6 所示，右手满握锯柄，控制锯削推力和压力，左手轻扶锯弓前端，配合右手扶正手锯，不要加过大的压力。

（2）锯削姿势。锯削操作站立位置如图 10—7 所示。

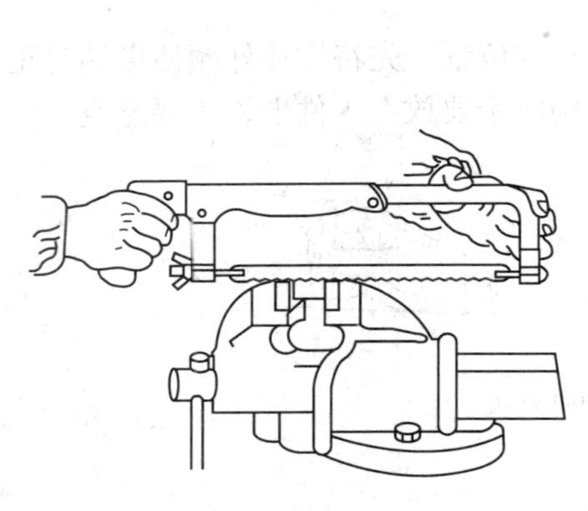

图 10—6 手锯的握法

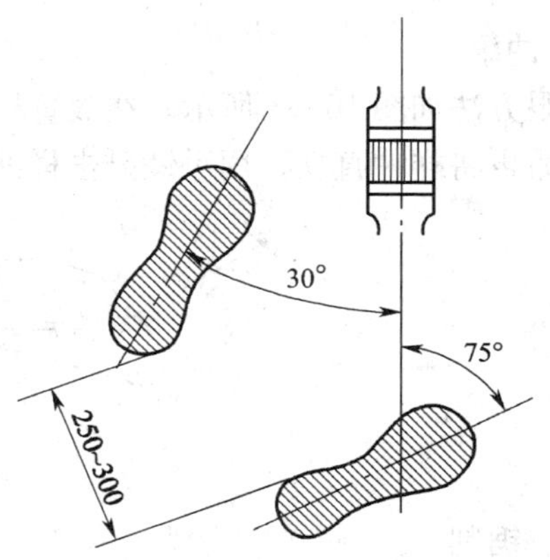

图 10—7 锯削操作站立位置

1）站立姿势。两脚按如图 10—7 所示位置站稳。跨前半步的左脚、膝部要自然并稍弯曲；右脚稍向后，右腿伸直；两脚均不要过分用力；身体自然稍向前倾。

2）身体运动姿势。锯削前推时，身体应与锯弓一起向前，右腿伸直稍向前倾，重心移至左脚，左膝弯曲。当锯弓推至 2/3 行程时，身体停止前进，两手继续向前推锯到头，同时左腿自然伸直，使身体重心后移，身体恢复原位，并顺势拉回手锯；当手锯收回近结束时，身体又向前倾，做第二次锯削的前推运动。

3）锯削运动。锯弓的运动有上下摆动式运动和直线式运动两种。上下摆动式运动就是在手锯前推时身体稍向前倾，双手在前推手锯的同时，左手上翘，右手下压；回程时右手上抬，左手自然跟回。这种方式较为省力，除锯削管材、薄板材和要求锯缝平直时采用直线式运动外，其余锯削都采用上下摆动式运动。

4. 锯削操作方法

（1）工件的装夹。工件一般装夹在钳口左侧，锯缝应尽量靠近钳口且与钳口侧面保持平行，夹持要适当紧固，但也要防止过大的夹紧力将工件夹变形。

（2）起锯方法。如图 10—8 所示，起锯分远起锯和近起锯两种方法。

起锯时，为保证在正确的位置上起锯，可用左手拇指靠住锯条，起锯时加的压力要小，往复行程要短，速度要慢，起锯角约为 15°。一般厚型工件要用远起锯，薄型工件宜用近起锯。

（3）锯削速度和压力

1）锯削速度以 20～40 次/min 为宜，锯削软材料时可快些，锯削硬材料应慢些。

2）锯削时应尽量利用锯条的全长，一次往复的距离不小于锯条全长的 2/3。

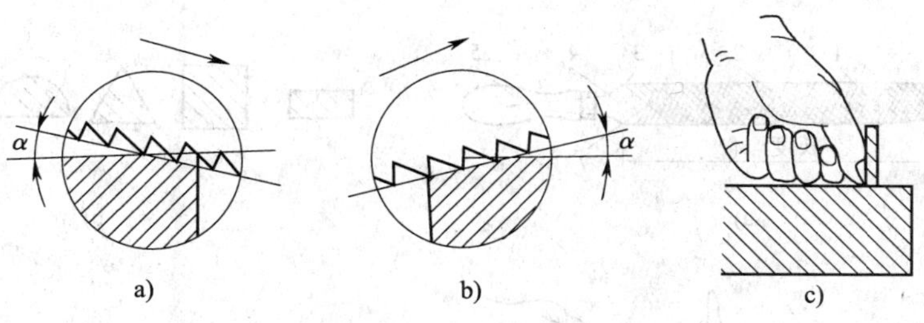

图 10—8　起锯方法

a）远起锯　b）近起锯　c）拇指靠住锯条

3）锯削硬材料时压力可大些，否则锯齿不易切入，容易打滑；锯削软材料时压力要稍小些，否则锯齿切入过深会发生咬住现象。当工件快锯断时，推锯压力要轻，速度要慢，行程要短，并尽可能扶住工件即将掉落下来的部分。

4）锯削时，如发生锯齿崩裂现象应立即停锯，取出锯弓，将断齿后面的两三个齿磨斜即可继续使用。其处理方法如图 10—9 所示。

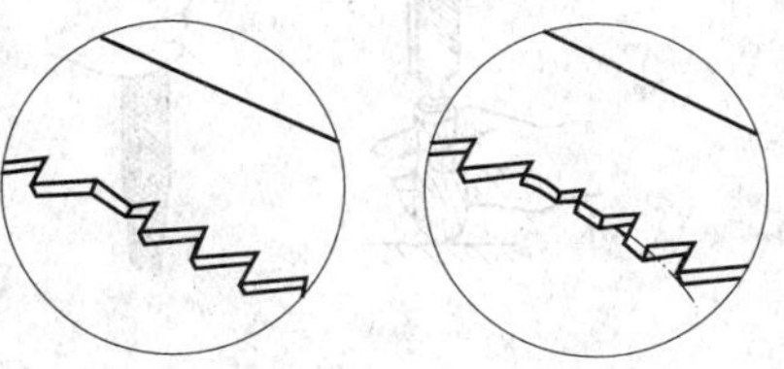

图 10—9　锯齿崩裂的处理方法

（4）锯削安全知识

1）锯条安装松紧要适当，锯削时速度不要过快，压力不要过大，防止锯条突然崩断后弹出伤人。

2）工件快要锯断时，要及时用手扶住被锯下的部分，以防止工件落下砸伤腿脚或损坏工件。

三、锉削

用锉刀对工件表面进行切削加工，使工件达到图样所要求的尺寸、形状和表面质量，这种加工方法称为锉削。

1. 锉刀

锉刀结构如图 10—10a 所示。常用的普通锉刀有平锉（又称板锉）、方锉、三角锉、半圆锉和圆锉，其截面形状如图 10—10b 所示。

锉刀的齿纹有单齿纹和双齿纹两种。锉削软金属用单齿纹，此外都用双齿纹。双齿纹又分粗、中、细 3 种齿纹。粗齿锉刀一般用于锉削软金属材料及加工余量大或精度、表面质量要求不高的工件；细齿锉刀用于锉削钢、铸铁以及加工余量小、精度要求高和表面粗糙度值较低的工件。

锉刀装柄方法如图 10—10c 所示，拆柄方法如图 10—10d 所示。

2. 锉削操作姿势

（1）锉刀的握法。锉刀的握法随锉刀的大小、形状不同而有所不同，如图 10—11 所示。长度大于 250 mm 的大平锉刀的握法如图 10—11a 所示。

（2）锉削姿势。锉削姿势如图 10—12 所示。

1）锉削时，双脚站立要自然，要便于用力和适应不同的锉削要求。

2）锉削时，两手握住锉刀，将锉刀放在工件上面，左臂弯曲，小臂与工件锉削面的左右方向基本保持平行，右小臂要与工件锉削面的前后方向保持水平，但要自然；开始锉削时身体约前倾 10°左右，右肘尽量后缩，如图 10—12a 所示；锉刀向前推时，身体应随锉刀一

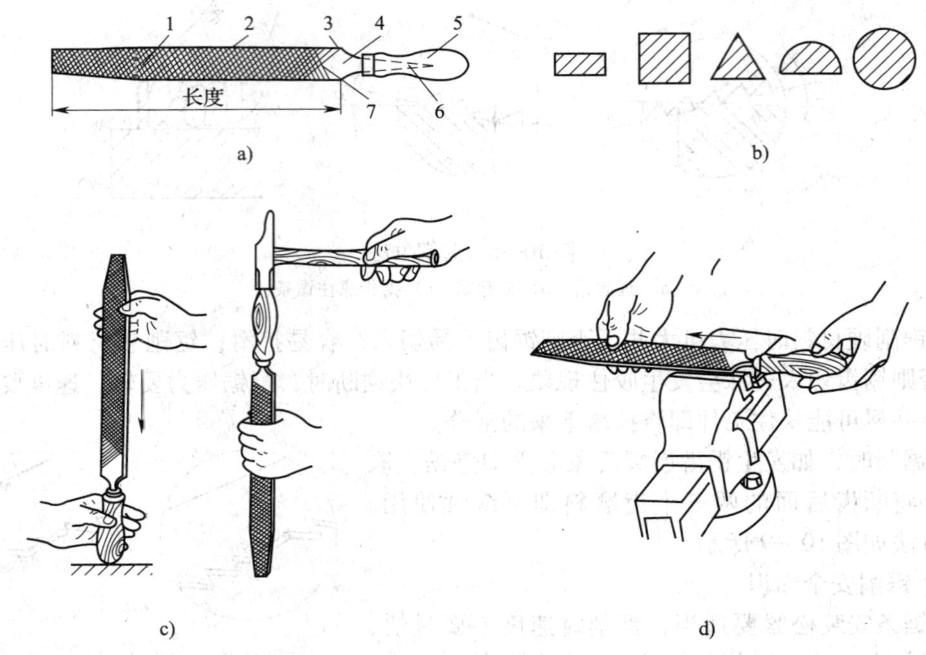

图 10—10　锉刀

a）结构　b）普通锉刀的截面形状　c）装柄方法　d）拆柄方法

1—锉刀面　2—锉刀边　3—底边　4—锉刀尾　5—木柄　6—锉刀舌　7—面齿

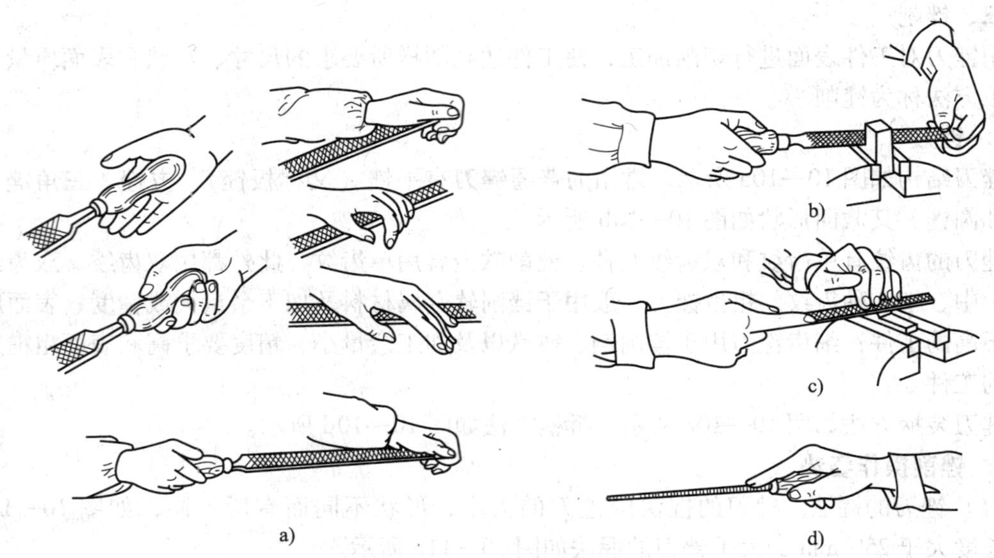

图 10—11　锉刀的握法

a）大平锉的握法　b）中型锉刀的握法　c）小型锉刀的握法　d）最小型锉刀的握法

起向前。如图 10—12b 所示是锉刀推至 1/3 行程时的姿势；如图 10—12c 所示是锉刀推至 2/3 行程时的姿势，此时身体停止前进；锉刀继续向前推进到头，同时身体自然退回到 15° 左右，如图 10—12d 所示。锉刀全程结束后身体恢复到开始时的位置，同时顺势将锉刀收回；当锉刀收回将近结束时，身体又开始前倾，做第二次锉削的向前运动。

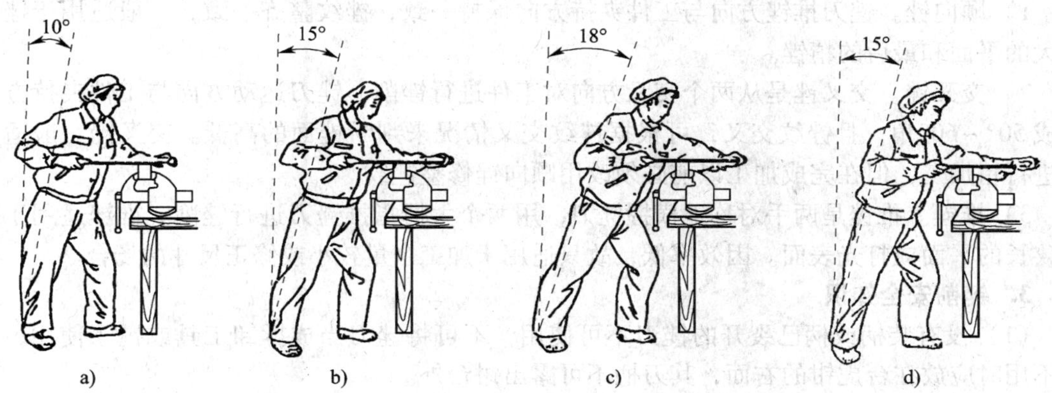

图 10—12　锉削姿势

a）开始　b）前推至 1/3 行程　c）前推至 2/3 行程　d）推进到头

（3）锉削操作方法。锉平直的平面时，必须使锉刀保持直线运动；在推进过程中为了使锉刀不上下摆动，就必须使锉刀在工件任意位置时前后两端所受的力矩保持平衡，如图 10—13 所示。所以，推进时右手压力要随锉刀的推进而逐渐增加，左手压力则要逐渐减小，回程中不加压力。锉削速度一般为 40 次/min 左右，推进时较慢，回程时稍快，动作要自然协调。

锉平面的基本锉法分为以下 3 种，如图 10—14 所示。

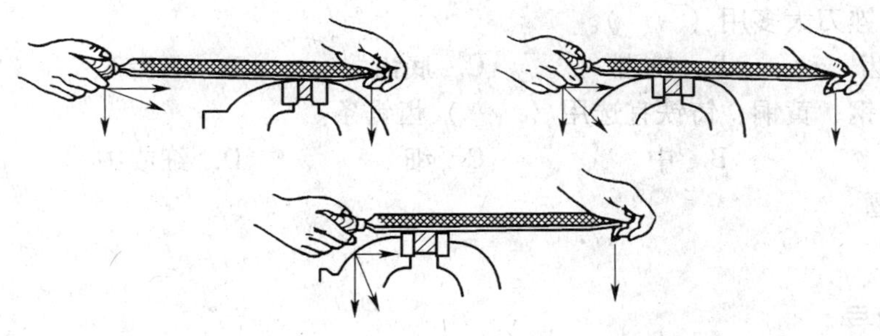

图 10—13　锉削时的力矩保持平衡

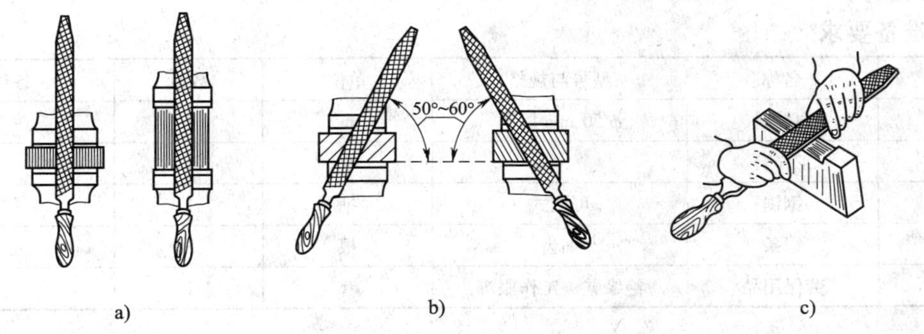

图 10—14　基本锉法

a）顺向锉　b）交叉锉　c）推锉

1）顺向锉。锉刀推锉方向与工件夹持方向保持一致，锉纹整齐一致，一般适用于锉削不大的平面和最后的精锉。

2）交叉锉。交叉锉是从两个交叉方向对工件进行锉削，锉刀运动方向与工件夹持方向约成50°~60°角，且锉纹交叉，可根据锉纹交叉情况来判断锉面的高低。交叉锉一般适用于进行粗加工，但在完成加工以前必须改用顺向锉修整锉纹。

3）推锉。推锉是两手对称地横握锉刀，用两个大拇指推锉刀进行锉削。推锉适用于加工狭长的平面或打光表面。因效率低，故只适用于加工余量较小或修正尺寸的场合。

3. 锉削安全知识

（1）没有装柄或柄已裂开的锉刀不可使用，不可将锉刀当成拆卸工具或锤子使用；锉刀不用时应放在台虎钳的右面，其刀柄不可露出钳台外。

（2）不能用嘴吹铁屑，也不能用手摸工件的表面。

练习与实训

练习题

一、选择题（将正确答案的代号写在括号内）

1. 经过划线确定加工时的最后尺寸，在加工过程中，应通过（　　）来保证尺寸的准确度。

A. 测量　　B. 划线　　C. 加工　　D. 看样冲眼

2. 双齿纹锉刀大多用（　　）。

A. 剁齿　　B. 铣齿　　C. 底齿　　D. 面齿

3. 锯割软钢、黄铜、铸铁宜选用（　　）齿锯条。

A. 粗　　B. 中　　C. 细　　D. 细或中

二、问答题

何谓锯削？

实训与指导

实训：白铁管的锯削。

实训指导：

1. 准备要求

序号	名称	型号与规格	单位	数量	备注
1	白铁管	ϕ 50 mm 以下	m	1	
2	工作台		套	1	
3	钢锯	可调式	把	1	
4	锯条	细齿	根	2	
5	劳保用品	绝缘鞋、工作服等	套	1	

2. 考核要求

（1）正确使用锯削工具，操作姿势规范，锯口平直。

（2）考核注意事项。

1）考核时间 20 min，满分 100 分。

2）正确使用工具。

3）安全文明操作。

3. 评分标准

项目内容	配分	评分标准		扣分	得分
钳工工具的正确使用：正确使用钳工工具，操作姿势要规范	40	1. 钳工工具使用不正确，扣 20 分 2. 操作姿势不规范，扣 20 分			
工件质量：符合技术要求	60	工件质量不符合有关要求，每处扣 20 分			
安全与文明生产	违反安全文明生产规程，扣 1～10 分				
额定时间 60 min	每超过 10 min 以内，按扣 5 分计算				
开始时间		结束时间		评分	

模块二　一般机械零部件的拆装

知识技能要求

1. 掌握装配的工作要点。

2. 掌握装配的几种常见方法。

一、装配的基本知识

按规定的技术要求，将零件或部件进行配合和连接，使之成为半成品或者成品的工艺过程称为装配。

装配工作是产品制造工艺过程中的最后一道工序，装配工作的好坏对产品的质量起到决定性的作用，所以必须认真去做。

产品装配的工艺过程由以下 4 部分组成：

1. 装配前的准备工作。它包括研究和读识装配图，了解产品的结构、零件的作用以及相互的连接关系；确定装配的方法、顺序和准备所需的工具；对零件进行清理和清洗；对某些零件有时要进行必要的修配、密封性试验或平衡工作等。

2. 装配工作通常分为部装和总装。

3. 调整、精度检验和试运行。调整是指调节零部件或机构的相对位置，配合间隙和结合松紧等，如轴承间隙、齿轮啮合的相对位置和摩擦离合器松紧的调整。精度检验包括工作精度检验和几何精度检验。试运行是机械装配后，按设计要求进行的运转试验，包括运转灵活性、工作时温升、密封性、转速、功率、振动和噪声等。

4. 油漆、涂油和装箱。

二、装配方法

为了使相配零件得到要求的配合精度，按不同情况可采用互换装配法、分组装配法、调整装配法和修配装配法 4 种。

三、装配工作的要点

要保证产品装配的质量，主要是应按照规定的装配技术要求去执行。不同的产品其装配技术要求虽不尽相同。但是在装配过程中，有许多工作要点是必须共同遵守的，它包括：

1．做好零件的清洗和清理工作，清理工作包括去除残留的型砂、铁锈、切屑等；清洗一般都是不可缺少的，其清洁的程度可视相配表面的精密性高低而有所差别。

2．相配表面在配合或连接前，一般都需加油润滑。

3．相配零件的配合尺寸要准确，装配时，对于某些较重要的配合尺寸要进行复检或抽验，这常常是很必要的。

4．做到边装配检查，装配时必须控制好装配力的影响、零件的变形和位移，防止发生卡住、碰撞和损坏等现象。

5．试运行的事前检查和启动过程的监视。

四、安全操作规程

1．钳工上班时应穿戴齐全劳动保护用品，遵守劳动纪律和操作规程。

2．工作前，应检查各种工具是否牢固，完好，可靠，以防在工作中发生事故。必须对现场所有检修项目进行全面检查，排除一切不安全因素后，方可作业。

3．在检修、抢修设备时，必须切断电源，挂上安全警告牌，严禁带电作业，并严格执行有关安全规程。

4．使用手锤、大锤时，不准戴手套。锤柄、锤头不得有油污。打大锤时，甩抛方向不得有人。

5．用台虎钳夹持工件作业时，要夹持牢靠，夹持较长工件时要另加支撑，以防工件掉落伤人。

6．不得使用无柄的刮刀、锉刀，且刮刀、锉刀手柄必须安装牢靠，在作业时用力平衡，以免刀柄脱出伤人；錾子头部不得有毛边和污油，在錾削作业时前方应设蔽挡物；锉削、刮削、錾屑不能用嘴吹，应用毛刷进行清除，以防铁屑进入眼内。

7．在同一工作台两边操作（錾、铲）时，中间应设防护网，单面工作台要一面靠墙。

8．使用砂轮机时，应遵守砂轮机安全操作规程。

9．高空工作时，必须戴安全带，作业下边不得站人；高空作业使用工具，零配件要放稳妥，以防坠落伤人。

10．拆卸重件时，需用起重工具，抬到一定高度垫牢，然后进行拆卸，不能直接拆卸，多人工作应有专人指挥。

练习题

问答题

1．装配有哪些步骤？

2．装配有哪些方法？

练习题参考答案

第一单元

模块二

一、选择题

1. D　2. A　3. A　4. C　5. C　6. C

二、分析题

1. 电源相线误接在三孔插座的保护接零端子上，从而使外壳带有220 V电压，且未安装漏电保护器。

2. 零线安装不符合要求，发生断裂且三相负荷不平衡，保护装置不完善，且安装接地保护时未实施重复接地。

第二单元

模块一

选择题

1. B　2. A

模块二

选择题

1. 钳形电流表由于是利用被测导线穿过铁心产生磁场而工作的，因此漏磁很大，从而造成钳形电流表的准确度和灵敏度都较低，但是它不必切断电路就可以测量电流，特别适合于测量运行中的电气设备的电流，以判断电气设备是否正常运行，所以正确答案应选D。

2. 测量电阻时，要求每次转换挡位后都要进行欧姆调零，以免造成测量误差，所以正确答案应选A。

3. 在上述答案中，测量电阻的仪表有万用表、欧姆表和兆欧表。但是由于万用表和欧姆表内部的电池电压太低，测出的电阻值不能反映在高电压下的真实数值。所以在测量电气设备的绝缘电阻时，应选择仪表内部具有高压电源的兆欧表来测量，这样测出的绝缘电阻数值才准确，因此正确答案应选C。

第三单元

模块一

一、选择题

1. C　2. A

3. 长距离架空输电线路应选用力学强度好的钢芯铝绞线，其型号是LGJ，所以正确答案应选 D。

二、问答题

铜和铝是最常用的导电材料，主要用于制造电线电缆。

模块二

选择题

1. 由于 Y 系列的最高工作温度为 120℃，应选用耐热为 130℃的 B 级绝缘的 ZQ 型漆包线，所以正确答案应选 C。

2. B

3. C

4. 根据题意应选耐热等级为 F 级的层压布板，型号为 3240 的环氧酚醛层压玻璃布板的耐热等级为 F 级，所以正确答案应选 C。

模块三

一、填空题

软磁　硬磁　高　弱　电工用纯铁　硅钢片

二、选择题

硅钢片是最常用的软磁材料，主要应用于交流磁场下电磁器件的铁心，所以正确答案应选 C。

第四单元

模块一

一、判断题

温升是指变压器在额定运行状态时允许超过周围环境温度的值，不能认为是允许升高的最高温度值。例如，有一变压器所处的环境温度为 25℃，其铭牌标注的油面温升为 55℃，则说明该变压器在额定运行时允许升高的最高温度为 25℃ + 55℃ = 80℃，而不是铭牌标注的 55℃，所以该题的说法是错误的，应画“×”。

二、选择题

1. D　2. C

模块二

问答题

1. ①监视仪表　②现场检查　③定期检查的项目（参见模块二内容）。

2. 略

模块三

一、选择题

1. A　2. B

二、问答题

1. 特殊变压器有自耦变压器、互感器（电流互感器和电压互感器）、电焊机（交流电焊机、直流弧焊机）等。

2. 为获得陡降的外特性，电焊变压器必须具有较大的漏抗，通过调节漏抗的大小，可以得到不同的焊接电流，以适应不同焊接工件和不同焊条的需要。

模块四

问答题

略

第五单元

模块一

一、填空题

1. 定子　转子

2. 定子铁心　定子绕组　机座

3. 旋转　转子铁心　转子绕组

二、选择题

三相异步电动机的额定转速小于同步转速，所以正确答案应选 C。

三、问答题

定子绕组的作用是通入三相对称交流电，产生旋转磁场。定子绕组在槽内嵌放完毕后，按规律接好线，把三相绕组的 6 个出线端引到电动机机座的接线盒内，可按需要将三相绕组接成星形或三角形。

模块二

一、选择题

B

二、问答题

三相异步电动机的铭牌含义参考图 5—4。它标出了电动机的主要技术数据，供正确选用电动机之用。

(1) 型号。Y－112M－4 型中：Y 为异步电动机的系列代号，112 为机座至输出转轴的中心高度（mm），M 为机座类别（L 为长机座，M 为中机座，S 为短机座），4 为磁极数。

(2) 额定功率（4.0 kW）。电动机在额定工作状态下（即额定电压、额定负载和规定冷却条件）运行时，转轴上输出的机械功率。

(3) 额定电流（8.8 A）。电动机在额定工作状况下运行时，定子电路输入的线电流。

(4) 额定电压（380 V）。电动机正常运行的电源线电压。

(5) 额定转速（1 440 r/min）。电动机在额定状态下运行时的转速。

(6) 接法（△）。电动机定子三相绕组与交流电源的联结方法，小型电动机（3 kW 以下）大多采用星形（Y）联结，大中型电动机（4 kW 以上）采用三角形（△）联结。

模块三

一、填空题

绝缘电阻　绝缘耐压

二、问答题

1. 空载试验中应注意以下问题：

(1) 检查电动机的运转情况。看其是否有杂音、摩擦声、振动，检查轴承、铁心的发热程度。

(2) 空载试验中注意电流的变化。三相的空载电流应保持平衡，任一相电流与三相电流的平均值的偏差不应超过10%。

由于三相绕组匝数不等而引起的三相电流不平衡在试验过程中电流不会升高。如果三相电流不平衡是因为绕组中有匝间短路，则试验过程中电流会不断增大，直至绕组烧毁。因此在空载试验中，一旦发现某一相电流不稳定，就应停止试验，检查绕组。

（3）空载电流的数值不应过高。

2. ①直接观察法；②直流电阻法。示例略。

第六单元

模块一

一、选择题

1. HH4－30/3型封闭式负荷开关具有灭弧装置，而其他3种开关不具有灭弧装置，所以正确答案应选B。

2. 由于铭牌数据 $I_N=40$ A，根据规定，低压断路器出厂时电磁脱扣器的瞬时脱扣整定电流一般整定为10 I_N，故整定电流为400 A，所以正确答案应选C。

二、问答题

1. 选用断路器要求如下：

（1）断路器的工作电压大于等于线路或电动机的额定电压。

（2）断路器的额定电流大于等于线路的实际工作电流。

（3）热脱扣器的整定电流等于所控制的电动机或其他负载的额定电流。

（4）电磁脱扣器的瞬时动作整定电流大于负载电路正常工作时，可能出现峰值电流。对单台电动机主电路电磁脱扣器额定电流 I_{NL} 为：

$$I_{NL} \geqslant KI_{ST}$$

式中　K——安全系数，对DZ系列取 $K=1.7$；对DW系列取 $K=1.35$；

I_{ST}——电动机启动电流。

（5）断路器欠电压脱扣器的额定电压等于线路额定电压。

2. 选用按钮开关要求如下：

（1）根据使用场合，选择按钮的种类，如正启式、保护式和防水式等。

（2）根据用途选用合适的形式，如一般式、旋钮式和紧急式等。

（3）根据控制回路的需要，确定不同的按钮数，如单联钮、双联钮和三联钮等。

（4）按工作状态指示和工作情况要求，选择按钮和指示灯的颜色。

3. 低压开关主要作隔离、转换及接通和分断电路用。

常用的有刀开关、封闭式负荷开关、组合开关、低压熔断器等。

模块二

一、选择题

B

二、问答题

熔断器是低压配电网络和电力拖动系统中主要用做短路保护的电器。使用时串联在被保护的电路中，当电路发生短路故障，通过熔断器的电流达到或超过某一规定值时，以其自身产生的热量使熔体熔断，从而自动分断电路，起到保护作用。

熔断器主要由熔体、安装熔体的熔管和熔座3部分组成。熔体的材料通常有两种，一种是由铅、铅锡合金或锌等低熔点材料制成，多用于小电流电路；另一种是由银、铜等较高熔点的金属制成，多用于大电流电路。

熔断器的主要技术参数有额定电压、额定电流、分断能力和时间—电流特性等。

模块三

一、选择题

D

二、问答题

主令电器是在自动控制系统中发出指令或信号的操纵电器，主要用来切换控制电路，使电路接通或断开，实现对电力拖动系统的各种控制，以满足生产机械的要求。常用的主令电器有按钮、行程开关、万能转换开关和主令控制器等。

模块四

一、选择题

C

二、问答题

略

模块五

一、选择题

1. JZ7 系列中间继电器触头采用桥式双断点结构，上、下两层各有4对触头，下层触头只能是常开的，故触头系统可按8常开、6常开2常闭及4常开4常闭组合，所以正确答案应选A。

2. 由于 $P=\sqrt{3}U_{线}\ I_{线}\cos\varphi$，若 $\cos\varphi$ 取0.9，则有：

$$I_{线}=\frac{P}{U\cos\varphi}=\frac{10\ 000}{\sqrt{3}\times 380\times 0.9}\text{A}\approx 11\ \text{A}$$

又由于电动机采用△联结，故应该选择JR0－20/3D型的带断相保护的热继电器，所以正确答案应选B。

3. C

4. 压力继电器没有线圈，继电器装在有压力源的管路中，微动开关触头接在控制电路中，所以正确答案应选C。

二、问答题

时间继电器是作为辅助元件，用于各种保护及自动装置中，使被控元件达到所需要的延时动作的继电器。它是一种利用电磁机构或机械动作原理所组成，当线圈通电或断电以后，触头延迟闭合或断开，以自动控制被控元件。

第七单元

模块一

一、选择题

1. D

2. 电气设备的符号的形式有：符号要素、一般符号、限定符号和方框代号4种，所以正确答案应选 D。

3. 接线图和接线表主要用于电气设备及电气线路的安装、接线、检查、维修和故障处理，在实际应用中，可与电路图、布置图配合使用，所以正确答案应选 A。

4. 识读电力驱动辅助电路步骤的第一步是看电源的种类，弄清电源来自何处和电压等级，所以正确答案应选 A。

二、问答题

1. 生产机械电气图主要由系统图与框图、电路图、接线图与接线表、功能表图、逻辑图和布置图等构成。

2. 电路图的主要用途如下：

（1）电路图可用来详细理解项目的作用原理，分析和计算电路的特性。

（2）电路图是设计编制接线图和研究产品的基础资料。

（3）在安装和检查，试验、调整、维修时，与框图、接线图、布置图、印制电路板装配图等配合一起使用。

电路图可单独绘制，也可与接线图、功能图（表）等组合。

模块六

问答题

1.（1）短路保护；（2）过载保护；（3）接地保护；（4）欠压和失压保护。

2. 由于热继电器的双金属片在通过短路电流发热而动作时，存在发热惯性的原因，故动作需要一定的时间，这样热继电器在短路时不能立即动作断开电源，对电动机不会起到可靠的短路保护作用。因此在电动机的控制电路中，不能用热继电器作短路保护，而用熔断器承担这一任务。

3. 三相笼型异步电动机的 Y—△减压启动是指电动机启动时，把定子绕组接成 Y 形，以降低启动电压，限制启动电流；待电动机启动后，再把定子绕组改成△形联结，使电动机全压运行。凡是在正常运行时定子绕组作△形联结的异步电动机，均可采用这种减压启动方法。电动机启动时接成 Y 形，加在每相定子绕组上的启动电压只有△形联结的 $1/\sqrt{3}$，启动电流为△形联结的 1/3，启动转矩也只有△形联结的 1/3，这种方法只适用于轻载或空载下启动。

模块八

分析题

1.

（1）原因

1）线圈过负荷。

2）线圈有短路现象。

3）活动磁导体没有在应在的部位。

（2）排除方法

1）减少动触点对静触点的压力。

2）更换线圈。

3）检查磁导体有无歪斜、卡住及脏物等，并消除。

2.

（1）原因：接触器线圈电路中联锁触点的压力不足。

(2) 排除方法：检查各联锁触点并调整故障触点的压力。

模块九

问答题

略。

模块十

一、填空题

1. 日常维护保养　故障检修

2. 0.5 MΩ

二、问答题

(1) 检修前进行故障调查。

(2) 用逻辑分析法确定并缩小故障范围。

(3) 对故障范围进行外观检查。

(4) 用试验法进一步缩小故障范围。

(5) 用测量法确定故障点。

(6) 修复并避免出现新的故障。

第八单元

模块一

一、选择题

1. D　2. A　3. D　4. A　5. D

6. 工厂电气照明按供电方式可分为工作照明和事故照明两种，所以正确答案应选 A。

二、绘制电路图

1. 荧光灯配电感镇流器的原理电路图如图练习题参考答案—1 所示。

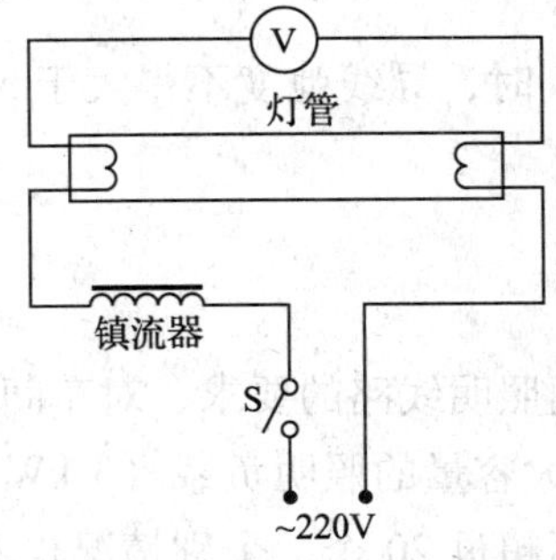

图练习题参考答案—1　荧光灯配电感镇流器的原理电路图

2. 电子镇流器荧光灯的原理电路图如图练习题参考答案—2 所示。

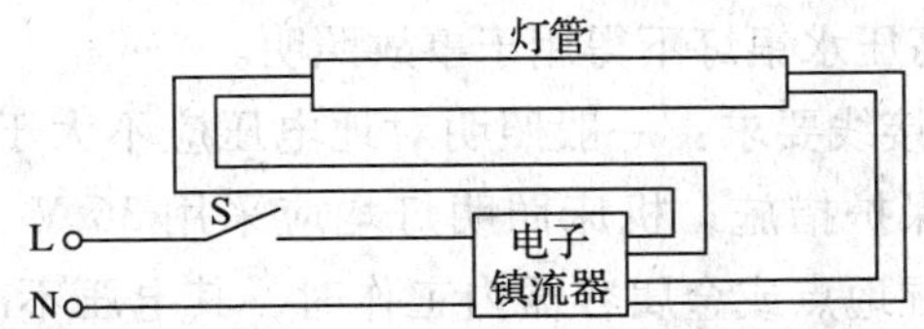

图练习题参考答案—2　电子镇流器荧光灯的原理电路图

模块四

一、选择题

1. D　2. D

二、问答题

绝缘导线至地面的距离：水平敷设时，室内不得低于 2 m（室外为 2.5 m）；垂直敷设接到开关等设备时，不得低于 1.3 m；穿越楼板时，在穿越楼板的一段，1.3 m 以下部分的导线应加保护管保护；室外导线跨越人行道时，导线距地面高度不应低于 3.5 m；跨越通车通道时，不应低于 6 m。

室内沿墙敷设时，瓷支持件固定点间的距离在导线截面为 4 mm^2 及 6 mm^2 以上时，最大间距为 6 m 和 10 m；室外沿墙敷设时，固定点间的距离不应超过 10 m。

在瓷绝缘子上敷设导线，也应从一端开始，只将一端的导线绑扎在瓷绝缘子的颈部，如果导线弯曲，应事先校直，然后将导线的一端收紧绑扎固定，最后把中间导线也绑扎固定。导线的终端可用回头线绑扎，绑扎线宜用绝缘线。鼓形和蝶形瓷绝缘子直线段导线一般采用单绑法和双绑法两种，截面在 6 mm^2 及以下的导线可采用单绑法；截面为 10 mm^2 及以上的导线可采用双绑法。

瓷绝缘子配线时的注意事项如下：

（1）在建筑物的侧面或斜面配线时，必须将导线绑扎在瓷绝缘子的上方。

（2）导线在同一平面内，如有曲折时，瓷绝缘子必须装设在导线曲折角的内侧。

（3）导线在不同的平面上曲折时，在凸角的两面上应装设两个瓷绝缘子。

（4）导线分支时，必须在分支点处设置瓷绝缘子，用以支持导线；导线相交叉时，应在距建筑物近的导线上套瓷管保护。

（5）平行的两根导线，应在两瓷绝缘子的同一侧或在两瓷瓶的外侧，不能放在两瓷绝缘子的内侧。

（6）瓷绝缘子沿墙壁垂直排列时，导线弛度不得大于 5 mm；沿层架或水平敷设时，导线弛度不得大于 10 mm。

模块六

问答题

对车间照明的要求包括对车间照明线路的要求、对车间照明线路电压和接线的要求。

1. 对车间照明线路的要求：大容量的照明负载（3 kW 以上）宜采用三相四线制供电。屋内每一照明线路的灯头数一般不超过 20 个，个别情况也不宜超过 25 个（包括插座）。每一线路的熔丝额定电流不宜超过 15 A（工业厂房不宜超过 20 A）。室外每一照明线路连接的灯头数不宜超过 10 个；超过 10 个时，每个灯的相线上应装有熔丝保护。不允许中断照明的还要装设事故照明装置，高压水银灯不得用于事故照明。

2. 对车间照明电压及接线要求：一般照明对地电压应不大于 250 V。灯具离地面高度低于 2.2 m 时，如无安全保护措施，机床照明灯均应采用 36 V 及以下电压；行灯须采用 36 V 安全电压；在特别潮湿地点或金属容器内工作时，其电压不准超过 12 V。灯头导线宜采用铜芯软线，截面应在 0.75 mm^2 以上；如灯头线为单股铝芯线，截面应不小于 2.5 mm^2。

用于室外的灯头线，铜芯线截面应在 1.0 mm^2以上，铝芯线截面应在 2.5 mm^2以上。单极开关应接于相线，当使用螺口灯头时，相线应接在灯头的弹簧舌片上，零线应接在螺口的端子上；荧光灯的镇流器应接在相线上。

单相两孔插座的右极应接相线，左极应接零线；单相三孔或三相四孔插座的接地或接零线均应在上方。

第九单元

模块一

选择题

1. A 表示 N 材料锗管，P 表示普通管，所以正确答案应选 D。

2. 在 NPN 型三极管放大电路中，如将其基极与发射极短路，三极管发射结上无正向电压，故三极管将截止，所以正确答案应选 A。

3. 根据三极管的型号命名法，第二位拉丁字母表示材料，A——PNP 型锗材料；第三位汉语拼音字母表示器件的类型，X—低频小功率三极管，所以正确答案应选 C。

4. 根据二极管型号命名方法，第一位数字 2 表示二极管；第二位表示材料为 N 型硅材料；第三位为 W，表示管子是稳压二极管，所以正确答案应选 B。

5. 硅稳压管采用正向接法时，性能与普通二极管一样，那么，当正向电压超过死区电压才导通，所以正确答案应选 C。

6. 限流电阻的作用包含两个方面，一是限制输出电流，使稳压管电流 I_Z 不超过允许值；另一方面还利用它两端电压的升降使输出电压 U_L 趋于稳定。它的主要作用是限流，所以正确答案应选 A。

7. C

模块二

一、选择题

1. B　2. A　3. B

二、问答题

1. 电烙铁是锡焊（钎焊）的热源，常用的规格有 25 W、45 W、75 W、100 W 和 300 W 等，焊接弱电元件用 25 W 和 45 W 两种，焊接强电元件要用 45 W 以上的。

2. 电子元器件的焊接方法采用手工焊接中的插焊，电烙铁用 25 W、45 W 两种规格，焊剂用松香或松香酒精溶液。焊接的要求是：焊点必须焊牢，有一定的力学强度，锡锡必须充分渗透，接触电阻要小，表面光滑并有光泽，焊点大小应均匀。电子分立元器件的插焊方法是：清除元器件焊脚处氧化层，并搪锡；未镀银的电路板或镀过后发黑的，要清除氧化层，并涂上松香酒精溶液，确认元器件焊脚位置并插入孔内，剪去多余部分后下焊，每次下焊时间不得超过 2 s。焊接分立元器件时，选用 25 W 电烙铁，焊头要稍尖，含锡量以满足一个焊锡点的需要为度，焊好后应快速提起烙铁焊头。焊接集成块时，工作台应覆盖可靠接地的金属薄板，集成块焊接需要将引脚弯曲时不可用力过猛，焊接时要防止落锡过多，防止造成连焊短路。

第十单元

模块一

一、选择题

1. 经过划线确定加工的最后尺寸，可能因各种原因而产生误差，不能保证划线后确定尺寸的准确性，应通过测量来保证尺寸的准确度，所以正确答案应选 A。

2. 双齿纹是指锉刀上有两个方向排列的齿纹，双齿纹大多为剁齿，先剁上去的底齿纹，后剁上去的为面齿纹，所以正确答案应选 A。

3. 粗齿锯条的容屑槽较大，适用于锯削软材料或较大的切面，所以正确答案应选 A。

二、问答题

用锯对材料或工件进行切断或切槽等的方法，称为锯削。锯削的基本工具是手锯，手锯由锯弓和锯条组成，锯弓用于安装和张紧锯条，有固定的可调节两种；锯条一般用渗碳软钢冷轧而成，经热处理淬硬。锯条的长度以两端安装孔中心距来表示，常用的为 300 mm。

锯条单面有齿，每个齿都有切削作用。锯齿的前角 $\gamma_0=0°$，后角 $\alpha_0=40°$，楔角 $\beta_0=50°$。

锯齿的粗细是以锯条每 25 mm 长度内的齿数来表示的，一般分为粗、中、细 3 种。粗齿锯条适用于锯削软材料或较大的切面；锯削硬材料或切面较小的工件应该用细齿锯条；锯削管子和薄板时，必须用细齿锯条，否则会因齿锯大于板厚，使锯齿被钩住而崩断。

为了减少锯缝两侧面对锯条的摩擦阻力，防止锯条被夹住或折断，锯条在制造时，使锯齿按一定的规律左右错开，排列成一定形状，称为锯路，锯路可起到防止“卡锯”和锯条过热，并减少了锯条磨损。

模块二

问答题

1. 装配步骤如下：

（1）装配前的准备工作；

（2）部装和总装；

（3）调整、精度检验和试运行；

（4）油漆、涂油和装箱。

2. 装配的方法有互换装配法、分组装配法、调整装配法、修配装配法 4 种。